O que eles DISSERAM
A UM PASSO DA ETERNIDADE

Mais de 200 relatos sobre o que
pessoas notáveis e desconhecidas experimentaram
em seu leito de morte

O que eles DISSERAM
A UM PASSO DA ETERNIDADE

*Mais de 200 relatos sobre o que
pessoas notáveis e desconhecidas experimentaram
em seu leito de morte*

John Myers

Voices from the Edge of Eternity
©Voice Publications, Northridge, California, USA
© 2019 Editora dos Clássicos
Publicado no Brasil com a devida autorização
e todos os direitos reservados por Publicações Pão Diário
em coedição com Editora dos Clássicos.

Tradução: Jesus Costa Ourives
Revisão: Rubens Castilho, Harold Walker, Márcio Nogueira
Revisão final: Renata Balarini Coelho, Paulo César de Oliveira, Dayse Fontoura e Dalila de Assis
Edição: Gerson Lima
Capa e projeto gráfico: Audrey Novac Ribeiro
Diagramação: Denise Duck

Dados Internacionais de Catalogação na Publicação (CIP)

MYERS, John
O que eles disseram — A um passo da eternidade,
Tradução: Jesus Costa Ourives
Curitiba/PR, Publicações Pão Diário e São Paulo/SP, Editora dos Clássicos.

Título original: *Voices from the Edge of Eternity*

1. Fé; 2. Vida cristã; 3. Eternidade.

Proibida a reprodução total ou parcial, sem prévia autorização, por escrito, da editora.
Todos os direitos reservados e protegidos pela Lei 9.610, de 19/02/1998.
Permissão para reprodução: permissao@paodiario.com

Exceto quando indicado o contrário, os trechos bíblicos mencionados são da edição Revista e Atualizada de João F. de Almeida © 2009 Sociedade Bíblica do Brasil.

Publicações Pão Diário
Caixa Postal 4190,
82501-970 Curitiba/PR, Brasil
publicacoes@paodiario.org
www.publicacoespaodiario.com.br
Telefone: (41) 3257-4028

Editora dos Clássicos
www.editoradosclassicos.com.br
contato@editoradosclassicos.com.br
Telefones: (19) 3217-7089
(19) 3389-1368

Código: F8147
ISBN: 978-1-68043-681-5

1.ª edição: 2019

Impresso no Brasil

Prefácio

A morte é um tema que, por sua seriedade, não deve ser tratado levianamente. Beleza, honra, riqueza, poder terreno, esperanças e sonhos — todos são absorvidos por esse fim inexorável. O homem nasce com as mãos cerradas e morre com as mãos bem abertas. Ao entrar na vida, ele deseja se apoderar de todas as coisas; ao deixar o mundo, tudo o que ele possui se esvai.

Todavia, não é a morte em si que intriga e amedronta a humanidade desde tempos imemoriais, e sim o mistério que paira do outro lado. Aparentemente, não há uma resposta esclarecedora sobre isso — *ou há?*

Há algumas décadas, fiquei maravilhado com certos vislumbres impressionantes da eternidade que li em narrações diversas de testemunhos dados nos momentos finais de vida de várias pessoas. Na ocasião, deparei-me com um livro antigo, publicado em 1898, que continha dezenas desses relatos. Fiquei admirado e profundamente abalado. Ali estavam exemplos representativos de pessoas de todas as condições sociais, jovens e velhos, santos e pecadores, que, pouco antes de deixarem esta vida, viram claramente algo além do túmulo. Seus testemunhos foram contundentes e lúcidos, cada um confirmado em seus fatos essenciais.

Naquele momento, convenci-me a reunir o material necessário para a edição deste livro. Embora tenha levado quase 10 anos para concluí-lo, não foi um trabalho exaustivo, pois acredito que seja uma evidência convincente das reiteradas respostas dadas por Deus às indagações fatídicas de homens e mulheres a respeito da eternidade.

Este livro traz o relato de homens e mulheres, crentes e descrentes, próximos ao limiar da eternidade. Ante a mais dramática experiência da vida, eles vislumbraram com clareza a dimensão do além-túmulo. O que viram e experimentaram não só comprova a expectativa *factual* da imortalidade do homem, mas também responde a muitas questões pertinentes que trazem perplexidade às mentes inquietas de hoje, tais como a exatidão do relato bíblico sobre a vida após a morte, a verdade ou falácia da reencarnação etc.

Muito mais importante que uma simples coletânea de evidências científicas, a leitura deste livro trará, para muitos, o alvorecer do que os antigos profetas chamavam *esperança* — a gloriosa percepção de um alvo e destino que são as únicas coisas a desafiar o materialismo que ameaça mergulhar nossa geração na loucura de uma vida sem propósito.

É a esta palavra — *esperança* —, com todas as suas riquezas para o coração humano, que dedico estas páginas.

John Myers
Northridge, Califórnia

Introdução

Um livro como este é essencialmente composto por histórias e, como tal, dependente dos registros do passado. Com exceção dos testemunhos contemporâneos e alguns mais antigos recolhidos aqui e ali, sou devedor principalmente a três livros publicados no século 19. O primeiro, intitulado *Dying Hours* (Momentos da Morte), de D. P. Kidder, foi publicado em 1848 pela Carlton and Phillips nos Estados Unidos; o segundo, *Dying Words* (Palavras ao Morrer), de A. H. Gottschall, foi publicado na Inglaterra por volta de 1888; e o terceiro, *Dying Testimonies* (Testemunhos ao Morrer), de S. B. Shaw, foi publicado pelo autor em 1898 nos Estados Unidos. Foi a este último livro que me referi no prefácio como a inspiração original e a base para a compilação deste volume.

Em minha pesquisa para a escolha do material do texto, excluí mais do que mantive, especialmente os testemunhos encontrados nos livros citados. Além disso, em muitos casos, precisei condensar e adaptar o texto para apresentar a mensagem essencial a ser transmitida. Nesta edição, porém, empenhei-me em conservar não somente as últimas palavras originais, de modo algum manipulando seu sentido e forma, como também as expressões coloquiais correntes naquela época da história e a posição doutrinária dos personagens mencionados.

Com vistas a edições futuras, seremos gratos em receber outros testemunhos ou quaisquer informações que possam ser acrescentados ao material já incluído.

Onde está, ó morte,
a tua vitória?
Onde está, ó morte,
o teu aguilhão?

Apóstolo Paulo

Índice de Personagens

A

Abd-Er-Rahman III	106
Allen, Ethan	47
Alling, Asa Hart	491
Andronicus, mártir	236
Appleby, David	32
Asbury, Addie	252
Askew, Anne	179
Augustas, Edward, Duque de Kent	194

B

Bacon, Francis	192
Bacon, Lord	193
Barne, May	381
Billie Kay	395
Blackman, Beulah	288
Bledsoe, Ella	436
Bolena, Anna	50
Booth, Catherine	55
Bórgia, Cardeal César	430
Brainerd, David	376
Brewster, Sir David	97

Brooks, John _____ 102
Brown, Clement _____ 90
Bunson, Byron _____ 66
Butler, Bispo _____ 81
Buterfield, Gertrude Belle _____ 307

C

Calconis _____ 82
Caldwell, Merrit _____ 385
Calvino, João _____ 154
Camm, Anne _____ 86
Campbell, Archibald _____ 70
Campbell, Isabella _____ 74
Carey, William, missionário _____ 500
Carlos IX, Rei da França _____ 56
Carmen, Carrie _____ 103
Carpenter, Helen _____ 420
Case, Hiram, Rev _____ 405
Chatham, Minnie _____ 312
Clark, Filura _____ 412
Cliff, Albert E. _____ 357
Cromwell, Oliver _____ 185
Cutler, Ann, obreira de John Wesley _____ 195

D

D'Alleray, Logrant _____ 445
Darrow, Clarence _____ 274
Dryer, George Edward _____ 222

Duncan, Joseph _____ 321

E

Edison, Thomas A. _____ 79
Elizabeth I, rainha da Inglaterra_____ 167
Estêvão, o primeiro mártir _____ 306

F

Filipe III, Rei da França _____ 233
Foster, William _____ 295

G

Gandhi _____ 504
Gibbon, Edward _____ 407
Gilkey, Ella _____ 129
Gilkey, Nannie Belle _____ 432
Glossbrenner, Bispo _____ 340
Godkin _____ 474
Grimshaw, William_____ 65
Groves, Anthony _____ 69

H

Hamilton, filho do Duque de _____ 123
Hamilton, Patrick_____ 486
Hanby, Bispo_____ 181
Hauks, Thomas_____ 114

Havergal, Frances Ridley _____ 298
Henry, Matthew _____ 169
Herrick, Eleanor _____ 469
Hilty, Will _____ 98
Homel, M. _____ 202
Hume, David _____ 76
Hunt, John _____ 71
Hus, João _____ 243

I

Inskip, John S. _____ 227

J

Jane Grey, Lady _____ 58
Jane, Rainha de Navarra _____ 434
Jenks, Philip, J. _____ 221
Jennie _____ 352
Jerônimo, o mártir _____ 316
Jessie _____ 225
Jesus Cristo _____ 506
Jones, Dr. Rufus _____ 424
Judson, Adoniram _____ 134

K

Kendall, William, Rev. _____ 347
Kirtland, Susan C. _____ 409
Kloppstock, Margaretta _____ 378

Knight, Ann _____ 138
Knox, John _____ 150

L

Latimer, Hugh _____ 342
Lee, Capitão John _____ 156
Lee, Lillian _____ 75
Leonard, Willie _____ 43
Lindsay, Maggie _____ 161
Luis IX, Rei da França _____ 166
Lull, Raymond _____ 168
Lutero, Martinho _____ 328

M

Mason, Sir John _____ 477
Mazarim, Cardeal Julius _____ 416
Me _____ 186
Melanchthon, Philip _____ 189
Michelangelo _____ 80
Moody, Dwight L. _____ 38
More, Hannah _____ 171

N

Naglie _____ 479
Napoleão _____ 52
Nelson, David _____ 190
Newport, Sir Francis _____ 471

Nishizawa — 59

O

Otterbein, William — 177
Oxtoby, John — 203

P

Paine, Thomas — 255
Pedro, mártir — 375
Peggy, Auld — 291
Penn, Springett — 287
Pierce, Pr. Samuel — 240
Pitt, William — 245
Pope, William — 282
Probus — 246

R

Raine, Jonathan — 249
Raleigh, Sir Walter — 153
Randolph, John — 254
Randon, John — 264
Ritchie Jr. Dr. George — 17
Roll, William G. — 187
Romanus — 121
Rose, Jewel e Florence — 483
Rubeti, Sophia — 426
Ruopp, Julia Philips — 455

S

Salmasius, Clandious — 229
Savonarola, Girolamo — 301
Schaeffer, Orphie B. — 334
Scott, Sir Thomas — 294
Seeley, Catherine — 297
Sherrill, John L. — 363
Shoemaker, Isaac — 310
Sidney, Sir Philip — 126
Smith, Sir Thomas — 302
Spira, Francis — 272
Stenburg, pintor — 464

T

Talleyrand, Charles M. — 267
Talmadge, T. DeWitt — 358
Taylor, Maria — 370
Tolleman, Giles — 344
Toplady, Augustus M. — 87
Torres, Sylvia Marie — 360

V

Vara, chefe, Um guerreiro — 336
Voltaire — 36

W

Wakeley, Dr. — 260

Walsh, Thomas _____ 215
Wesley, John _____ 494
Whitford, William H. _____ 448
Wilcox, May _____ 461
Willard, Frances E. _____ 237
Wilmot, John _____ 330
Wilson, Margaret _____ 315
Wingate, Dr. _____ 325
Wolsey, Cardeal _____ 265

Z

Zinzendorf, Conde _____ 387

1.

VOLTA DO AMANHÃ

*Será possível ter um vislumbre da outra vida?
O Dr. George C. Ritchie Jr. — um médico
de Richmond, Virginia — responde a essa
pergunta com um relato minucioso de sua
extraordinária "volta do amanhã".*

Quando fui enviado ao hospital de base em Camp Berkeley, Texas, no começo de dezembro de 1943, não tinha noção de que estava muito doente. Eu tinha acabado de completar o treinamento básico e meu único pensamento era pegar o trem para Richmond, Virginia, a fim de ingressar na escola de medicina, como parte do programa de treinamento do Exército para médicos. Era uma oportunidade sem precedente para um soldado raso, e eu não permitiria que um resfriado qualquer me impedisse de aproveitá-la.

Mas os dias passavam, e eu não melhorava. Só em 19 de dezembro fui removido para uma ala de recuperação, e lá um jipe deveria me apanhar às quatro horas da madrugada seguinte para me levar até a estação de trem.

"Mais algumas horas e estarei lá!" Perto das nove da noite, tive febre. Pedi ao rapaz da enfermaria que me desse uma aspirina.

Mesmo com a aspirina, minha cabeça latejava, e eu tossia no travesseiro para abafar o barulho. Às três horas, decidi levantar-me e me vestir.

A meia hora seguinte é como um borrão para mim. Lembro-me de estar tão fraco a ponto de não conseguir terminar de me vestir. Também me lembro de uma enfermeira entrando no quarto, depois um médico e uma corrida de ambulância com sirene soando até o prédio onde eram realizados exames radiográficos. O capitão perguntou-me se eu conseguiria ficar de pé para fazer uma radiografia. Eu me esforcei para permanecer de pé. O ruído da máquina de raios X é a última coisa de que me lembro.

Quando abri os olhos, estava deitado num quartinho que nunca tinha visto antes. Uma *luzinha* bem fraca brilhava num abajur perto de mim. Por algum tempo, fiquei ali, tentando lembrar onde estava. De repente, sentei-me na cama. O trem! Eu ia perder o trem!

Agora, sei que o que vou descrever vai parecer inacreditável. Eu também não entendo, tanto quanto você. A única coisa que tenho a fazer é relatar os acontecimentos daquela noite exatamente como eles ocorreram. Pulei da cama e procurei meu uniforme. Então, parei espantado. Alguém estava deitado naquela cama de onde eu me levantara.

Cheguei mais perto, para ver melhor, porque a luz era fraca, e recuei. Ele estava morto. A pele acinzentada e o queixo caído eram horríveis. Então vi o anel. Na mão esquerda, estava o mesmo anel da fraternidade *Phi Gamma Delta* que eu usava havia 2 anos.

Corri para o corredor para fugir do mistério daquele quartinho. Richmond era a prioridade — tinha de chegar lá. Segui pelo corredor em direção à porta de saída.

—Cuidado! — gritei para um ordenança que vinha em minha direção.

Ele pareceu não ouvir e, logo em seguida, passou exatamente onde eu estava como se eu não estivesse ali.

Era muito esquisito aquilo. Cheguei até a porta e saí para o escuro lá fora, correndo em direção a Richmond. Correndo? Voando? Eu só sei que a terra escura estava passando por mim, enquanto outros pensamentos, terríveis e inenarráveis, ocupavam minha mente. O ordenança não havia me visto. E se o pessoal lá na escola de medicina também não pudesse me ver?

Numa tremenda confusão, parei num poste telefônico, numa cidade ao lado de um grande rio, e apoiei a mão no cabo de sustentação do poste. O cabo parecia estar lá, mas a minha mão não estabelecia contato com ele. Uma coisa estava clara: de alguma maneira desconhecida, eu tinha perdido a firmeza do corpo — a mão que não podia pegar o cabo, o corpo que os outros não viam...

Eu estava começando a entender que aquele corpo naquela cama era o meu, inexplicavelmente separado de mim, e que o mais urgente agora era voltar e me juntar a ele.

Encontrar a base e o hospital não era problema. Na verdade, pareceu-me estar lá de volta logo após ter pensado nisso. Mas onde era aquele quartinho do qual eu saíra? Assim começou o que deve ter sido uma das mais estranhas atividades: a busca de mim mesmo.

Passando pelas enfermarias, uma após outra, cheias de soldados dormindo, todos quase da minha idade, eu pensei que nós não estávamos acostumados com o próprio rosto. Muitas vezes, cheguei a parar perto de uma pessoa que dormia (que era a maneira como eu me imaginava), mas, ao olhar para a mão esquerda da pessoa, não via o anel *Phi Gamma Delta*; então, eu prosseguia.

Finalmente, entrei num quartinho com uma luz muito fraca. Um lençol estava estendido sobre o indivíduo que ali estava, mas os braços estavam descobertos. Na mão esquerda, o anel.

Tentei afastar o lençol, mas não consegui pegá-lo. E, agora que eu havia me encontrado, como seria possível juntar duas pessoas que estavam tão completamente separadas? E lá, diante desse problema, pensei rapidamente: *Isso é a morte. Isso é aquilo que os seres humanos chamam de 'morte', essa divisão de uma pessoa.* Pela primeira vez, liguei a ideia da morte com aquilo que me acontecera.

Naquele momento de desespero, o quartinho começou a encher-se de luz (eu digo "luz", mas não há palavras em nossa língua para descrever um brilho daquela intensidade). Entretanto, preciso encontrar palavras, porque, por mais incompreensível que fosse para a minha mente aquela experiência, ela afetou cada momento da minha vida a partir de então.

A luz que entrou naquele quarto era Cristo: eu sei disso porque um pensamento foi colocado profundamente dentro de mim: "Você está na presença do Filho de Deus".

Chamei-o de "luz", mas poderia também ter dito "amor", porque aquele quarto ficou inundado, penetrado, iluminado pela *maior e mais completa compaixão* que eu jamais sentira. Era uma Presença tão confortante, tão alegre, tão completa, que eu desejei entregar-me para sempre àquela maravilha.

Mas havia mais alguma coisa naquele quarto. Junto com a presença de Cristo (simultaneamente, embora eu tenha de descrever uma coisa de cada vez), também entrou cada evento de toda a minha vida. Lá estavam eles: cada pensamento, cada fato, cada conversa, tão palpáveis como se fossem uma série de quadros. Não havia nem primeiro nem último — cada um deles era contemporâneo, cada um respondia a uma única pergunta: "O que é que você fez com o seu tempo na Terra?".

Olhei preocupado para as cenas diante de mim: a escola, o lar, o grupo de escoteiros, os amigos de passeios pelo mato — à luz daquela Presença, a típica infância bem vivida mais parecia uma existência trivial e irrelevante.

Procurei nas minhas lembranças algumas boas ações.

—Você falou para alguém a meu respeito? — veio a pergunta.

—Não tive muito tempo para isso — respondi. — Eu estava planejando, mas então aconteceu isso. Eu sou muito jovem para morrer!

"Ninguém é muito jovem para morrer" era uma reflexão inexprimivelmente gentil.

Uma nova onda de luz espalhou-se por aquele quarto que já estava brilhantemente iluminado de maneira incrível; de repente, estávamos em outro mundo. Ou melhor, o que eu percebi subitamente é que tudo ao nosso redor era um mundo diferente, mas ocupando o mesmo espaço. Eu estava seguindo a Cristo por ruas e paisagens comuns e, por toda parte, via essa outra existência estranhamente superposta ao nosso mundo familiar.

Estava repleta de pessoas — pessoas com o semblante mais triste que eu já vira. Cada tristeza parecia diferente. Vi executivos andando nos corredores dos locais onde eles haviam trabalhado numa tentativa inútil de conseguir que alguém os ouvisse. Vi uma mãe andando atrás de um homem de 60 anos — seu filho — dando-lhe conselhos e instruções. Ele parecia não ouvir nada. De repente, lembrei-me de mim mesmo naquela mesma noite, totalmente preocupado em chegar a Richmond. Será que o mesmo acontecia com essas pessoas? Todas tinham o coração e a mente concentrado nas coisas terrenas, e agora, tendo perdido a Terra, permaneciam desesperadamente fixadas no que não tinham mais. Será que isso é o inferno: estar mais preocupado quando se é totalmente inútil? Isso é o inferno sim!

Foi-me permitido olhar para outros dois mundos naquela noite — não posso dizer "mundos espirituais" porque eles eram muito reais, muito sólidos. Ambos foram apresentados da mesma maneira; uma nova qualidade de luz, uma nova abertura da visão, e, de súbito, era claro que eles estavam lá o tempo todo. O segundo mundo, como o primeiro, ocupava a superfície real da Terra, mas era um reino completamente diferente. Nele não havia envolvimento com coisas terrenas, mas — na falta de uma palavra melhor para resumi-lo — com a verdade.

Vi escultores e filósofos. Compositores e inventores. Havia universidades e grandes bibliotecas e laboratórios de ciência que ultrapassam até as mais ousadas criações da ficção científica.

Tive somente um vislumbre do último mundo. Agora parecíamos não estar mais na Terra, mas muito, muito longe, fora de qualquer contato com o nosso planeta. A uma grande distância, vi uma cidade toda construída de luz — se isso pode ser compreensível. Eu ainda não tinha lido o livro de Apocalipse nem, incidentalmente, qualquer coisa que se relacionasse com o assunto da vida após a morte. Mas aqui havia uma cidade cujos muros, casas e ruas pareciam irradiar luz, enquanto os que se moviam entre elas eram seres tão deslumbrantemente brilhantes como Aquele que estava ao meu lado. Foi uma visão que durou apenas um instante, porque em seguida as paredes do quartinho fecharam-se ao meu redor, a luz deslumbrante apagou-se e um sono estranho tomou conta de mim...

Até hoje não consigo entender por que fui escolhido para voltar à vida. Tudo o que sei é que, quando acordei na cama do hospital naquele quartinho, naquele mundo familiar onde eu passara toda a minha vida, não era como uma volta ao lar. O clamor do meu coração, desde aquele momento, tem sido o clamor de toda a minha vida: "Cristo, mostra-te de novo a mim!".

Passaram-se algumas semanas até que eu pudesse sair do hospital e, durante aquele tempo, um pensamento tornou-se uma obsessão para mim: ver o que estava registrado no meu prontuário médico. Finalmente, eu consegui. Lá estava em rabiscos típicos de médico: *Soldado George Ritchie, morto em 20 de dezembro de 1943, pneumonia dupla lobular.*

Mais tarde, falei com o médico que assinou o atestado. Ele me disse que não tinha dúvida alguma de que eu estava morto quando me examinou, mas, nove minutos depois, o soldado que havia recebido ordens de me preparar para o necrotério chegou correndo até ele, pedindo-lhe para me dar uma injeção de adrenalina. O médico aplicou-a diretamente no músculo do meu coração, mesmo não acreditando no que os seus olhos viam. Meu retorno à vida, contou-me ele, sem nenhum dano cerebral ou qualquer sequela, foi a circunstância mais desconcertante de sua carreira.

Hoje, passados mais de 20 anos, sinto que sei por que tive a oportunidade de voltar a esta vida. Foi para me tornar um médico, para aprender mais a respeito do homem e então servir a Deus. Toda vez que tenho oportunidade de servir a Deus ajudando um adulto de coração partido, tratando de uma criança doente ou aconselhando um adolescente, bem lá no fundo tenho a sensação de que Ele está ao meu lado novamente.

Dr. George C. Ritchie Jr.

Acerca do Dr. Ritchie:

Ao fazer a pesquisa para a série *Vida Após a Morte*, da *Guideposts*, encontramos muitas histórias interessantes, semelhantes à do Dr. Ritchie. Entretanto, a história dele foi escolhida porque há evidências documentais disponíveis que sustentam as circunstâncias que a cercam. A revista *Guideposts* tem em seu poder declarações tanto do médico quanto da enfermeira que trataram do caso e que atestam o fato de que o Dr. Ritchie foi declarado morto no dia 20 de dezembro de 1943.

Provavelmente tão notável quanto sua história foi a transformação ocorrida na sua vida, que o mudou de um cristão indiferente para um homem cuja vida passou a ser centrada em Cristo. Durante 18 anos, ele tem sido muito ativo no trabalho com a mocidade em Richmond e em 1957 fundou o *Christian Youth Corps of America* (Exército de Jovens Cristãos da América), com o objetivo de ajudar a desenvolver um caráter cristão em nossos jovens. A visão do Dr. Ritchie é "um mundo dirigido por homens conduzidos por Deus".

Reproduzido da revista
Guideposts, Carmel,
Nova Iorque, 1963.

2.

"QUERO ESTAR CONSCIENTE DE CADA SENSAÇÃO"

O admirável triunfo de
uma jovem agonizante sobre a morte

Essa história foi contada por Natalie Kalmus, que ajudou a fundar e organizar a Technicolor Motion Picture Corporation. Quando escreveu este testemunho, ela era a responsável pela coloração de todos os filmes produzidos por sua empresa.

"Não fique preocupada, mas venha me ver assim que puder", dizia o telegrama de minha irmã, Eleanor Smith. Eu estava em Londres, tratando de problemas da empresa com uma das companhias inglesas de filmes.

Senti um aperto profundo e angustiante. Sabia que Eleanor estava doente havia algum tempo. Certamente, aquela era uma forma delicada de dizer que o fim se aproximava.

Eu não podia imaginar ou aceitar aquilo. Sempre irradiando graça, afeto e felicidade, minha irmã era grande inspiração a quem se aproximava dela. Ela tinha aquele jeito peculiar de sempre dar um *tapinha* nas costas das pessoas, levantando o moral delas e proporcionando-lhes uma visão otimista da vida.

Quando foi atacada pela primeira vez pelo mais temível inimigo da medicina, os médicos disseram que seus dias estavam contados. Essa informação, porém, não produziu a mais leve diferença em seu interesse afetuoso pelas pessoas, tampouco em sua sólida fé em Deus.

Mas agora ela precisava de mim. Voltei aos Estados Unidos e me apressei em ver Eleanor, esperando encontrá-la sofrendo na cama. Em vez disso, ela estava na sala de estar dignamente sentada no sofá, mais parecendo uma estudante adolescente do que uma mulher com uma doença incurável.

—Natalie, — disse ela alegremente erguendo os braços em minha direção, — sinto-me tão feliz em vê-la aqui. Temos muito o que falar.

Qualquer pessoa que ouvisse acharia que eu havia aparecido para uma visita ocasional.

Mais tarde, depois que Eleanor foi dormir, o médico me chamou.

—Sra. Kalmus — disse — acho que será uma experiência muito penosa para a senhora ficar aqui até o fim. Receio que as últimas horas de sua irmã serão de agonia muito dolorosa.

Do ponto de vista médico, ele estava certo. Entretanto, o brilho no rosto de minha irmã de algum modo contradizia sua afirmação. Tive a estranha sensação de que a força de espírito de minha irmã poderia vencer sua dor.

Nos dias que se seguiram, Eleanor fez muitas coisas para confundir os médicos. Eles a estavam preparando para os difíceis momentos finais. Mas ela não aceitava as recomendações nem os remédios. Uma noite, ela pediu que eu sentasse na cama ao seu lado.

—Natalie, prometa que não vai deixar que eles me deem nenhum sedativo. Compreendo que eles querem aliviar meu sofrimento, mas eu quero estar plenamente consciente de cada sensação. *Estou convencida de que a morte será uma experiência maravilhosa.*

Eu prometi. Mais tarde, a sós, chorei pensando em sua coragem. Enquanto me revirava na cama, percebi que o que eu considerava calamidade, minha irmã pretendia que fosse um triunfo.

Uma tarde, Eleanor — de maneira jovial e descontraída — convidou vários amigos para um jantar que ela, num impulso momentâneo, resolvera patrocinar. Fiquei chocada, mas Eleanor sorriu para mim com um olhar maroto e bem-humorado. A visão da felicidade em seu rosto desfez minhas objeções.

Na noite da recepção, Eleanor se vestiu cuidadosamente, camuflando o sofrimento que eu sabia que estava sentindo. Nós a ajudamos a descer as escadas antes de os convidados chegarem. Sentada numa poltrona de cor turquesa, com seu vestido amarelo para noite, ela irradiava vida e alegria. De novo, observei em seu rosto a imagem de uma adolescente.

A festa foi um grande sucesso; em nenhum momento os convidados perceberam que minha irmã escondia uma doença com tanta habilidade. Porém, quando foi levada para o quarto, seu cansaço era evidente. Notei então que ela sabia que aquele tinha sido seu último evento social, e ela o havia planejado daquela maneira.

Dez dias depois, sua hora final chegava. Fiquei por horas ao lado de sua cama. Falamos sobre muitas coisas, e me impressionou sua tranquila e sincera confiança na vida eterna. Em momento algum, a tortura física que sofria superou sua força espiritual. Era algo que os médicos simplesmente não haviam considerado.

—Meu querido e bondoso Deus, me mantenha lúcida e me dê paz, ela murmurava repetidas vezes naqueles últimos dias.

Conversamos por um bom tempo até ela cochilar. Saí em silêncio, deixando-a com a enfermeira, e procurei descansar um pouco. Alguns minutos depois, ouvi sua voz chamando meu nome. Corri ao seu quarto. Ela estava morrendo.

Sentei ao seu lado e segurei sua mão, que parecia em brasa. Em seguida, ela se ergueu um pouco, quase se sentando.

—Natalie — disse ela — há muitos deles. Há o Fred... E a Ruth... O que ela está fazendo aqui? Ah, eu sei!

Algo como um choque elétrico percorreu meu corpo. Ela tinha dito Ruth! Ruth era sua prima que havia morrido repentinamente na semana anterior. *Mas Eleanor não sabia da morte de Ruth.*

Um calafrio percorria minha espinha. Sentia-me no limiar de um conhecimento poderoso, quase pavoroso. Ela *havia* sussurrado o nome de Ruth.

Sua voz era surpreendentemente clara.

—É tão confuso. Tantos deles!

De repente, ela estendeu os braços com o mesmo júbilo de quando me recebeu!

—Estou subindo! — murmurou.

Em seguida, pôs os braços em torno de meu pescoço — e relaxou em meus braços. *A determinação de seu espírito transformou sua agonia final num arrebatamento.*

Ao deitar a cabeça no travesseiro, havia em seu rosto um sorriso afetuoso e calmo. Seu cabelo castanho dourado repousava descuidadamente no travesseiro. Peguei uma flor branca do vaso e coloquei em seu cabelo. Com seu vulto delicado, seu cabelo ondulado, a flor branca e o sorriso suave, ela me pareceu uma vez mais — e para sempre — exatamente como uma adolescente.

Nunca mais, e de modo algum, a morte me assustará. Essa foi a herança que minha irmã deixou; seu maravilhoso e último presente. Pude ver quão tênue é a cortina entre a vida e a morte. Tive um vislumbre da maravilhosa realidade da vida eterna.

Publicado na revista
Guideposts, Carmel,
Nova Iorque, em 1947.

A menção de sua prima Ruth e o fato evidente de que Eleanor a viu claramente são um fenômeno frequente nos episódios que chegam ao meu conhecimento. Esses fenômenos se repetem tanto e de formas tão semelhantes que resultam na evidência substancial de que as pessoas cujos nomes são chamados e cujas faces são vistas estão realmente presentes.

O Poder do Pensamento Positivo,
de Norman Vincent Peale.

3.

DAVID, ESPOSO DA MISSIONÁRIA ROSALEE APPLEBY

Ainda que eu vivesse mil anos, não esqueceria aquela manhã de setembro de 1924, quando embarcamos no porto de Nova Iorque para o Brasil como missionários. Estávamos casados havia apenas sete semanas, e a vida era radiante de promessas. A imagem da pátria em nosso coração era a América de Woodrow Wilson. Do convés, avistávamos a Estátua da Liberdade desaparecer pouco a pouco na distância azulada.

Decorridos onze dias, chegamos à baía da cidade mais bela do mundo: Rio de Janeiro. Nos dez meses seguintes, estudamos a língua portuguesa naquele lugar encantador.

Nossa região de trabalho seria o interior do Estado de Minas Gerais, e fomos convidados a permanecer em Belo Horizonte até o nascimento de nosso bebê. Nosso plano era viajar ao interior imediatamente após eu dar à luz.

Durante esses dias, David se submeteu a um *check-up*, que revelou a necessidade de uma cirurgia para eliminar uma úlcera no estômago. O médico marcou a operação exatamente no dia em que completaria um ano de nossa chegada ao Brasil.

Um adorável casal de missionários, Sr. e Sra. J. R. Allen, cuidou de David. Ela era habilitada em enfermagem, e durante os seis dias em que David sobreviveu à cirurgia, ambos foram incansáveis no cuidado dele. Uma carta que a Sra. Allen escreveu à minha família descreve o testemunho de David.

Na madrugada, por volta das 2h30, ele começou a dizer:

—*Eles estão chamando, chamando, chamando — lá no Céu!*

Em seguida, por uma hora, ele cantou e falou sobre o Céu. Eu já ouvira falar de pessoas que tiveram uma visão como aquela, mas nunca a tinha testemunhado. Foi a coisa mais linda que já vi.

A certa altura, ele disse:

—*Eu não sabia que podia ser tão bonito assim. Tudo está bem com minha alma!*

Ficamos ao seu lado até ele partir para o lugar onde não há mais sofrimento. Sua vida e influência aqui têm sido, e serão, uma bênção para todos com quem ele teve contato.

O fato de eu ter podido estar com meu marido durante as suas últimas horas é uma fonte de gratidão a Deus. Seu corpo ainda estava no quarto ao lado quando nosso filho nasceu, logo ao amanhecer.

O que eles DISSERAM

Durante aquela longa noite, a dúvida tomou conta de mim. Perguntei ao meu Salvador se eu tinha me enganado e não havia sido chamada para a missão da qual estava tão certa anteriormente. Veio ao meu coração a segurança de que tudo estava bem e de que Jesus estava no controle de todas as coisas.

Rosalee Mills Appleby,
Canton, Mississippi, EUA.

Essa cena comovente não foi o fim, mas o *começo* de algo muito mais glorioso do que seria se não tivesse acontecido — "Nossos tempos estão em suas mãos". Porque não só o jovem esposo teve uma gloriosa acolhida celestial, mas Rosalee Appleby superou aquela noite desesperadora e solitária do parto, tão cheia de tristeza, sofrimento e dúvida (com o corpo de seu amado estendido no quarto ao lado) e tornou-se uma das grandes missionárias no Brasil, por quase quase 40 anos.

Nossa correspondência nos últimos 2 anos (1966–68) revelou que ela é uma mulher de espírito incansável e — o que é mais importante — de oração que tem labutado sem cessar todos esses anos em favor do Brasil.

Quem pode duvidar de que o crescimento espiritual sem precedentes registrado neste país não seja o resultado das lágrimas vertidas nas orações de Rosalee Appleby e de outros

---

Nota do editor: Ao ler esse relato, lembrei-me de João 12:24: "...se o grão de trigo, caindo na terra, não morrer, fica ele só; mas, se morrer, produz muito fruto".

como ela? E quem pode afirmar que essas preciosas lágrimas de intercessão teriam sido semeadas se ela não tivesse *primeiro* semeado as lágrimas de tristeza e solidão, como uma jovem brilhante, dando à luz a um bebê órfão de pai e enfrentando um futuro difícil, sozinha, numa terra estranha?

4.

AS ÚLTIMAS HORAS DO INCRÉDULO VOLTAIRE

Quando Voltaire — pensador e escritor francês (1694–1778) — sentiu o duro golpe que o levaria à morte, foi tomado pelo remorso. Recorreu imediatamente a um sacerdote e expressou seu desejo de se "reconciliar com a igreja". Seus bajuladores, incrédulos como ele, correram ao seu quarto para impedi-lo de se retratar, mas isso serviu apenas para que testemunhassem sua própria ignomínia e a dele. *Ele os escorraçou* e, como sua aflição aumentava com a presença deles, exclamou várias vezes em voz alta:

—*Fora!* Foram vocês que me trouxeram a essa condição. Deixem-me. Repito: *vão embora!* Que glória infame foi essa que vocês prepararam para mim!

Esperando aliviar sua angústia por meio de uma retratação escrita, ele a preparou, assinou-a e a viu ser confirmada.

Tudo isso, porém, foi inútil. Durante dois meses, ele se viu torturado por uma intensa agonia que às vezes o levava a ranger os dentes sob a fúria impotente contra Deus e os seres humanos. Outras vezes, em tom súplice, clamava:

—Ó Cristo! Ó Senhor Jesus! — Em seguida, voltava o rosto de lado e gritava—: Devo morrer abandonado por Deus e pelos homens!.

Próximo do fim, sua condição tornou-se tão chocante que seus amigos tinham medo de chegar perto de seu leito. Entretanto, bloqueavam a porta para impedir que outros vissem a forma horrível como ele era obrigado a morrer. Até mesmo sua enfermeira dizia repetidamente *que nem por toda a riqueza da Europa ela jamais voltaria a ver outro incrédulo morrer.* Foi uma cena de horror que vai além de todo exagero.[1]

Esse foi o fim de um homem que tinha um intelecto privilegiado, excelente educação, grande riqueza e recebeu muitas honrarias.

*Em O Contraste entre a
Infidelidade e o Cristianismo.*

---

[1] Insatisfeito com a falta de histórico de referências suficientes e procurando ser justo com a estória de Voltaire, pesquisei vários relatos e, por fim, encontrei a obra *Mémoires pour servir a l'histoire du jacobinisme*, La renaissance française, do Jesuita Barrue, edição de 1911 (Disponível em PDF na internet).

5.

DWIGHT L. MOODY

*"Se isso é a morte, então
é doce morrer! Não há tristeza aqui! Deus está
me chamando, e eu preciso ir!"*

Para o mundo, 22 de dezembro de 1899 foi o dia mais curto do ano; para D. L. Moody, seu amanhecer conduziu-o ao dia que não conhece noite. Durante 44 anos, ele participara da vida divina, por isso a transição do visível para o invisível, da esfera temporal para a eterna, não foi uma interrupção em sua vida. Em outras dimensões, ele continuou a servir o Mestre, cuja causa amava com devoção e servia com energia incansável.

Até poucas horas antes do fim, Moody partilhou com a família a convicção de que estava melhorando. No dia anterior, ele parecia mais nervoso que o normal, mas falou alegremente a respeito de si mesmo. Respondendo a uma pergunta sobre se ele se sentia bem, disse:

—Sim! Deus é muito bom para mim, e minha família também.

Nenhum homem amava sua família e seu trabalho mais devotadamente do que ele, que sempre dizia: "Minha vida tem sido muito boa; não há posição de poder ou riqueza que possa me tentar a abandonar o trono no qual Deus me colocou". Não foi por estar cansado da vida nem por querer parar de trabalhar que ele estava tão pronto para partir, pois conhecia a alegria do serviço cristão como poucos haviam experimentado.

A chamada final veio inesperadamente. Durante metade da noite, seu genro esteve ao lado de seu leito. Moody dormiu a maior parte do tempo. Às três horas da manhã, seu filho, W. R. Moody, foi para junto dele. Durante algumas horas, ele esteve inquieto e sem conseguir dormir, mas, por volta das seis horas, se acalmou e adormeceu.

Cerca de uma hora depois, ele acordou. De repente, seu filho o ouviu falar com palavras compassadas:

—A terra desvanece, *o céu se abre diante de mim*".

O primeiro impulso de seu filho foi tentar despertá-lo daquilo que lhe parecia um sonho.

—Não, Will, não é um sonho! — ele disse. —É *lindo!* É como um êxtase! Se isso é a morte, então é doce morrer! Não há tristeza aqui! Deus está me chamando, e eu preciso ir!

Enquanto isso, a enfermeira estava chamando a família e o médico, que havia passado a noite na casa. Moody continuou a falar suavemente, parecendo que proferia de outro mundo suas últimas mensagens aos seus entes queridos.

—Sempre fui um homem ambicioso — afirmou — não para deixar-lhes riquezas ou propriedades, mas para deixar-lhes muito trabalho a ser feito. Você cuidará de Monte Hermon; Paul assumirá o seminário quando estiver um pouco mais velho; Fitt tomará conta do instituto; e Ambert [*seu sobrinho*] vai ajudar todos vocês no dia a dia dos negócios.

Então, pareceu que ele estava enxergando além do véu, porque exclamou:

—Este é o meu triunfo; este é o dia da minha coroação! *Eu o desejei por muitos anos.*

Seu rosto se iluminou, e ele disse numa voz extasiada:

—*Dwight! Irene!* Eu vejo o rosto das crianças (referindo-se aos dois netos que haviam falecido no ano anterior).

Tendo dito isso, ele ficou inconsciente. Até então, nenhum medicamento lhe havia sido administrado. Dessa vez, ele recebeu estimulantes cardíacos e, em meia hora, recuperou-se. Ao recobrar a consciência, proferiu debilmente estas palavras:

—Não há dor! Não há tristeza!

Em seguida, mais reanimado, acrescentou:

—Se isso é a morte, não é nada mau! É *doce*!

Um pouco mais tarde, de repente apoiou-se nos cotovelos, ergueu-se e interrogou:

—O que significa tudo isso? O que vocês estão fazendo aqui?

Sua esposa explicou que ele não tinha passado bem, e imediatamente tudo se esclareceu na sua mente. Ele disse:

—Que coisa estranha! *Eu estive além das portas da morte, até os verdadeiros portais do Céu, e aqui estou de volta.* É muito estranho!

Mais tarde, disse novamente:

—*Este* é o dia da minha coroação! É *glorioso!* — e falou sobre o trabalho que estava deixando para trás, designando seus dois filhos para cuidar das escolas de Northfield, e sua filha e genro, do Instituto Bíblico de Chicago. Quando lhe perguntaram qual seria a responsabilidade de sua esposa, ele respondeu:

—Oh, mamãe é como Eva, a mãe de todos nós!

Em resposta ao apelo urgente de que permanecesse mais um tempo com a família, ele disse:

—Não vou jogar fora a minha vida. Ficarei o quanto Deus quiser que eu fique; mas se for a minha hora, estou pronto.

Depois, disse algo que demonstrou quão clara estava sua mente, porque comentou resoluto:

—Hoje é 22 de dezembro, não é? Faz exatamente cinco meses que Irene faleceu... e neste mesmo quarto.

Na verdade, fazia apenas quatro meses, mas qualquer um poderia cometer tal erro.

Até a última hora ele estava pensando nos seus e preocupando-se com eles. Voltando-se para a esposa, um pouco antes de partir, disse-lhe:

—Isso é terrível para você, mamãe; é um choque tremendo. Sinto muito por entristecê-la dessa maneira. Prepare-se. É muito difícil ficar sob tanta ansiedade.

Poucos antes do meio-dia, ele estava visivelmente sucumbindo de novo. O médico aproximou-se para aplicar outra injeção de nitroglicerina, e Moody olhou para ele de um modo indagador e indeciso e disse de forma perfeitamente natural:

—Doutor, eu não sei, mas o senhor acha que é sensato fazer isso?

O médico respondeu que achava que seria bom.

—Bem, — disse Moody — só vai prolongar a agonia da minha família!

O médico desistiu, vendo que a vida do paciente não poderia ser salva. Alguns minutos depois, Moody feneceu para acordar na presença dAquele a quem ele amava e tinha servido por tanto tempo tão fielmente.

Não parecia que havia morrido, pois adormeceu suave e tranquilamente; e não foi difícil imaginar a sua recepção no outro mundo pela multidão de entes queridos que aguardava a sua chegada. A misericórdia de Deus envolveu todo o acontecimento de tal forma que a *realidade* da morte e o seu aguilhão foram totalmente removidos.

Shorter Life of D. L. Moody,
de A. P. Fitt, Moody Press.

6.

O PEQUENO WILLIE LEONARD VÊ JESUS

Este relato da morte de Willie Leonard, de apenas 6 anos de idade, em 1881, foi extraído de uma carta escrita pela sua mãe.

Um dia, cerca de duas semanas antes de morrer, Willie estava brincando, então entrou em casa e disse:
—Mamãe, eu sinto que não gostaria de morrer.
Quando lhe perguntei por quê, ele respondeu:
—Eu não gostaria de deixar vocês aqui. Mas acho que estaria muito feliz no Céu e cuidaria de você, mamãe.
Sua mãe apertou-o nos braços. Ela o amava tanto, mas, de alguma maneira, sentiu que os anjos o estavam chamando e

falou-lhe das alegrias que o esperavam no Céu. Disse que eles se encontrariam com ele lá.

Então, o menino disse:

—Mamãe, não quero nenhum cordeirinho na minha lápide, mas quero um menininho deitado na grama como você me viu deitar no verão, quando eu ficava cansado de brincar. (Ele nunca tinha visto ou ouvido falar de qualquer coisa parecida, mas uma lápide assim agora marca a sua sepultura.)

Sua premonição tornou-se realidade, porque logo contraiu febre escarlatina em forma diftérica e viveu somente mais dois dias.

Como ele foi paciente durante todo o sofrimento! Quando lhe perguntaram se não era um menino muito doente, ele respondeu:

—Não, não muito, mas eu penso que Jesus vai me levar para morar no Céu.

À medida que ele falava, um ar angelical de enlevo e um sorriso radiante surgiram em seu rosto. Chamaram seu pai, e enquanto falavam sobre esse assunto, o mesmo sorriso glorioso iluminou seu rosto. Então, ele falou a respeito do que fazer com seus brinquedos, livros, cartões da Escola Dominical e papéis.

Depois, falou de um novo chapéu, do qual disse não precisar mais, e sua mãe contou-lhe sobre a linda coroa que o esperava no Céu, embora o coração dela estivesse dilacerado de tristeza.

—Willie, — disse ela — quando Jesus vem, ninguém consegue vê-lo, a não ser a pessoa que Ele veio buscar. *Quando você o vir, você me conta?*

—Sim, — respondeu ele — se eu conseguir falar... Se não, apontarei para Ele.

Quando seu irmãozinho lhe disse que o pai tinha ido buscar o médico, o menino comentou:

—Eu quero muito mais que Jesus me leve para o Céu do que ser curado pelo Dr. Taplin!.

Dentro de poucas horas, ele estava muito irrequieto e delirante. Agora, eu cito a carta literalmente:

Enquanto nós o recostávamos no travesseiro, seus olhos permaneciam bem abertos e fixos. Apalpamos seus pés e sentimos que estavam frios. Apressei-me em aquecer cobertas para enrolá-los. Esfregamos suas mãos, embora as unhas estivessem azuladas. Não podíamos acreditar que o nosso Willie estava morrendo — Willie, nossa esperança, nosso orgulho, a alegria do nosso lar. Mas isso estava acontecendo, e enquanto estávamos ao redor de sua cama, chorávamos como somente pais podem chorar em tais ocasiões e falávamos palavras de amor para o seu corpo inanimado.

Ele estava deitado imóvel, e de repente ergueu a mãozinha e apontou para cima por um momento enquanto seus lábios se moviam num esforço para falar.

—*Willie!* — gritei em voz alta — *Você está vendo Jesus?*

A mãozinha caiu ao lado de seu corpo, ele respirou com dificuldade e com menos frequência, e então cessou para sempre. Nos seus últimos momentos, ele se lembrou do sinal que tinha combinado comigo e apontou para Jesus.

Quando seu corpo, tão bonito e tão querido para nós, baixou à sepultura silenciosa e a terra caiu sobre o caixão fazendo um som oco, tive a impressão de que eu não conseguiria me recuperar do choque.

Então, senti uma espécie de hálito suave no meu rosto, e uma vozinha doce parecia dizer: *Mamãe, eu não estou aí. Não chore. Eu estou feliz!*

Minhas lágrimas secaram num instante, e agora eu não consigo pensar nele *vivendo em nenhum outro lugar* a não ser naquele Céu lindo para onde ele tanto desejou ir.

*Adaptado de um artigo
da Sra. Eva Simkins,
Lester, Michigan.*

7.

A RECOMENDAÇÃO DE ETHAN ALLEN PARA SUA FILHA MORIBUNDA

Ethan Allen era um ateu confesso e autor de um livro que negava a divindade de Jesus Cristo. Sua esposa era uma cristã sincera, alegre e devotada. Ela morreu prematuramente e deixou uma filha única, que logo se tornou o ídolo do seu pai. A menina, frágil e sensível, envolveu-se com a vida do pai como um cipó se enrola ao redor dos galhos de uma árvore. Porém, dentro de pouco tempo, a tuberculose atacou aquela linda jovem. Ela enfraquecia gradativamente, até que o simples fato de a contemplar era suficiente para trazer lágrimas mesmo a um coração endurecido.

Um dia, seu pai entrou no quarto dela, sentou-se ao lado de sua cama e segurou sua mãozinha fraca. Ela olhou no rosto dele e disse:

—Meu querido pai, eu vou morrer.

—Não, minha criança. Não! A primavera já está chegando, e com os pássaros, as brisas e as flores, suas faces pálidas vão corar de saúde.

—O médico esteve aqui hoje. —continuou ela — Eu me senti perto da sepultura e pedi a ele que me dissesse francamente o que eu poderia esperar. Eu disse a ele que era uma grande coisa trocar de mundos e que eu não queria ser enganada. Se eu tiver de morrer, gostaria de preparar algumas coisas. Então, ele disse que minha doença está além da capacidade humana.

Enterre-me ao lado da minha mãe, porque isso foi um pedido dela no seu leito de morte. Eu sei, pai, que você e mamãe não concordavam a respeito de religião. Mamãe sempre me falou do Salvador bendito que morreu por todos nós. Ela costumava orar por nós dois, você e eu, para que o Salvador fosse nosso amigo e nós pudéssemos vê-lo como nosso Salvador quando Ele se sentasse no trono da Sua glória!

Os olhos dela buscaram desesperadamente os olhos do pai:

—Eu sinto que não devo andar sozinha pelo vale escuro da sombra da morte. *Diga-me, papai, quem eu devo seguir: você ou mamãe?* Devo rejeitar a Cristo, como você me tem ensinado, ou devo aceitá-lo? Ele era amigo da mamãe nas horas de grande tristeza.

Havia um coração honesto sob aquele exterior endurecido. Embora as lágrimas quase sufocassem suas palavras, o velho soldado disse:

—Minha filha, apegue-se ao Salvador da sua mãe. *Ela tinha razão.* Eu procurarei seguir vocês até aquele lugar abençoado.

Um sorriso sereno espalhou-se pela face da jovem moribunda — e quem duvida que haja uma família completa lá no Céu?

*Adaptado de um artigo
de S. B. Shaw em
Dying Testimonies.*

8.

ANNA BOLENA (1536)

Anna Bolena, a segunda esposa de Henrique VIII, rei da Inglaterra, foi decapitada por ordem do marido, que, no dia seguinte, casou-se com Jane Seymour. A acusação contra ela era de adultério, ato que nunca foi comprovado.

Outras quatro pessoas foram decapitadas com ela, uma das quais era Norris, um empregado fiel e virtuoso. Garantiram-lhe a vida se ele a acusasse, mas, ao contrário, ele declarou que ela era inocente e que ele morreria mil vezes antes de difamá-la. As outras três também a defenderam até o fim. O desrespeito com seu corpo foi tamanho que, com insolência brutal, colocaram-no num baú tosco feito para enviar flechas para a Irlanda.

Para aqueles que deveriam levá-la a sua execução, ela disse:

—Deem minhas recomendações ao rei e digam-lhe que ele é firme no seu objetivo de me promover. De uma desconhecida donzela ele me fez marquesa, e de marquesa promoveu-me a rainha. Agora, como não há mais nenhum degrau acima na escala de honra da Terra para me oferecer, ele me tornou uma mártir.

Por fim, disse:

—Sei que o carrasco é muito bom, e o meu pescoço é pequeno. *A Cristo eu encomendo a minha alma.*

Dying Words,
de A. H. Gottschall.

9.

NAPOLEÃO BONAPARTE (1821)

Esse grande imperador da França morreu no exílio. Suas últimas palavras foram:
—Morro antes de completar meus dias e meu corpo será devolvido à terra para ser alimento de vermes. Esse é o destino daquele que foi chamado de o grande Napoleão. *Como é grande o abismo entre a minha profunda miséria e o reino eterno de Cristo!*

Dying Words,
de A. H. Gottschall.

10.

UMA CAÇADA DE ELEFANTES QUE ABRIU O CÉU

Ouvi um testemunho notável do missionário Paul Landrus[2] quando eu estava visitando a Libéria, na África Ocidental.

Paul, que eu conheci pessoalmente, estava caçando elefantes na selva com um jovem africano de 18 anos. Ele atirou num elefante, mas sua mira estava desregulada, e o animal só ficou ferido. O elefante atacou, e Paul tentou se esconder atrás de uma árvore, mas o animal rodeou a árvore com a tromba e começou a apertá-lo, dificultando-lhe a respiração. Então, ele conseguiu apertar a ponta da tromba, e isso fez com que

---

[2] Infelizmente, este maravilhoso testemunho chegou muito tarde e não conseguimos fazer contato com o Sr. Landrus a tempo de ouvir sua narrativa. Talvez um relato mais detalhado e de primeira mão possa ser publicado numa futura edição (o editor).

o animal aliviasse a pressão ao redor de suas costelas. Porém, àquela altura, os gritos do animal tinham atraído uma manada inteira de elefantes.

Eles vieram pesadamente através da selva e, pela providência de Deus, um deles atingiu a traseira do elefante ferido, fazendo-o rodar e aliviando o aperto ao redor do missionário. Naquele instante, o jovem africano chegou correndo para ajudar Landrus, mas um dos elefantes o pegou. Ele foi atingido pelas presas desde a virilha até quase a garganta. Enquanto o elefante fugia, o pobre jovem gritava:

—Pai, eu morro! Pai, eu morro!

Landrus seguiu na tentativa de descobrir para onde o elefante tinha levado o jovem, porque os elefantes costumam enterrar suas presas em covas rasas. De fato, aquele elefante tinha cavado um buraco raso e nele havia enterrado o jovem, cobrindo-o com folhas e lama. Paul o encontrou e tirou o entulho que o cobria — e daquele momento em diante, ele disse que nada jamais o afastaria da crença de que há um Céu. O jovem africano — só recentemente salvo do paganismo e não preparado para descrever o Céu — começou a descrever os anjos e falou de uma música que Landrus sabia que ele nunca ouvira em sua vida. Em poucos minutos, o jovem se foi, mas naqueles últimos e fugidios momentos ele vira claramente a glória dos Céus e até ouvira os seus sons gloriosos.

Loren Cunningham,
Jovens Com Uma Missão,
Pasadena, Califórnia.

11.

SRA. CATHERINE BOOTH (1890)

Esposa de William Booth, fundador do Exército de Salvação

—As águas estão subindo, mas eu também. Não vou ficar por *baixo*, mas por *cima!* Não se preocupe com a morte; viva bem, e a morte será normal.

Dying Words,
de A. H. Gottschall.

12.

CARLOS IX, REI DA FRANÇA

"Estou perdido, eu o sei muito bem!"

Esse jovem e perverso rei morreu em 30 de maio de 1574. Seu caráter era uma mistura de paixão, agudeza, crueldade e astúcia. O tristemente famoso massacre de São Bartolomeu, ocorrido em 24 de agosto de 1572, foi o ápice de uma série de traições contra os huguenotes que desgraçou grandemente seu reinado.

Quando ele ainda era jovem, a morte estendeu sua mão tenebrosa. Suas garras rasgaram as vestimentas reais e, à medida que a coroa que lhe dera tanta autoridade sobre a vida dos homens caía de sua fronte, ele mergulhava na noite escura da eternidade — uma alma *despida!*

Certamente, por amor de um mundo observador, o Espírito Santo de Deus abriu os olhos daquele jovem rei para lhe mostrar o que o esperava além daquele véu escuro. A História registrou o remorso e o grito de angústia que se seguiram.

Nas suas últimas horas, ele gritou para a sua enfermeira:

—Minha enfermeira, minha enfermeira! Quanto sangue, quantos assassinatos, quantos conselhos maus eu segui!

Então, fez uma oração: "Ó meu Deus, perdoa-me e tem misericórdia de mim se tu puderes. Sei o que eu sou — o que é que poderei fazer? *Eu estou perdido, eu o sei muito bem!*".

"Sendo assim, todo homem [...] te fará súplicas em tempo de poder encontrar-te. Com efeito, quando transbordarem muitas águas, não o atingirão" (Salmo 32:6).

Dying Testimonies,
de S. B. Shaw.

13.

LADY JANE GREY (1554)

Lady Jane Grey foi rainha da Inglaterra por dez dias. Aparentemente, por causa da insegurança da rainha Mary, ela e seu marido foram decapitados no mesmo dia.

Do patíbulo, ela se dirigiu aos assistentes e depois se entregou a Deus. Seu lindo pescoço foi descoberto, e após amarrar um lenço nos olhos e apalpar procurando o cepo, ela deitou a cabeça nele.

Antes de o machado baixar, ela exclamou:

—Senhor, em Tuas mãos entrego o meu espírito!

Dying Words,
de A. H. Gottschall.

14.

NISHIZAWA, CONHECIDO JAPONÊS CRIMINOSO DE GUERRA

*"Salvo pela graça de Deus...
O morrer é lucro!"*

Uma jovem irlandesa alegre e vivaz navegou para o Japão em 9 de outubro de 1916. Era Irene Webster-Smith, que nascera em uma família aristocrática. Irlandesa até a medula, ela às vezes transbordava de alegria com humor inteligente e agradável que espantava os ultraformais e amaneirados, mas atraiu para ela milhares de japoneses nos anos subsequentes.

Aquela jovem irlandesa talentosa não imaginava que um dia seria usada por Deus para transformar a vida de quatorze dos mais duros criminosos de guerra no Japão.

Como aconteceu esse milagre?

Nishizawa San era um dos líderes militares japoneses condenados por crimes de guerra. O Tribunal Internacional de Crimes de Guerra considerou-o culpado e condenou-o à morte por enforcamento. Ele estava no presídio de Sugamo aguardando a execução quando, pela primeira vez, se encontrou com a senhorita Webster-Smith.

A esposa de Nishizawa era cristã e estava muito preocupada com seu marido. Tendo permissão para visitá-lo durante apenas meia hora por mês, ela tinha levado para ele um Evangelho de João em uma de suas visitas. Entretanto, Nishizawa não estava interessado. Endurecido por crimes dos mais cruéis, ele era completamente indiferente ao esforço de sua esposa para conduzi-lo a Cristo.

Um dia, a senhorita Webster-Smith, chamada "Sensei" (que significa "professora" ou "sábia") pelos japoneses que a conheciam, foi fazer uma palestra em uma reunião de senhoras em Kashiwa. Naquela reunião, estava a Sra. Nishizawa. Ela se apresentou a Sensei e, então, implorou-lhe que fosse visitar seu marido na prisão.

—Estou muito preocupada com meu marido e desejo muito que ele se torne cristão antes de morrer. Se puder visitá-lo, eu desisto da minha visita para que você possa vê-lo.

Um apelo tão comovente era irresistível, e Sensei prometeu fazer o possível para atendê-lo. Mas ela logo viu que Nishizawa e os outros prisioneiros de crimes de guerra em Sugamo eram mantidos sob máxima segurança. As autoridades não deixavam passar nada, principalmente depois que a esposa de um prisioneiro contrabandeou veneno ao visitar o marido. Ela passou o veneno no arame da tela do guichê de entrevista, e o prisioneiro lambeu a tela e morreu.

A princípio, pareceu impossível a Sensei passar pelos regulamentos e pela burocracia dos oficiais. Mas um entusiasmo e uma determinação divinamente inspirados finalmente convenceram as autoridades de que aquela velhinha encantadora tinha o direito de visitar o condenado Nishizawa.

O guichê de entrevista foi fortemente guarnecido quando Sensei sentou-se num lado daquela tela pesada que a separava de Nishizawa. Com uma oração silenciosa, ela disse ao homem:

—Estive com sua esposa e seus filhos, e eles estão bem. Conheci sua esposa numa reunião cristã.

Nishizawa respondeu:

—Ela me contou que tinha se convertido e até me deixou um livreto.

O tom da sua voz não demonstrava nenhum interesse. Mas Sensei imediatamente agarrou sua oportunidade. O livreto deveria ser o Evangelho de João, pensou ela. Era isso mesmo, e deu a Sensei a oportunidade de ouro de explicar ao prisioneiro que o Cristo do Evangelho havia morrido na Cruz pelos pecados dos homens e que Ele perdoaria graciosamente todos aqueles que se arrependessem e cressem nEle. Ela continuou explicando que Cristo receberia tais crentes no Seu Reino de glória, onde viveriam eternamente com Ele.

Nishizawa foi visivelmente tocado pela pregação sincera e confiante do Evangelho naquele guichê da prisão. Antes que terminasse a entrevista, ele fez a pergunta vital:

—Você quer dizer que ele perdoaria os *meus* pecados? Eu cometi pecados horríveis. Você nem pode imaginar.

Rapidamente, Sensei garantiu a Nishizawa que havia esperança para o pior pecador que confiasse no sangue purificador de Jesus Cristo e nEle cresse como seu Salvador pessoal.

Profundamente tocado pelo Espírito Santo, o pobre prisioneiro então orou com Sensei lá mesmo, clamando a Deus por misericórdia. Depois disso, seu coração foi inundado de uma paz e uma alegria que ele nunca sentira antes. Sensei ouviu-o dizer:

—Graças a Deus, e muito obrigado a você!

A grande transação tinha sido feita! Nishizawa era uma "nova criatura em Cristo Jesus". Em seguida, ele disse a Sensei que acreditava ter sido salvo por Cristo. A missionária então o incentivou a procurar alguém na prisão e contar-lhe o que Cristo fizera por ele.

A única oportunidade de que o prisioneiro dispunha era na hora dos exercícios, porque ele estava confinado na solitária, e mesmo assim não lhe era permitido falar com os outros prisioneiros. Mas Nishizawa prometeu que faria o possível para testemunhar sobre seu Salvador recém-encontrado. Ele fez isso com sucesso tão extraordinário que, um a um, treze outros prisioneiros foram levados a Cristo. Eles foram batizados nas águas pelo capelão batista da prisão.

Então, um dia Sensei sentiu uma grande e urgente necessidade de visitar Nishizawa de novo, mas os oficiais responsáveis eram inflexíveis. Ela havia utilizado a única entrevista permitida. Outra visita de clemência estava completamente fora de questão.

Sabendo que o chamado urgente tinha vindo de Deus, ela sentiu que precisava rever Nishizawa de qualquer maneira antes que ele fosse executado. E quando Sensei decidia fazer alguma coisa por seu Senhor, nem todos os poderes do inferno podiam detê-la. Ela foi diretamente ao escritório do único homem no Japão capaz de abrir para ela as portas da prisão. Ele era o famoso General MacArthur, o homem que, naquela época, praticamente governava todo o Japão.

O grande general recebeu-a cortesmente e ouviu seu pedido. Então, ele lhe deu permissão para ver o prisioneiro mais uma vez, providenciando até um carro oficial para conduzi-la à prisão.

Na sala de entrevista, ela olhou com atenção para Nishizawa assim que ele entrou. O rosto dele estava radiante de alegria, e ele exclamou:

—Justamente essa manhã eu pedi a Deus que a mandasse me visitar. Ele respondeu à minha oração! Quero deixar com você instruções a respeito dos cuidados com a minha esposa e os meus filhos e uma última mensagem para eles e para os meus pais.

Assim, Sensei e Nishizawa oraram juntos e se despediram. Um pouco antes de Nishizawa ser executado, Sensei recebeu uma carta dele. Dizia o seguinte:

Mamãe Smith,
    Sinceramente, eu a aprecio muito e agradeço o esforço que você fez para me visitar de novo e me encorajar, dividindo comigo o seu precioso tempo. Agradeço também em nome do Senhor, com os outros

irmãos, pois sabemos que o favor do batismo que foi realizado se deve aos seus esforços incomuns.

Vivendo dias de gratidão, crendo que posso receber a salvação do Espírito Santo no meu último dia, e totalmente confiando nele, que para mim — salvo pela graça de Deus — "o viver é Cristo, e o *morrer é lucro*"!

Oro pela sua boa saúde em nome do Senhor Jesus Cristo e de Deus Pai.

Atenciosamente,
Um pecador salvo

M. Nishizawa

Dois dias mais tarde, Sensei soube que Nishizawa e mais um dos outros convertidos haviam sido executados na noite anterior.

Adaptado de um artigo de The Flame.

15.

WILLIAM GRIMSHAW (1708-63)[3]

Quando indagado nos seus últimos momentos como se sentia, respondeu: "Tão feliz quanto posso me sentir na Terra e *tão certo da glória como se nela já estivesse*. Não tenho nada mais a fazer senão dar um passo desta cama para o Céu".

Dying Words,
de A. H. Gottschall.

---

[3] Considerado como um dos pais fundadores do movimento Metodista.

16.

"SÓ A PONTE DO SALVADOR PERMANECE"

Byron Bunson, nascido em 1791, foi um dos mais notáveis estadistas e intelectuais da Alemanha. Em 1841, ele foi enviado a Londres em missão especial para negociar o estabelecimento de um bispado anglo-prussiano em Jerusalém e logo em seguida foi indicado como embaixador na corte britânica. Ele é conhecido na literatura por muitos trabalhos notáveis como *Constituição da Igreja do Futuro, Cristianismo e Humanidade* e *Deus na História*. Foi um grande estadista e filósofo.

Morreu em Bonn, na Alemanha, em 1860. Em seu leito de morte, exclamou:

—Todas as pontes que a gente constrói pela vida falham numa hora como esta; só a ponte do Salvador permanece!

Dying Testimonies,
de S. B. Shaw.

17.

"É MAIS FÁCIL ENTRAR NO INFERNO DO QUE SAIR"

No povoado de Montgomery, Michigan, na primavera de 1884, um ateu, marido de uma espírita, adoeceu seriamente. Ele cultivava um ódio tão grande pela causa de Cristo que havia pedido anteriormente que, na sua morte, seu corpo não fosse levado a uma igreja para qualquer serviço fúnebre e não fosse chamado nenhum pastor para oficiá-lo.

No momento em que estava chegando aos umbrais da eternidade, ele se virou para a parede e começou a falar sobre seu futuro. Sua esposa viu que ele estava com o espírito perturbado e tentou confortá-lo, dizendo-lhe que não tivesse medo. Ela lhe disse que o espírito dele voltaria para ela, e eles teriam comunhão no futuro tanto quanto tinham no presente. Mas isso não lhe trouxe nenhum conforto naquela hora horrível.

Com um olhar de desespero, ele disse:

—Vejo uma parede grande e alta se elevando ao meu redor e estou descobrindo, finalmente (quando já é muito tarde) que é mais fácil entrar no inferno do que será sair dele.

Em poucos momentos, seu espírito partiu deste mundo. Essa conversa foi ouvida por minha cunhada, que estava presente na hora da morte dele.

Rev. W. C. Muffit,
Cleveland, Ohio.

18.

ANTHONY GROVES (1795-1853)[4]

*"Eu, que sou totalmente vil,
vou me encontrar com Jesus!"*

---

[4]Um dos pioneiros do cristão "Movimento dos Irmãos", no início do século 19, entre a Irlanda e Inglaterra, e considerado "pai das missões de fé".

19.

ARCHIBALD CAMPBELL (1661)

Este homem, o Marquês de Argyle, foi executado em Edimburgo. Na manhã da sua morte, enquanto estava envolvido com seus negócios materiais, ele foi de tal modo sobrepujado por uma sensação da presença divina, que exclamou em êxtase: "Estou colocando em ordem os meus negócios, e Deus está me dizendo agora mesmo: *Filho, tem bom ânimo! Os teus pecados te são perdoados!*"

Dying Words,
de A. H. Gottschall.

20.

JOHN HUNT — APÓSTOLO EM FIJI

*"Quero ter forças para
louvá-lo abundantemente!"*

É notável a história do despertamento espiritual de Fiji. Este é o nome de um grupo de cerca de 225 ilhas, das quais 140 são habitadas. A maior delas, Vitu Leyu, é aproximadamente do tamanho da Jamaica.

A história dessas ilhas lindas e férteis, por muito tempo palco de crueldades, é muito interessante. Um jovem lavrador de Lincolnshire, que atingiu a idade adulta sem nenhuma oportunidade educacional, seria — antes do seu 36º aniversário — o principal instrumento na conversão ao cristianismo e à civilização de uma das mais bárbaras raças de canibais da face da Terra. Esse fato é um dos acontecimentos mais notáveis na história das missões cristãs.

Não ocuparemos espaço aqui para contar a maravilhosa história da vida missionária de John Hunt. Uma cena será suficiente para tocar nosso coração com a profundidade das experiências desse homem humilde sob o poder do Espírito.

Como recompensa gloriosa dos trabalhos e profunda devoção de Hunt, finalmente um grande despertamento espiritual aconteceu. Entre os convertidos estava a rainha de Viwa.

—O coração dela — diz Hunt —parecia literalmente quebrado, e embora fosse ela uma mulher muito forte, desmaiou duas vezes sob o peso de um espírito quebrantado. Ela se recuperou somente para renovar suas fortes lamentações e lágrimas, de modo que foi difícil continuar o culto.

Logo isso se generalizou. Muitas mulheres e alguns homens literalmente urravam por causa da inquietação que havia no coração de cada um... Foi muito emocionante ver mais de cem fijianos, muitos dos quais poucos anos antes eram alguns dos piores canibais das ilhas e até do mundo, cantando: "Nós te louvaremos, ó Deus, nós te reconhecemos como nosso Senhor", enquanto suas vozes eram quase abafadas pelos gritos de pessoas arrependidas e de coração partido.

O esforço contínuo de Hunt, por fim, afetou seriamente sua saúde. O homem da força de ferro, que tinha ido de Lincolnshire para Londres havia apenas 12 anos, evidentemente estava morrendo. Seria possível dizer a respeito dele, como a respeito do seu Senhor: "O zelo da tua casa me consumiu" (Salmo 69:9).

Os que se converteram do paganismo, com o rosto triste, reuniram-se na capela e oraram com fervor pelo missionário. "Ó Senhor", clamou Elias Verani em alta voz, "sabemos que somos muito maus, mas poupa o teu servo! Se alguém precisa morrer, leva a *mim*! Toma *dez* de nós! Mas poupa o teu servo para pregar Cristo ao povo!"

Perto do fim, o missionário confiantemente entregou a esposa e os filhos pequenos a Deus, mas estava muito angustiado com Fiji. Soluçando em tristeza profunda, ele clamou:

—Senhor, abençoa Fiji! Salva Fiji! Tu sabes que minha alma amou Fiji; meu coração tem sentido dores de parto por Fiji! — Então, apertando a mão do seu amigo Calvert, exclamou de novo —: Ó, deixa-me orar mais uma vez por Fiji! Senhor, por amor de Cristo, *abençoa Fiji! Salva Fiji!*.

Voltando-se para a esposa, que chorava, ele disse:

—Se isso é a morte, louvado seja o Senhor!

Imediatamente, com os olhos voltados para cima e uma alegria brilhante que desafiava a morte, ele exclamou:

—Quero ter forças para louvá-lo abundantemente!

Com um grito triunfal de "Aleluia" nos lábios, uniu-se aos louvores dos céus.

Adaptado de The Picket Line of Missions.

21.

ISABELLA CAMPBELL (1827)

"Ó, se eu pudesse contar-lhes da grande alegria que tenho no Senhor Jesus Cristo! Quanta coisa está presente nestas palavras: *a paz de Deus que excede todo o entendimento!* Gostaria que aqueles que buscam satisfação nas coisas do mundo pudessem entender um pouquinho delas.

"Vivam somente para Deus... Adeus!"

Dying Words,
de A. H. Gottschall.

22.

"Ó PAPAI, QUE VISÃO DOCE! OS PORTÕES DOURADOS ESTÃO ABERTOS!"

O Dr. L. B. Balliet, de Maryland, gentilmente nos trouxe este tocante testemunho. Quando a pequena Lillian Lee estava morrendo, aos 10 anos, disse ao seu pai:

—Ó papai, que visão doce! Os portões dourados estão abertos, e crianças aos milhares estão saindo por eles. Ó, multidões!

Mais tarde ela gritou:

—Elas correram para mim e começaram a me beijar e me chamaram de um novo nome. Não lembro qual é.

Então, ela ficou olhando para cima, como se estivesse tendo uma visão. Sua voz morreu num sussurro enquanto dizia:

—Sim, sim, já vou, já vou!

Dying Testimonies, de S. B. Shaw.

23.

O LEITO DE MORTE DE DAVID HUME

David Hume, filósofo e historiador deísta[5], nasceu em Edimburgo, Escócia, em 1711. Em 1762, publicou sua obra Religião Natural. *Passou a maior parte do seu tempo na França, onde conviveu com pessoas tão indignas e depravadas quanto ele. Morreu em Edimburgo, em 1776, aos 65 anos.*

---

[5]Deísta: que segue o deísmo, crença num Deus criador do mundo e juiz do juízo final dos homens, mas que permanece totalmente ausente e fora do alcance da experiência dos homens; praticamente ateu (N. do T.).

Há razões para crer que, embora Hume pudesse parecer desligado ou indiferente na presença dos seus amigos incrédulos, ele era um homem inquieto e insatisfeito quando não entretido por seus companheiros ou pelo jogo, ou por seus trabalhos e livros de diversão, quando deixado sozinho na contemplação da eternidade.

O seguinte relato foi publicado em Edimburgo, onde ele morreu. Aparentemente, nunca foi desmentido. Por volta do final de 1776, poucos meses depois da morte do historiador, uma senhora de aspecto respeitável, vestida de preto, entrou na diligência de Haddington, que passava por Edimburgo. O assunto de que tratavam os passageiros foi rapidamente resumido para a recém-chegada, e dizia respeito à condição da mente das pessoas diante da proximidade da morte. Como argumento de defesa do ateísmo, alguém lembrou a morte recente de Hume, dizendo que ele morrera tranquilo e feliz e até com doses de divertimento e humor.

Diante disso, a senhora retrucou:

—Cavalheiro, o senhor não sabe nada sobre isso. Posso lhe contar uma história bem diferente.

—Madame, — replicou o cavalheiro — creio ter informações tão boas sobre esse assunto como a senhora e acho que o que eu contei sobre o Sr. Hume nunca foi questionado.

A mulher continuou:

—Senhor, eu fui a governanta do Sr. Hume por muitos anos e estive junto dele nos seus últimos momentos. O luto que estou usando agora é um presente que recebi dos parentes dele pela minha assistência a ele no seu leito de morte. Eu ficaria feliz se pudesse confirmar as informações erradas que foram divulgadas a respeito de sua morte como pacífica e calma. Até agora me mantive calada a esse respeito, mas é uma pena que o mundo não seja esclarecido sobre isso.

É verdade, senhor, que, quando em companhia dos seus amigos, o Sr. Hume estava sempre alegre e despreocupado quanto ao seu fim próximo. Frequentemente, ele até falava aos amigos a respeito do fim de uma maneira jocosa e divertida. *Mas quando ele estava sozinho, tudo era bem diferente* — ele não era nada acomodado. Sua agitação mental era tão grande que às vezes sacudia até sua cama! E ele não permitia que se apagassem as luzes durante a noite nem queria ficar sozinho por um minuto sequer. Não admitia que eu saísse do seu quarto sem que antes chamasse um dos empregados para ficar com ele em meu lugar.

Ele se esforçava muito para parecer calmo até diante de mim. Mas para alguém que esteve ao lado de sua cama por tantos dias e noites e testemunhou seu sono perturbado e suas vigílias mais perturbadas ainda (que várias vezes ouviu os seus suspiros involuntários de remorso e seus sobressaltos assustadores), não foi difícil perceber que, no seu íntimo, nada havia de paz e tranquilidade.

Essa situação continuou e aumentou até que ele se tornou insensível. Peço a Deus para nunca mais testemunhar uma cena como aquela.

24.

THOMAS A. EDISON

A finada Sra. Thomas A. Edison contou-me que, quando o seu famoso marido estava morrendo, ele sussurrou ao seu médico: "É muito lindo lá adiante!". Edison era o maior cientista do mundo. Durante toda a sua vida, ele trabalhou com fenômenos. Tinha uma mente factual. Ele nunca registrava qualquer coisa como fato se não a visse funcionar. Ele nunca teria dito: *É muito lindo lá adiante!* a não ser que, tendo visto, soubesse que era verdade.

O Poder do Pensamento Positivo,
de Norman Vincent Peale.

25.

MICHELANGELO BUONARROTTI (1564)

Num breve testamento, o grande pintor e escultor italiano disse: "Entrego minha alma a Deus, meu corpo à terra, meus bens aos meus parentes mais próximos. Morro na fé de Jesus Cristo e na firme esperança de uma vida melhor".

Suas últimas palavras foram: "Durante toda a vida, *lembrem-se dos sofrimentos de Jesus*".

Dying Words,
de A. H. Gottschall.

26.

BISPO BUTLER (1752)

Em seu leito de morte, chamou o capelão e disse:
—Embora eu tenha me esforçado para evitar o pecado e agradar a Deus, por causa da consciência de uma falha interior, ainda sinto medo de morrer.

—Meu senhor, — respondeu o capelão — o senhor se esqueceu de que Jesus Cristo é um Salvador?

—É verdade, — continuou o bispo — mas como é que eu vou saber que Ele é um Salvador *para mim*?

—Está escrito: "Aquele que vem a mim, de maneira nenhuma o lançarei fora".

—É verdade! — exclamou o moribundo. Então completou—: Estou surpreso de que, embora tenha lido esta Palavra mais de mil vezes, nunca tenha percebido a sua virtude *até este momento*. Agora morro feliz.

27.

CALCONIS (108?)

Calconis era pagão. Entretanto, enquanto presenciava o martírio de dois irmãos cristãos, a paciência maravilhosa dos dois sob o terrível sofrimento de tal modo o impressionou que, admirado, gritou:

—Grande é o Deus dos cristãos!

Ele mesmo, imediatamente, foi sentenciado à morte.

Dying Words,
de A. H. Gottschall.

28.

"OH! EU A PERDI DE VEZ!"

Há algum tempo, um médico foi chamado para atender a um jovem que estava doente. Sentou-se ao lado da cama por algum tempo, examinando seu paciente; então, honestamente, contou-lhe que ele tinha muito pouco tempo de vida. O jovem ficou chocado. Ele se esquecera de que a morte muitas vezes chega "numa hora que nós não esperamos".

Finalmente, olhou para o rosto do médico e, com uma expressão desesperada, disse:

—Eu a perdi, de vez!

—O que é que você perdeu? — perguntou o médico com compaixão.

—Eu a perdi, de vez! — repetiu.

—Perdeu o quê?

—Doutor, eu perdi a salvação da minha alma.

—Oh, não diga isso. Não é assim. Você se lembra do ladrão na cruz?

—Sim, eu me lembro do ladrão na cruz. E me lembro também de que ele nunca disse ao Espírito Santo: *Vá embora!* Mas eu disse. E agora o Espírito Santo está *me* dizendo: *Vá embora.*

Continuou soluçando um pouco mais. Então, com os olhos arregalados, olhou para um vazio diante dele e disse:

—Eu fui despertado para a salvação da minha alma há pouco tempo e estava ansioso a respeito disso. Mas eu não queria ser salvo naquela ocasião. Parecia que algo dizia dentro de mim: *Não despreze a oportunidade, assegure-se da sua salvação.* Mas eu disse a mim mesmo: *Vou adiar isso para mais tarde.* Eu sabia que não deveria agir assim. Sabia que era um grande pecador e precisava de um Salvador. Decidi, entretanto, deixar de lado esse assunto por algum tempo. Contudo, eu mesmo não conseguia o meu próprio consentimento sem uma promessa formal a mim mesmo de que eu procuraria a salvação numa ocasião mais favorável. *Eu barganhei, resisti e ofendi o Espírito Santo.* Nunca pensei que chegaria a esse ponto. Eu pensei que pudesse ter certeza da minha salvação, mas agora eu a perdi!

—Você se lembra — disse o médico — que alguns chegaram na hora undécima?

—Minha décima primeira hora — ele retrucou — foi quando eu recebi a chamada do Espírito. Depois nunca mais recebi outra, nem receberei. Fui entregue à perdição. Ó! Eu a perdi! Vendi minha alma por nada; uma pena, uma palha. Agora estou perdido para sempre!

Isso foi dito com uma desesperança tão indescritível que o médico nada respondeu. Depois de ficar quieto por alguns momentos, o jovem levantou a cabeça e olhou ao redor de toda a sala como se procurasse algum objeto. Então, enterrou o rosto no travesseiro e novamente exclamou em agonia e horror:

—*Oh! Eu a perdi!...* e morreu.

Agora é o tempo aceitável! "*Hoje*, se ouvirdes a sua voz, não endureçais o vosso coração..." (Hebreus 3:7,8).

The Fire Brand.

29.

ANNE CAMM (1705)

"Eu sou do Senhor! *Agora eu gozo da Sua indizível paz.* Tenho certeza completa da salvação eterna. A Cruz é o único caminho para a coroa imortal. Tenho *uma* só morte pela frente."

Dying Words,
de A. H. Gottschall.

30.

AUGUSTUS M. TOPLADY

Autor de "Rocha Eterna"

Augustus M. Toplady morreu em Londres em 11 de agosto de 1778 aos 38 anos. Ele foi o autor destas palavras imortais:

Rocha eterna! Meu Jesus!
Quero em Ti me refugiar!
Só Teu sangue, lá na cruz,
Derramado em meu lugar,
Pode a mim, Senhor, valer,
Do pecado proteger.
(Versão dos *Salmos e Hinos*, 408)

Apesar de ter tudo o que é necessário para tornar a vida desejável, quando a morte se aproximou, ele exultou de alegria. E disse:

—A minha declaração da hora da morte é que essas verdades grandes e gloriosas que o Senhor, na Sua rica misericórdia, ofereceu-me para crer e capacitou-me para pregar, agora são colocadas em experiências práticas e profundamente pessoais. Elas são a alegria e o sustentáculo da minha alma. As consolações que emanam delas me levam bem acima das coisas terrenas e temporais.

Constantemente, ele se achava um homem moribundo e, apesar disso, o mais feliz da Terra, e completava:

—A doença não é aflição, a dor não é maldição, a própria morte não é dissolução; contudo, como a minha alma deseja ir embora; como um pássaro preso na sua gaiola, ela sonha voar. Se eu tivesse asas como uma pomba, voaria direto para o seio de Deus e lá descansaria para sempre.

Uma hora antes de morrer, ele despertou do que parecia um suave cochilo.

—Oh, que delícia! Quem pode imaginar as alegrias do terceiro Céu? Que radiante a luz do sol que foi espalhada ao meu redor! Não tenho palavras para descrevê-la. Sei que não demorará muito até que o meu Salvador venha me buscar, para... prorrompeu num mar de lágrimas e continuou: —certamente, depois das glórias que Deus manifestou à minha alma! Tudo é luz, luz, *luz*! O brilho da própria glória de Deus! Ó, vem, Senhor Jesus, vem, vem depressa!

Fechou os olhos, e seu espírito subiu para "estar com Cristo"; seu corpo adormeceu para ser despertado, com os demais da mesma fé preciosa, naquele grande dia, "quando do céu se manifestar o Senhor Jesus com os anjos do seu poder […] para ser glorificado nos seus santos e ser admirado em todos os que creram..." (2 Tessalonicenses 1:7,10).

O Contraste entre a Incredulidade e o Cristianismo.

31.

CLEMENT BROWN

Quase na hora da morte, Clement apontou o dedo e disse: "Estou vendo um, dois, três, quatro, cinco anjos aguardando Suas ordens. Eu os vejo tão claramente como vejo você, Hester. Como eu gostaria que você pudesse vê-los! Eles estão esplendidamente vestidos de branco. Eles me chamam, e Jesus está me convidando".

Dying Words,
de A. H. Gottschall.

32.

IDA E VOLTA PARA O CÉU

Uma senhora idosa contou uma história muito impressionante. Agora ela tem uns 70 anos, mas o que ela contou aconteceu quando ainda era jovem. Ela adoeceu gravemente com problemas na glândula tireoide e ficou hospitalizada durante nove meses. Seu marido cuidava dela com carinho, desejando que ficasse boa logo para poder cuidar da criancinha deles, de 2 anos.

Um dia, entretanto, ela sentiu que seu espírito estava deixando seu corpo. Olhando para o quarto do hospital, ela viu o marido chorando copiosamente, e o médico meneando a cabeça, enquanto olhavam para seu corpo inerte na cama.

Quando chegou ao Céu, ela encontrou um anjo que, suponho eu, deveria guiá-la. Logo, viu um jovem conhecido e lhe disse:

—Eu não sabia, Tom, que você tinha vindo aqui para cima.
Ele respondeu:

—Eu também não sabia que você estava aqui.
Ela disse:
—Cheguei *agorinha* mesmo.
—Eu também. — replicou ele.
De repente, o anjo disse a ela:
—Mas você vai voltar para a Terra por um tempo.
Por um instante, ela se decepcionou, porque, conforme disse depois, o Céu era o lugar mais lindo, mais maravilhoso, mais cheio de paz — muito mais que qualquer coisa que já sonhara. Por outro lado, pensou em seu marido e na criança e disse:
—Tudo bem, acho que eu devo voltar para eles.
Em seguida, ela estava de volta à cama do hospital. O médico abriu um dos olhos dela e exclamou para o marido:
—Esta jovem vai viver! Ficou tão entusiasmado que beijou o rosto dela.
Um pouco mais tarde, o marido foi atender a uma ligação interurbana. Era o pai de Tom, que lhe contou:
—Tenho más notícias. Meu filho acaba de morrer num acidente de automóvel.

Sra. F. W. Strine,
Dallas, Texas, 1967.

33.

A MORTE DE UM HOMEM RICO

*"...como escaparemos nós, se negligenciarmos
tão grande salvação?" (Hebreus 2:3)*

Um homem consumiu toda a sua vida acumulando uma fortuna, pouco se importando com a salvação da sua alma. Quando chegou a hora da morte, sua riqueza não lhe trouxe nenhuma satisfação. Na verdade, uma grande angústia apoderou-se dele ao compreender que havia passado a vida ajuntando uma fortuna à custa de negligenciar sua alma.

Ao chegar sua hora, ele chamou o cunhado para orar por ele. O cunhado contou que ele clamava tão alto por misericórdia que ele mesmo não podia ouvir a própria voz na oração ou mesmo ordenar seus pensamentos. Quando terminou a oração, aquele homem moribundo pegou a mão do seu amigo e lhe disse:

—Adeus, John, ore por mim. Eu nunca mais verei seu rosto.

E nunca mais o viu mesmo. Depois que o cunhado saiu, um vizinho entrou no quarto e, vendo o estado daquele homem rico, disse que deveriam fazer alguma coisa.

—Sugiro que façamos algo para acalmar a sua mente e os seus temores.

Recomendou então um jogo de cartas.

—Cartas! — exclamou o doente — Cartas para um moribundo! Que vergonha! Estou indo para a *eternidade*! Não é isso o que eu quero; eu quero *misericórdia*!

Um pouco mais tarde, seu filho entrou no quarto e disse:

—Pai, você quer tomar alguma providência em relação aos seus bens?

O moribundo respondeu:

—Dediquei toda a minha vida para acumular bens; não posso levar nem uma moeda comigo. A lei e a família terão de tomar conta disso. Eu quero cuidar da minha alma. Bens nada valem; eu quero misericórdia!

Morreu assim, clamando a Deus por misericórdia.

*The Word, conforme citado
em Dying Testimonies.*

34.

MORRER SEM DEUS

Numa grande usina siderúrgica em Sheffield, Inglaterra, um jovem caiu acidentalmente sobre uma chapa de ferro incandescente. Quando foi retirado pelos colegas operários, praticamente um lado inteiro do seu corpo estava queimado até os ossos.

Alguns dos homens gritaram:

—Tragam um médico!

Mas o jovem acidentado bradou:

—Esqueçam o médico! Há alguém aqui que me explique como posso me salvar? Tenho negligenciado a minha alma e estou morrendo sem Deus. *Quem pode me ajudar?*

Havia trezentos homens ao seu redor, mas nenhum podia lhe apontar o caminho da salvação. Depois de uns vinte minutos de uma agonia indescritível, ele morreu como vivera: sem Deus.

Um dos homens que viu esse acidente e ouviu os pedidos do jovem moribundo era um cristão que tinha abandonado a fé e voltara para uma vida de pecados. Quando eu lhe perguntei a respeito do que acontecera, ele disse:

—Desde então, ouço os gritos dele e gostaria tanto de ter-me abaixado para levá-lo a Jesus, mas a minha vida fechou os meus lábios.

Será que a nossa vida diz ao mundo que somos cristãos? Ou será que ela fecha os nossos lábios quando os outros mais necessitam de nós?

*Adaptado de um artigo
de William Baugh.*

35.

SIR DAVID BREWSTER (1835)

Esse notável cientista escocês morreu dizendo: "Eu verei Jesus, e isso será maravilhoso. Eu verei Aquele *que fez os mundos!*".

Dying Words,
de A. H. Gottschall.

36.

UM JOVEM VOLTA PARA FALAR DO CÉU

*O testemunho a seguir foi dado por
George B. Hilty à sua filha, Sra. Carol Reeves,
de Hammett, Idaho. Conheço os Hilty há
muitos anos e mal me lembro de David Hilty.
Já ouvi esse testemunho várias vezes,
e, cada vez que é recontado, sua essência
continua coerente.*

Em 1893, o Senhor falou com David Hilty, um fazendeiro menonita de meia-idade e inculto que vivia no condado de Hancock, Ohio. Deus o chamava para se dedicar à obra de ministrar aos seus irmãos, porém David não conseguia entender como um Deus santo usaria um homem como ele, por isso não se entregava.

Por essa época em que ele fugia de Deus, David comprou outra fazenda, para cuja casa se mudou com a família. O que ele não sabia é que os antigos proprietários haviam morrido de tuberculose naquela casa. Um após outro, os membros da família Hilty pegaram a terrível doença. Dois deles tiveram infecção nos ossos das pernas, e o mais velho, Will, teve infecção no pulmão.

Um dia, eles sentiram que Will, perto dos 21 anos, estava morrendo. Sua vida estava se esvaindo do corpo, mas o espírito mantinha tal comunhão com o Senhor que ele contou à família que, dentro de duas semanas, iria para o Lar celestial.

Foi então que a pequena Elizabeth, a caçula da família, de somente 5 anos, contou-lhes numa manhã que ela também estava indo para o Céu.

—Jesus vai me levar para Casa *agora mesmo*! — disse ela.

Era como se ela estivesse muito feliz por ter recebido um convite para ir antes do seu irmão Will naquela mesma viagem de que ele tanto falara.

Os pais haviam planejado uma viagem de carroça até Michigan, mas decidiram adiá-la por alguns dias, até que a pequenina desistisse de suas ideias estranhas sobre a morte. Entretanto, naquele mesmo dia, Elizabeth ficou muito quieta e pareceu estranhamente cansada. Pela tarde, ficou febril e doente. Às quatro horas da manhã seguinte, ela partiu para estar com o seu Jesus, que lhe dissera que a levaria para Casa "agora mesmo".

Nos últimos dias da vida de Will, ele continuou a louvar e a glorificar a Deus Pai e a Jesus, Seu Filho, insistindo com todos que o visitavam que se convertessem e cressem. Com lábios partidos e feridos, ele falava da grande alegria de conhecer a Cristo. Ele desejava ser liberto do seu corpo cheio de dores, e no dia exato em que profetizou que iria embora, adormeceu para a morte.

Mas o coração da sua mãe não suportava dizer adeus a mais um filho. Ela não queria ser consolada. Seu segundo filho também ficou transtornado de tristeza e, ajoelhando-se no outro lado da cama, também chorava e pedia:

—Will, não morra ainda!

Os momentos passavam, mas o coração daqueles que choravam a morte de Will não conseguiam se acalmar. De repente, uma das irmãs, que estava de pé junto à cama, gritou:

—Olhem, as pálpebras de Will se mexeram!

Todos olharam ansiosos, enquanto o corpo silencioso se movimentava e a respiração voltava.

—Mamãe, John, não chorem por mim. Não me chamem de volta. Eu estive com Jesus, e a glória e a maravilha que vi são tão grandes! O sofrimento de vocês me doeu, e pedi licença para voltar e dizer-lhes que fiquem contentes. Eu tive de prometer não contar para vocês os segredos que Deus tem preparado para os seus santos, mas eu quero que saibam que é muito, mas muito mais maravilhoso que qualquer coisa que se possa imaginar!

O rosto do jovem brilhou com uma luz celestial enquanto ele consolava os pais, irmãos e irmãs. Quando ele disse novamente "adeus" e se foi, conseguiram consolo na alegria dele e compreenderam que essa separação era temporária.

David Hilty atendeu ao chamado para ser ministro e pastor. Deixou que o poder de Deus o transformasse em um novo homem capaz de ensinar bem a Palavra. A experiência desse ato sobrenatural e a presença do Espírito Santo que estava tão evidente no seu filho ressurreto, Will, derreteram completamente a incredulidade que o tinha impedido anteriormente.

Paul W. Miller,
Hammett, Idaho.

37.

JOHN BROOKS (1825)

Governador de Massachusetts

"Não vejo nada terrível na morte. Olhando para o futuro, não tenho temor algum, porque sei em quem tenho crido. Olho com humildade para trás, para o que vivi e estou consciente das minhas muitas imperfeições. Mas agora descanso minha alma na misericórdia do meu Criador, por intermédio do único Mediador, Seu Filho, nosso Senhor Jesus.

"Ó, que fundamento de esperança há naquela afirmativa do apóstolo de que *Deus estava em Cristo reconciliando consigo o mundo, não imputando aos homens as suas transgressões!*"

Ele estendeu a mão, e alguém lhe perguntou:

O que é que você está querendo alcançar?

—Um reino! — sussurrou, despedindo-se desta vida.

Dying Words,
de A. H. Gottschall.

38.

CARRIE CARMEN VIU A CIDADE SANTA

A jovem Carrie Carmen estava à porta da morte, perfeitamente consciente. De súbito, olhou para cima e exclamou:
—Lindo! Lindo! Lindo!
Alguém lhe perguntou:
—O que é tão lindo?
—Ó, eles são tão lindos!
—O que você está vendo?
—Anjos, e eles são tão lindos!
—Qual é a aparência deles?
—Ó, não posso contar. São tão lindos!
—Eles têm asas?
—Sim! Ouça! Eles estão cantando a melodia mais doce que já ouvi!

—Você está vendo Cristo?

—Não, mas vejo a Cidade Santa, que foi medida com a vara de ouro, cujo comprimento, largura e altura são iguais, e cujo topo chega ao céu. É tão bonita; nem posso contar a vocês quão esplêndida ela é.

Então, ela repetiu o verso que começa assim: "Pelo vale da sombra eu preciso ir". Também falou sobre a solidão do seu marido, orando para que ele tivesse graça para suportar a perda, e que lhe fosse concedida força para continuar e trabalhar pela salvação das almas. (Eles pensavam em logo entrar para o ministério.) Ela também orou por seus pais, pedindo a Deus que eles viessem a formar uma família unida na bela cidade.

Fechou os olhos e descansou um pouco. Então olhou para cima com olhar radiante e disse:

—Eu vejo Cristo, e Ele é tão lindo!

Seu marido perguntou-lhe de novo:

—Como ele é?

—Não tenho como contar, mas Ele é muito mais bonito que todos os demais.

Ela disse novamente:

—Vejo a Cidade Santa!

Então, depois de um olhar mais lento e perscrutante, disse:

—*Tantas!*

—O que você está vendo que há tantas?

—Pessoas.

—Quantas estão lá?

—Muitas, muito mais que eu possa contar.

—Alguém que você conheça?

—Sim, muitos.

—Quem?

—Tio George e muitos mais. Eles estão me chamando, eles estão acenando para mim.

—Há algum rio ali?

—Não, não vejo rio algum.

Então seu marido lhe perguntou:

—Carrie, você quer ir e me deixar?

—Não, não até que seja a vontade do Senhor que eu vá. Eu gostaria de ficar e viver para você e para a obra de Deus. *Seja feita a Sua vontade.*

Em seguida, ela levantou os olhos e disse:

—Tirem-me desta cama.

—Ela quer sair da cama, seu marido afirmou.

Mas o pai replicou:

—Ela está falando com os anjos.

Questionada se estava falando com os anjos, ela respondeu afirmativamente. Agradeceu ao médico sua bondade e convidou-o a encontrá-la no Céu. Fechou os olhos e pareceu esvair-se rapidamente. Seu marido beijou-a com ternura e lhe perguntou:

—Carrie, você pode me beijar?

Ela abriu novamente os olhos e o beijou, dizendo:

—Sim, eu posso voltar para beijá-lo. *Eu já estava no meio do caminho para lá.*

Falou um pouquinho mais. Orou por ela mesma e pelos amigos. Com frequência, ela olhava para cima e sorria como se o que estivesse vendo fosse muito lindo.

*De um artigo escrito
pelo seu pastor em Christ
Crowned Within.*

39.

CALIFA ABD-ER-RAHMAN III (961)

Ommyade, Sultão da Espanha

"Passaram-se 50 anos desde que me tornei califa. Riquezas, honras, prazeres — tive tudo isso. Nesse período tão longo de aparente felicidade, contei os dias em que realmente fui feliz. *Catorze*."

Dying Words,
de A. H. Gottschall.

40.

O MOMENTO SUPREMO

Não sei quantas vezes concordei, com gratidão no coração, com aquela expressão: "Ele morreu silenciosamente durante o sono". Mas, há 2 anos, meu marido faleceu. Morreu acordado. Alerta. Participando com toda a sua capacidade mental daquele acontecimento culminante de sua vida. E, assim fazendo, ele me deixou um legado de fé que desejo transmitir a todos aqueles que temem confiar em Deus no momento supremo da vida.

Gostaria de relatar um acontecimento marcante dos 54 anos de vida terrena do meu marido para que vocês entendam como ele foi capaz de aceitar o desafio da morte. Mas sua vida foi simples, sem qualquer traço de dramaticidade. Fred era muito feliz trabalhando em sua estufa, que ele apelidou de Fazenda Chinquapin. Era exatamente aqui, num igarapé do rio Mississippi, debaixo das compridas guirlandas de musgo espanhol, que ele criava as suas camélias surpreendentemente lindas.

Eu tinha um prazer secreto em observar aquele homem modesto, profundamente honesto, buscando a melhor maneira de anunciar suas plantas com palavras verdadeiras. Ele pensou muito tempo antes de se fixar no *slogan* "Força de Raiz". "Todo crescimento", escreveu ele, "vem de uma boa estrutura de raízes."

Agora creio que, naqueles anos todos na Fazenda Chinquapin, ele estava lançando as suas próprias raízes espirituais. Ele aprendeu o respeito que os fazendeiros têm pelo tempo oportuno de Deus, a reverência do jardineiro pelo poder que pode transformar uma pequena semente marrom num florescente arbusto. De alguma maneira, a beleza da natureza capacitou-o a perceber com profundidade a maravilha da criação.

Mas foi somente depois que uma dor no seu braço esquerdo foi diagnosticada como um tumor maligno inoperável que ele começou a falar em voz alta sobre essas coisas. Durante toda a nossa vida de casados, ele costumava ler a Bíblia cada fim de tarde como a última coisa a fazer no dia. Mas, agora, Fred, pela primeira vez, falava-me sobre sua fé pessoal: uma fé que se estendia a todos os processos da vida, até mesmo à sua dor e à sua morte.

Por acreditar que mesmo essas coisas faziam parte de um todo, aceitável a Deus, ele pôde suavizar minha angústia e rapidamente se acomodar com a provação física da doença. Por causa disso, Fred raras vezes recorreu a remédios fortes contra a dor durante quase 2 anos da doença.

Quando a notícia da sua doença espalhou-se, choveram cartas de pessoas solícitas, cujo nome eu nunca tinha ouvido, e fiquei sabendo mais: que ele havia sido tanto um presenteador de plantas quanto vendedor. O prazer de outras pessoas significava muito para ele; eu nunca imaginara quanto. Uma vez, durante um período de tratamento no Texas, enquanto estávamos junto à lareira, líamos cartas de pessoas que se encantavam com suas flores, e quando olhei para ele, vi lágrimas de pura alegria correndo-lhe pela face.

Entretanto, somente quando entrou no hospital pela última vez é que falou sobre o desejo mais profundo do seu coração. A paralisia tinha aparecido inesperadamente. Aí, enquanto esperávamos a ambulância que o levaria, ele disse:

—Você acredita que, se eu fizer a Deus um pedido de algo pessoal para mim, ele me atenderá?

—Eu sei que ele o atenderá. — respondi.

—Então vou fazer o pedido. — Fechou os olhos e ficou em silêncio por tanto tempo que, quando as palavras saíram, surpreenderam-me—: Quero morrer com dignidade.

Aproximava-se um dos momentos supremos da vida, disse ele. Fred gostaria de atravessá-lo com a mente lúcida, e seu único receio era de que alguém o dopasse e o impedisse de participar dessa experiência.

—Não deixe que ninguém me dê qualquer uma dessas drogas fortes para me trazer de volta!

Jurei que não deixaria apesar de não saber exatamente como é que eu poderia influenciar toda uma equipe do hospital. E, por fim, acabei não fazendo nada. Ninguém ficou sabendo dessa última vontade dele: um Poder mais forte do que qualquer força humana providenciou que o seu pedido fosse atendido.

As semanas se passaram. Fred enfraquecia gradualmente. No fim de uma tarde, ele sugeriu que eu fosse para o hotel tirar um cochilo.

—Mas esteja de volta aqui no hospital antes da meia-noite, acrescentou.

Estranhando essa recomendação tão específica, fui para o hotel. Depois de dezoito horas por dia no hospital, durante duas semanas, eu estava realmente exausta. Tomei um banho, dormi e tive um jantar calmo. Às 21h45, fiquei pensando se deveria escrever uma carta, ler alguma coisa ou ir direto para o hospital. De repente, senti duas mãos muito fortes nos meus ombros levando-me para a porta, guiando-me para o hospital.

Logo eu já estava andando nas pontas dos pés no corredor silencioso. A porta estava bem aberta, e eu dei uma olhada, esperando que Fred estivesse dormindo. A enfermeira estava de pé, de costas para a cama. Fred estava bem acordado, com os olhos brilhantes e alertas.

Com a voz perfeitamente normal, disse:

—Estou morrendo.

A enfermeira pareceu não ouvir o que ele disse. Entrei no quarto como se eu não tivesse ouvido também e lhe disse numa voz alegre:

—Oi, Freddie, eu vim para ficar com você.

—Isso é ótimo, querida, porque estou morrendo.

E com estas palavras, fechou os olhos, respirou profundamente quatro ou cinco vezes e começou a falar em voz bem baixa. Inclinei-me para ouvi-lo.

O que ele estava dizendo era o seguinte:

—Eu amo a Deus. Eu amo a minha família. Deus, já vou.

Repetiu várias vezes: "Deus, eu já vou...", sua respiração tornou-se cada vez mais fraca, mas sem dificuldade. Então, sua voz sumiu até que não respirou mais. Fiquei paralisada, com a mão na cabeça dele.

Logo, o quarto encheu-se de enfermeiras, e um residente freneticamente dava tapas na mão de Fred. Lembro-me de ouvir a enfermeira do andar dizer:

—Não há nada nesta papeleta para a gente aplicar nele. Não se esperava que ele morresse agora.

Eles estavam tentando entrar em contato com os médicos que o atendiam.

—Não entendo como é que *os dois* tenham saído ao mesmo tempo, repetia o residente.

Mas eu entendi, e elevei a Deus um cântico silencioso de louvor.

Agora, o residente falava comigo, mas parecia que ele estava do outro lado de uma nuvem. Eu não conseguia ver nenhum deles com clareza; tudo estava fora de foco. Sabia que alguma coisa além dos sentidos estava acontecendo naquela sala. Não procurei entendê-la. Simplesmente deixei que as impressões entrassem no meu ser, acreditando que mais tarde eu receberia a explicação.

O residente levou-me a uma saleta bem silenciosa para esperar os médicos. Esse foi o primeiro momento de inatividade em quase 2 anos da doença de Fred. Simplesmente deitei a cabeça na mesa e descansei.

Finalmente, os dois médicos chegaram juntos. Disseram aquelas frases bondosas de solidariedade e repetiram palavras como "incomum", "notável" e "inesperado". Em resumo, estavam dizendo: "Nunca soubemos de alguém que morresse dessa maneira, de olhos abertos e com a mente tão lúcida".

Nosso filho e nossa filha correram para casa, aconteceu o enterro, e eu ainda estava dominada pelo sentimento de que a parte mais significativa da morte de Fred permanecia incompreensível para mim. Algo imenso e maravilhoso havia acontecido naquele quarto de hospital, algo que eu tinha percebido, mas não completamente.

Somente no verão me foi dada a resposta. Certo dia, estava deitada na rede, contemplando um carvalho branco, quando notei um casulo vazio de cigarra pendurado na casca da árvore. O pátio estava cheio deles naquela época do ano, mas na verdade eu nunca tinha visto um inseto saindo do casulo. *Quem sabe, pensei eu, isso só aconteça de manhã cedinho.*

Na manhã seguinte, eu estava lá fora antes de o sol nascer, observando a mesma árvore. Uma larva de cigarra gorda e cinza logo começou a subir pelo tronco. Era uma das ações mais resolutas que eu jamais vira: a larva subia vagarosamente o tronco da árvore, procurando descobrir com suas antenas um lugar mais apropriado.

Finalmente, a uns dois metros de altura, ela encontrou o lugar certo no tronco da árvore. Rapidamente procurei uma escada, meu coração estava batendo com um entusiasmo diferente. Agora, o casulo estava firmemente colocado no tronco sólido da árvore, e uma linha bem fininha, quase imperceptível, apareceu na parte de trás de suas costas. No lado de dentro, a criatura alada esforçava-se para se libertar. Ela empurrava o casulo para a frente, descansava, empurrava para trás, descansava. Então, torceu-se de um lado para outro. Finalmente, ela se soltou, e o novo inseto deitou-se ao lado da sua velha casa, exausto, com as asas novas ainda dobradas.

Eu não me mexia, porque tinha a sensação misteriosa de que já tinha observado isso antes. As asas se expandiam e cresciam vagarosamente enquanto se moviam para trás e para a frente gentilmente ao sabor da brisa. Quando as asas se secaram à luz do sol, eu prendi a respiração: elas eram totalmente coloridas e luminosas. Então, aquele ser glorioso alçou voo acima de mim, e eu fiquei olhando para o tronco da árvore e para aquele corpo cinza e preso à terra que tinha abrigado aquele esplendor inimaginável.

Persistia ainda uma sensação de familiaridade, a convicção de que eu já vira esse milagre antes. Várias semanas mais tarde, consegui me lembrar. Isso tinha acontecido naquele quarto de hospital, *e o que eu havia observado era o impulso ansioso e voluntário da alma em direção a um novo começo.*

O que vi, na verdade, naquele quarto de hospital, nunca mais tornei a ver, a não ser em comparação com a cigarra. O que eu sei é que o espírito de Fred se esforçou tanto para se libertar de um corpo que repentinamente se tornara pequeno demais para ele, que não houve nenhuma paralisação da sua consciência quando aquela tremenda transição aconteceu. Ele estava lá naquele quarto, mesmo depois de o casulo ter sido abandonado, mas numa forma tão maravilhosa para mim que eu não pude percebê-lo. Sei que ele caminhou com Deus para o verdadeiro portal da morte e descobriu que o Senhor é totalmente digno de confiança para aquele supremo momento e para além.

Ann Moreton,
Powhatan, Virginia.
Transcrito da revista Guideposts,
Carmel, Nova Iorque, 1963.

41.

THOMAS HAUKS (1555)

Depois de ter sido condenado à morte na fogueira, ele combinou com seus amigos que, se Deus lhe desse a graça de suportar as dores das queimaduras a ponto de mostrar-lhes algum sinal, ele levantaria as mãos acima da cabeça antes de morrer.

Havia uma corrente forte ao redor de sua cintura quando ele se dirigiu à multidão, e quando o fogo foi aceso, ele derramou sua alma para Deus em oração. Logo, suas palavras foram silenciadas pela violência das chamas; sua pele, enrugada, e os seus dedos, consumidos. Quando todo mundo já pensava que ele estava morto, de repente e contra todas as expectativas, *ele levantou as mãos em chamas e bateu palmas três vezes.* Então, afundando no fogo, entregou seu espírito.

42.

"EU ESTOU NAS CHAMAS, TIREM-ME DAQUI!"

O Sr. W., o protagonista deste relato, morreu em Nova Iorque por volta de 1883, com a idade de 74 anos. Ele era um incrédulo confesso. Em alguns aspectos, era um bom vizinho, mas um homem que zombava do cristianismo. Cerca de 7 anos antes de sua morte, ele assistiu a uma reunião de avivamento, e o Espírito Santo procurou convencê-lo, mas ele resistiu até o fim.

No domingo seguinte, o pregador da igreja do bairro que contou este relato passou pela casa do Sr. W. e viu-o de pé perto do portão.

—Venha para a igreja comigo, Sr. W.! — convidou ele.

Estendendo a mão, ele respondeu:

—Se o senhor mostrar-me um pelo na palma da minha mão, eu lhe mostro um cristão.

Quando o Sr. W. foi acometido da doença que o vitimou, foi esse mesmo pregador que o visitou muitas vezes, sentou-se ao seu lado várias noites e até estava junto dele quando morreu. Ele estava consciente de seu fim próximo e, embora já fosse tarde, também estava cônscio dos terrores da sua condição de perdido.

Numa ocasião, ele disse:

—Advirta o mundo a não viver como eu vivi, para que escape da minha desgraça.

Em outra ocasião, quando recebeu a visita de um médico, ele estava gemendo e dando demonstrações de grande agonia. O médico então disse:

—Por que o senhor está gemendo se sua doença não é dolorosa?

—Ó, doutor, — disse ele — não é o corpo que me dói, é a *alma*!

Acompanhado de um amigo, o pregador, carregado com o peso da vida daquele homem, foi visitá-lo na noite em que ele morreu. Quando entrou no quarto, sentiu que o ambiente estava cheio de uma presença horrível; como se estivesse perto da região dos perdidos. O moribundo gritou:

—*Ó Deus! Livra-me daquele abismo horroroso!*

Cerca de quinze minutos antes de sua morte, que aconteceu exatamente à meia-noite, ele exclamou:

—*Eu estou nas chamas. Tirem-me daqui, tirem-me daqui!*

Continuou repetindo essas palavras apesar de se tornarem cada vez mais fracas à medida que as forças lhe faltavam. Por fim, o pregador encostou o ouvido junto aos lábios do homem para ouvir seus últimos sussurros, e as últimas palavras que ele pôde ouvir foram:

—*Tirem-me daqui! Tirem-me daqui!*
"Foi uma experiência terrível", contou o pregador. "Causou-me uma impressão que nunca mais pude esquecer. *Nunca* mais quero presenciar uma cena semelhante."

Anos mais tarde, conversando com esse pregador, ele me contou que aquelas últimas palavras terríveis ("Eu estou nas chamas! Tirem-me daqui, tirem-me daqui!") ainda soavam em seus ouvidos.

"Então, o Rei dirá também aos que estiverem à sua esquerda: Apartai-vos de mim, malditos, para o fogo eterno, preparado para o diabo e seus anjos. […]
E irão estes para o castigo eterno, porém os justos para a vida eterna" (Mateus 25:41,46).

Adaptado de um artigo
pelo Rev. C. A. Balch,
Cloverville, Nova Iorque.

43.

GRAÇA DE DEUS PARA UMA "CRISTÃ FRACA"

Em dezembro de 1966, minha querida mãe morreu de câncer. Mamãe era o que se poderia chamar de cristã "fraca". Com isso, quero dizer que as raízes espirituais dela não eram suficientemente profundas para permitir-lhe enfrentar a morte com vitória. Era óbvio que ela se apavorava e evitava qualquer menção do assunto, o que nos preocupava, e por isso orávamos especificamente.

À medida que o fim se aproximava, ela ainda se apegava à vida, temendo aquele mergulho no desconhecido. Entretanto, quando finalmente ela foi forçada a cair despenhadeiro abaixo, descobriu que, mesmo não confiando, Ele continuava fiel, e sentiu que debaixo dela estavam aqueles Braços eternos. Morreu com um testemunho explícito.

Um dia antes do fim, ela disse:

—Pedi ao Senhor que me levasse na noite passada, mas ele disse que ainda não era a hora[6].

Quando o médico chegou, ela lhe disse simplesmente o seguinte:

—Estou pronta para morrer.

Quando lhe perguntamos se na verdade ela havia falado com o Senhor, ela respondeu com clareza:

—Sem dúvida, como se não houvesse nada de extraordinário nisso!

Para mim, isso foi um triunfo do amor e da graça de Deus. Se mamãe fosse uma crente forte, que marchasse para as garras da morte ousadamente e com grande fé, talvez esperássemos que o Senhor respondesse assim; mas como Ele o fez, mesmo não sendo esse o caso dela, revelou a grandeza e a ternura do Seu coração de amor — verdadeiramente toda a glória foi para Ele! Nós também nos sentimos gratos ao Senhor e ficamos confortados com a partida de mamãe porque ela não teve as grandes dores e os sofrimentos que normalmente acompanham aquele tipo de câncer.

Mas a história não termina aqui, porque as notícias de uma vitória sempre levam a outras. O relato da morte da minha mãe foi publicado em nosso boletim de janeiro-fevereiro de 1967, e mais tarde recebemos a seguinte carta de um dos nossos leitores:

---

[6]Tendo me afastado a negócios alguns dias antes, estava voltando depressa para ficar ao lado de mamãe. Ela tinha relutado tanto em me deixar ir, mas eu prometi que voltaria — teria sido um golpe muito duro para mim se ela morresse antes que eu voltasse. Talvez, por essa razão, o Senhor tenha dito a ela que ainda não era a hora. Ela permaneceu consciente por menos de uma hora depois da minha volta.

Logo que recebi o boletim em que o Sr. Myers contava a respeito da morte de sua mãe, fui para casa ver meu primo que também estava morrendo de câncer. Ele havia acabado de conhecer o Senhor no começo da doença e não queria morrer tão jovem — com apenas 31 anos. Ele falava isso muitas vezes para seu pai, e eu não podia esquecer o que lera no boletim.

Orei por ele da mesma maneira que o Sr. Myers orou por sua querida mãe. E saibam: *daquele momento em diante, ele perdeu o medo de morrer.* Pude sentir a presença do Senhor e o Seu grande Amor envolvendo meu primo. Ele ficou em paz desde então.

Foi uma bênção maravilhosa saber que eu podia pedir ao Senhor que o amasse tanto a ponto de ele não sentir mais medo. E tudo aconteceu porque eu me lembrei daquele boletim. Que o seu coração também se eleve em louvor, porque estou certo de que muitas outras pessoas partilharão essas bênçãos!

John Myers,
Voice Christian Publications,
North Ridge, Califórnia.

44.

TERRÍVEL MARTÍRIO DE ROMANUS

Romanus, natural da Palestina, era diácono na igreja de Cesareia quando teve início a perseguição aos cristãos por Diocleciano no quarto século. Ele estava em Antioquia quando veio a ordem imperial de oferecer sacrifícios aos ídolos pagãos, e ficava muito triste ao ver muitos cristãos, por medo, submeterem-se à ordem idólatra e negarem sua fé a fim de conservar a própria vida.

Quando reprovou alguns deles por sua fraqueza, Romanus foi denunciado e preso em seguida. Levado ao tribunal, ele se confessou cristão e disse que estava disposto a sofrer qualquer pena que lhe fosse infligida por causa dessa confissão. Quando condenado, foi flagelado, torturado, e seu corpo foi rasgado com ganchos.

Enquanto ele era cruelmente estraçalhado, voltou-se para o governador e agradeceu-lhe ter aberto tantas bocas com as quais pregar o cristianismo — "porque", disse ele, *"cada ferida é uma boca para cantar louvores ao Senhor."*

Logo em seguida, foi morto por estrangulamento.

O Livro dos Mártires,
de John Foxe,
Editora Mundo Cristão.

45.

"VOCÊ VAI SER UM DUQUE, MAS EU SEREI UM REI"

O filho mais velho e herdeiro do duque de Hamilton foi acometido de tuberculose, e a doença levou-o à morte prematura. Pouco antes da sua partida deste mundo, ele estava deitado, doente, na casa da família perto de Glasgow. Dois ministros foram visitá-lo. Um deles, a seu pedido, orou com ele.

Depois que o ministro havia orado, o jovem doente estendeu a mão para trás, pegou sua Bíblia que estava embaixo do travesseiro e abriu na seguinte passagem: "Combati o bom combate, completei a carreira, guardei a fé. Já agora a coroa da justiça me está guardada, a qual o Senhor, reto juiz, me dará naquele Dia; e não somente a mim, mas também a todos quantos amam a sua vinda" (2 Timóteo 4:7,8).

—Esse, senhores, — disse ele — é todo o meu conforto.

Um dia, quando estava deitado no sofá, seu tutor conversava com ele a respeito de um assunto de astronomia e acerca da natureza das estrelas

—Ah, — disse ele — dentro de pouco tempo eu conhecerei mais a respeito desse assunto do que todos vocês juntos.

Quando se aproximou a hora da sua morte, ele chamou seu irmão até sua cama, dirigiu-se a ele com a maior afeição e seriedade e terminou o assunto com estas palavras notáveis:

—E agora, Douglas, dentro de pouco tempo, você será duque, *mas eu serei rei!*

Cheever.

46.

PALAVRAS DE UM ATEU

"Há uma coisa que estraga todo o prazer da minha vida. Eu receio que a Bíblia esteja certa. Se pelo menos eu tivesse a certeza de que a morte é um sono eterno, eu ficaria feliz. Mas aqui está o que fere a minha alma: *se a Bíblia é verdadeira, eu estou perdido para sempre!*".

"Diz o insensato no seu coração: Não há Deus" (Salmo 14:1).

Dying Testimonies,
de S. B. Shaw.

47.

SIR PHILIP SIDNEY

*"Eu não trocaria a minha alegria
por todo o império do mundo."*

Sir Philip Sidney nasceu em Kent no ano de 1554. Tinha talentos brilhantes, era bem instruído e, ainda jovem, aos 21 anos, foi nomeado pela rainha Elizabeth embaixador junto ao imperador da Alemanha.

Segundo os escritores daquela época, ele era o padrão mais elevado e fino de como deveria ser um cavalheiro, até mesmo na imaginação. Uma disposição cordial, erudição elegante e uma atitude polida tornaram-no o fino ornamento e a alegria da corte da Inglaterra. Lorde Brooke valorizou tanto sua amizade que fez questão de exigir que aparecesse em seu epitáfio as seguintes palavras: "Aqui jaz o amigo de Sir Philip Sidney". Sua fama espalhou-se de tal maneira que, se ele quisesse, poderia ter obtido a coroa da Polônia.

Mas a glória deste Marcelus da nação inglesa foi de curta duração. Quando tinha somente 32 anos, foi ferido na batalha de Zutphen e morreu em três semanas. Depois de ter recebido o ferimento fatal e ser transportado para uma tenda, ele levantou os olhos para os céus e reconheceu a presença da mão de Deus nesse acontecimento. Ele se confessou um pecador e agradeceu a Deus, porque "Ele não o derrubou para a morte imediatamente, mas deu-lhe tempo de buscar arrependimento e reconciliação".

À luz da sua nova compreensão de Deus, suas virtudes anteriores pareciam nada significar. Quando lhe disseram que homens bons, em tempos de grande aflição, encontravam conforto e sustento na lembrança de todas as ocasiões de sua vida em que tinham glorificado a Deus, ele humildemente reconheceu:

—Não é assim comigo. Eu não tenho esse tipo de conforto. *Tudo no meu passado foi em vão.*

Quando lhe perguntaram se ele desejaria a vida somente para poder glorificar a Deus, ele respondeu:

—Eu já entreguei minha vida a Deus, e se Ele não a tirar de mim e me permitir viver mais algum tempo, eu o glorificarei e me entregarei totalmente a Seu serviço.

Quanto mais se aproximava a morte, mais suas consolações e esperanças aumentavam. Um pouco antes do fim, ele levantou os olhos e as mãos e pronunciou as seguintes palavras:

—Eu não trocaria minha alegria por todo o império do mundo!

Os conselhos e as observações que deixou para seu profundamente entristecido irmão, ao despedir-se dele, são:

—Ama a minha lembrança; trata com carinho os meus amigos. A fidelidade deles para comigo te dá a certeza de que são honestos. Mas, acima de tudo, orienta tuas vontades e teus afetos pela vontade e pela Palavra do teu Criador. *Em mim, podes enxergar o fim do mundo e de todas as suas vaidades.*

*Adaptado de um artigo
de Power of Religion.*

48.

"JESUS CUIDARÁ DE MIM"

*Estas foram as últimas palavras
pronunciadas por Ella Gilkey aos 12 anos,
quando passou desta vida terrena para
viver com Aquele que disse: "Deixai vir a mim
os pequeninos, não os embaraceis, porque dos
tais é o reino de Deus" (Marcos 10:14).*

No inverno de 1860–61, eu estava dirigindo uma série de reuniões em Watertown, Massachusetts, durante as quais um grande número de pessoas descobriu que Jesus é precioso — muitos crendo que o encontraram em minha sala, tornando-a assim um lugar sempre querido para mim.

Entre os que se entregaram ao Salvador naquele lugar, estava Ella, que veio uma manhã com lágrimas no rosto e me disse:

—Sr. Earle, vim até aqui para entregar meu coração a Jesus. Sinto que sou uma grande pecadora. O senhor ora por mim, por favor?

Respondi:

—Vou orar por você, Ella, e posso orar com fé se você acha que é uma pecadora, pois Jesus morreu pelos pecadores.

Depois de lhe apontar o caminho da salvação, pedi que se ajoelhasse ao meu lado e orasse por si mesma, e da maneira que ela soubesse fazê-lo, entregar-se a Jesus para ser dele para sempre.

—Eu o farei, porque sou uma grande pecadora, ela disse.

Como poderia alguém tão jovem e tão boa com todos ser uma grande pecadora? Acontece que ela havia rejeitado o Salvador até completar 12 anos. Sempre que o Espírito Santo batia à porta do seu coração, ela respondia: "Não, ainda não. Vá embora por enquanto".

Nós nos ajoelhamos, e depois que orei, ela disse:

—Jesus, toma-me como eu sou. Eu me entrego a ti para sempre. Eu te amarei e te servirei por toda a minha vida.

A porta do coração dela agora estava aberta, e Jesus entrou e tomou posse dele. Quando ela se levantou, as lágrimas haviam desaparecido do seu rosto e nele havia um belo sorriso. Creio que santos anjos estavam naquela sala e testemunharam a transferência do seu coração para Jesus e logo voltaram para o Céu, unindo-se aos demais na canção de ação de graças. Afinal, a Bíblia diz que "haverá maior júbilo no céu por um pecador que se arrepende" (Lucas 15:7).

Ella então desceu as escadas com o rosto brilhando de alegria enquanto pensava a respeito do seu novo relacionamento com Jesus. Em seguida, ela disse à sua mãe:

—Eu me entreguei a Jesus, e Ele me recebeu. Ó, estou tão feliz!

Nenhum de nós imaginava que, em poucas semanas, ela estaria andando nas "ruas douradas" com a multidão dos lavados no sangue do Cordeiro.

Assim como o Redentor, que, quando tinha a mesma idade dela, disse à Sua mãe:

—Não sabeis que me convém tratar dos negócios de meu Pai? — ela estava ansiosa para começar a fazer o bem.

—O que é que eu posso fazer por Cristo, disse ela,
Que deu a Sua vida para me resgatar?
Tomarei a minha cruz, e por Ele serei guiada,
Serei a sua filha humilde e fiel.

Entre outros alvos de oração, havia um que era um peso especial em seu coração: a conversão de um irmão mais velho. Um dia, depois de orar fervorosamente para que seu querido irmão aceitasse o Salvador, ela disse à sua mãe:

—Eu acho que ele vai se tornar cristão! — Em outra ocasião, ela disse—: Eu seria capaz de morrer para levá-lo a Cristo.

Ansiosa por obedecer ao seu Salvador em tudo, ela obteve permissão dos pais para ser batizada; e, na ausência de um pastor, eu mesmo a batizei, junto com várias outras pessoas, poucas semanas depois de sua conversão.

Na primeira terça-feira após o batismo, ela estava em nossa reunião noturna e deu seu último testemunho público. Olhando para a congregação, com voz bem clara e num tom firme, ela disse:

—Se há alguém aqui que ainda não entregou o coração a Jesus, faça-o agora.

Eu estava hospedado na casa dos Gilkey, e naquela noite, depois da reunião, quando me sentei no meu quarto, ouvi a vozinha doce de Ella, misturada com a do seu pai em canções de louvor, até perto da meia-noite.

Menos de três dias depois, ela foi tirada do nosso meio para cantar com os anjos no Céu a canção de Moisés e do Cordeiro.

Quando a morte se aproximava, ela disse a seus pais:

—Estou indo para casa, e começou a cantar seu hino favorito:

Alegre o dia em que aceitei
Jesus, e nele a salvação!
O gozo deste coração
Eu mais e mais publicarei.
(Versão do *Hinário Evangélico*, 322)

—Sim, — sussurrou ela — *foi* um dia feliz.

Então, olhando para o pai, cujo coração estava quase partido, ela passou o braço em volta do pescoço dele e disse:

—Não se preocupe comigo, papai, *Jesus cuidará de mim.*

Essas foram suas últimas palavras conscientes. Havia um sorriso de afeto em seu rosto e uma expressão de amor em seus olhos — e a pressão de sua mão permaneceu ainda por algum tempo. Então, seu espírito voou.

No primeiro domingo de fevereiro, a igreja estendeu a destra da comunhão para um grande número de novos membros, e Ella deveria estar entre eles se estivesse viva. Aconteceu que, no lugar onde ela deveria estar, sobrou um espaço vazio.

Dirigi a atenção daquela grande congregação para aquele espaço vazio e perguntei:

—Onde está Ella hoje?

Por um momento, houve um silêncio total, e toda a congregação parecia estar banhada em lágrimas. Então, eu disse:

—Parece que Jesus está dizendo: *Eu já estendi a destra da comunhão para Ella aqui em cima.*

Alguns dias depois da morte dela, seus pais estavam examinando seus cadernos escolares. No meio de um livro em branco, desconhecido para eles, como se tivesse sido preparado somente para os olhos de Deus, encontraram a seguinte declaração, que mostra a profundidade do seu propósito e sua completa dedicação a Cristo:

"Vinte e um de dezembro de 1860. Neste dia, entreguei meu coração ao Salvador e resolvi fazer somente o que Ele me mandar fazer e tomar cada dia a minha cruz e segui-lo — meus olhos serão para chorar pelos pecadores, e minha boca, para cantar Seus louvores e conduzir pecadores a Cristo." —Ella J. Gilkey.

Essas palavras estão impressas em letras grandes, emolduradas e afixadas na parede do vestíbulo da igreja em Watertown de tal modo que todos os que entram podem lê-las. Por isso, durante as reuniões da Escola Dominical, nos cultos de oração e nas reuniões sociais, a pequena Ella, embora no Céu, ainda fala e continua o seu trabalho por Jesus.

De Bringing in Sheaves.

49.

ADONIRAM JUDSON

Esse famoso missionário americano em Myanmar morreu em alto mar. Suas últimas palavras foram: "Eu vou com a alegria de um menino que sai pulando da escola. Sinto-me *tão forte* em Cristo".

Dying Words,
de A. H. Gottschall.

50.

"EU VI O ANJO NEGRO"

*A carta que se segue veio da
Sra. Robert Snyder, do Instituto Bíblico Prairie,
de Three Hills, Alberta, Canadá.*

Por causa de um desagradável mal-entendido — talvez por causa de orgulho da minha parte — permiti que minha filha de 15 anos fosse para o sul da Califórnia e lá permanecesse durante todo o verão sem visitar a avó. Isso causou um desapontamento tão grande em minha mãe que ela ficou bem doente. Soube depois que ela esteve no hospital por três semanas entre a vida e a morte.

Você pode imaginar como me senti? Em ocasiões como essa, a Palavra de Deus é necessária para estabelecer a diferença entre alma e espírito. Deus mostrou-me o quanto os meus motivos precisavam ser purificados. Mas graças a Deus por um Sumo Sacerdote misericordioso e fiel que é tocado pelo sentimento de nossas enfermidades. O que é que você acha que fez o nosso Deus amoroso e misericordioso? *Ele visitou minha mãe naquele hospital, levantou-a e deu-lhe uma nova canção e um testemunho muito firme!*

Três anos mais tarde, quando a levou para Sua Casa, Ele uniu a nossa família como nunca antes. Mas deixemos que ela mesma conte. Numa carta de 11 de novembro de 1962, ela escreveu:

> Nita, eu quase fui dessa vez. Eu vi o anjo negro de pé ao lado da minha cama, mas outro alguém com um rosto doce e sorridente também veio, e eu adormeci. Quando acordei, senti que ficaria boa, mas foi aquele alguém com um rosto lindo e doce que me permitiu ficar por mais algum tempo. Não fiquei nem um pouco assustada. Na verdade, fechei os olhos para dizer: 'Obrigada, Senhor, por teres me livrado', então abri os olhos e aquele rosto sorridente estava lá.
> Foi uma experiência realmente maravilhosa. Agora preciso descobrir *o motivo pelo qual* me foi permitido ficar mais algum tempo.

Foi aí que algo notável aconteceu. O Espírito Santo fez minha mãe lembrar-se de uma antiga canção que ela costumava cantar depois de sua conversão em um acampamento metodista no Texas. Isso acontecera havia 60 anos — pense no poder do Espírito de Deus de reaver lembranças! Mamãe, mais tarde, levantou-se e cantou essa canção para um auditório de mais de 100 pessoas. Também foi cantada no Tabernáculo Prairie como um solo no Domingo de Ramos. São estas as palavras cantadas:

> Noite com pinheiros negros espalhados pelo vale
> Tudo era silêncio ao redor, menos os lamentos do vento da noite
> Quando Cristo, o Varão de Dores, com lágrimas e suor de sangue
> Prostrado no jardim elevou Sua voz a Deus
> Afligido por ofensas que não eram Suas
> Por nossas transgressões Ele teve de chorar sozinho
> Lá não havia nem um amigo com palavras de conforto
> Nem qualquer mão para ajudar
> Quando o Manso e Suave humildemente se inclinou para orar:
> "Aba, Pai, Pai, se for possível
> Passa de mim este cálice de angústia!
> Mas se eu, Teu Filho Único, devo sofrer isso
> Oh, Aba, Pai, Pai, seja feita a Tua vontade!"

51.

ANN KNIGHT (1806)

"Esta foi uma noite abençoada para mim. Vi o Céu, e todos estão felizes, tão felizes lá. O Todo-poderoso ficou bem pertinho de mim. Parece que Ele estava me convidando a abrir mão de tudo aqui no mundo — o que posso fazer com toda a liberdade — para possuir aquela paz e aquela alegria que eu vi."

Dying Words,
de A. H. Gottschall.

52.

HAVIA UMA PONTE SOBRE O "VALE DA SOMBRA"

Sarah A. Cook, muito conhecida no século 19 por seus escritos e seu trabalho evangelístico, conta-nos a respeito dos últimos dias da sua irmã, que morreu na Inglaterra durante a primavera de 1864. Ela diz no seu livro *Wayside Sketches* (Anotações à Beira do Caminho):

> Fui chamada para ver minha irmã mais velha, Eliza, que estava doente. Ela estava morando em Melton Mowbray, Leicestershire. Encontrei-a padecendo de uma febre intermitente e uma prostração geral.
> Durante a primeira parte da sua doença, ela parecia muito agarrada à vida. Muito feliz no seu casamento, cercada por um grupo de amigos que a amavam e trabalhando com esmero na causa do

Redentor, a vida para Eliza era cheia de atrações. Então, veio também um pensamento a respeito da solidão do seu marido sem ela, e disse:

—Eu até estaria disposta a ir embora, mas Harry sentiria muito a minha falta.

Finalmente, porém, a fé triunfou sobre a natureza, e ela disse:

—O Senhor pode me levar e ao mesmo tempo dar um lar feliz para Harry.

A atração pelo Céu tornava-se dia a dia mais forte. Numa ocasião, quando tudo já estava planejado para a noite, e eu estava saindo do quarto, ela me chamou. Olhando firmemente para mim, disse:

—Sarah, não ore pela minha recuperação.

Eu procurei lembrá-la de como nós todos a amávamos, mas ela respondeu:

—E eu amo muito todos vocês, mas é muito melhor partir e estar com Jesus.

Ficando com ela durante o dia e ouvindo as palavras encorajadoras e esperançosas do médico, pensei que ela poderia ser curada; mas em oração eu não podia mais pedir por sua saúde. Eu só podia dizer: "Seja feita a Tua vontade, Senhor, não a minha".

A oração da fé, pela qual às vezes o nosso Pai permite a Seus filhos pedir a cura do corpo, nunca me era dada. Em Seu amor infinito e em Sua sabedoria, Deus a estava chamando para Casa, "onde nenhuma tempestade se abate sobre aquela linda praia, à medida que passam os anos da eternidade".

Ela gostava de ficar sozinha todas as tardes durante mais ou menos uma hora. Era quando ficava sem febre e então era a melhor hora para ela ficar em comunhão secreta com o Senhor. Um dia, quando eu abri a porta, depois daquela hora, ela se sentou na cama, com o rosto simplesmente radiante de alegria, e exclamou:

—Eu tive uma visão tão linda do amor de Deus! —Estendendo as mãos, ela disse—: Parece-me um oceano sem limites; é como se *eu estivesse mergulhada naquele ilimitado oceano de amor!*

Quando sofria de prostração extrema, suas palavras favoritas eram:

Cristo não nos guia por quartos mais escuros
 Dos que os que Ele passou primeiro;
 Aquele que deseja entrar no Seu Reino
 Tem de entrar por aquela porta.

Uma amiga querida perguntou a ela um dia:
—Você tem medo da morte?
—Não! — foi a resposta — Nem sei se alguma vez pensei nisso.

A palavra "morte" nunca estava nos seus lábios. *Havia uma ponte por sobre o* "vale da sombra". Ela não o via, porque os olhos da fé contemplavam mais adiante e estavam fixos nAquele que é a ressurreição e a vida. *"Estar com Jesus!"* era a sua expressão constante.

Na sexta-feira, com alegria profunda e ternura, ela repetiu todo aquele belo hino:

Sempre com o Senhor,
Amém, que assim seja;
Naquela palavra há vida dentre os mortos,
É a imortalidade.
Encurralado aqui no corpo,
Perambulo ausente dele;
Mas todas as noites firmo a minha tenda
Um dia de caminhada mais perto do Lar.

Domingo foi seu último dia na Terra. Sentindo que o fim estava muito próximo, hesitei em ir lecionar na sua classe bíblica na capela, uma classe bem grande de moças. Eu as tinha ensinado todos os domingos à tarde.

Perguntei suavemente:

—Querida, você gostaria que eu tomasse conta da sua classe esta tarde?

—Sim, ela respondeu com alguma surpresa na voz, por que não?

Foram momentos de fortes emoções em que juntas sentíamos quão pouco tempo faltava para a partida. Finalmente ela disse:

—Diga a todas elas que eu as amo muito e tenho orado bastante por elas.

A lição naquele dia baseava-se nas palavras de conforto que o Senhor falou aos discípulos no capítulo 14 do Evangelho de João. Depois, convidei toda a classe para ir até a casa, e todas elas passaram pela porta aberta do quarto para ver, pela última vez, sua querida e amada professora. Maravilhosamente, durante todo o dia, as palavras que eu tinha ensinado para as moças foram aplicadas no meu coração: "Se me amásseis, *alegrar-vos-íeis* de que eu vá para o Pai". A ideia da sua tremenda bem-aventurança por estar tão perto da presença de Jesus apagou totalmente os pensamentos de tristeza por perdê-la.

    As horas passavam à medida que 'se rompia o fio de prata'. Uma tia que estava presente lembrou:

—Você teve sete semanas de paz.

Ela respondeu:

—Eu passei sete semanas de *perfeita* paz.

Verdadeiramente a sua paz fluiu como um rio durante todo o dia. Com a cabeça reclinada no peito do marido, as últimas palavras que nós ouvimos foram:

—"Ainda que eu ande no vale da sombra da morte, não temerei mal algum, porque Tu estás comigo".

*Adaptado de um artigo
em Wayside Sketches.*

53.

O JULGAMENTO DE UM JOVEM

Há alguns anos, eu participava de um acampamento em Rockingham, Vermont, quando um bando de desordeiros decidiu atrapalhar a reunião. Eles moravam a uma distância de cerca de quinze quilômetros, mas na noite de quinta-feira foram ao acampamento para "se divertir", como disseram para alguns amigos. O plano era colocar rastilhos de pólvora na direção de cada barraca e debaixo das camas. Quando o relógio da cidade tocasse meia-noite, todos eles poriam fogo na pólvora e correriam a um lugar mais distante para observar as mulheres e crianças correrem e gritarem assustadas.

Às dez horas, ouviu-se um trovão distante, e, antes da meia-noite, Deus enviou uma das mais terríveis tempestades de trovão e chuva que eu já vi. O dia tinha sido quente, e aqueles jovens não tinham levado agasalhos. Agora, com sua pólvora toda molhada e seus planos desfeitos, eles foram obrigados a andar aqueles quinze quilômetros de volta para casa encharcados de chuva e completamente resfriados.

O líder do grupo teve de ser carregado para casa, entorpecido pelo frio. Durante algumas horas, sua mãe tentou aquecê-lo, sem sucesso. Então, foi acometido de uma febre violenta. Ele contou a ela o que tinha feito, dizendo:

—Mãe, eu vou morrer! Ore! Ore mesmo! O que é que eu vou fazer? Ó! Como é que eu posso morrer?

Ela respondeu:

—Eu nunca orei.

—Então chame papai! — gritou o jovem.

Mas o pai também não podia orar. Então gritou, apertando e contorcendo as mãos em agonia.

—Eu não posso morrer assim! Eu não posso morrer assim! Mãe, mãe, ore, *ore mesmo!*

O pai então procurou um diácono batista, mas, antes que ele chegasse, o jovem já não podia ser ajudado. Com os olhos esbugalhados, mãos acima da cabeça, contorcendo-se em agonia, morreu em delírio. Entre as suas últimas palavras, estavam as seguintes:

—Eu vou para o inferno; estou perdido, perdido, perdido! Não posso morrer assim! Não posso, não posso! Oh, mãe, é terrível ir para o inferno desse jeito!

Adaptado de um artigo em The Revivalist pela Sra. M. A. Sparling.

54.

"MÃE, NÃO POSSO MORRER ENQUANTO VOCÊ NÃO ME PROMETER"

No encerramento de uma série de reuniões em Springfield, Massachusetts, uma mãe entregou-me um retrato de uma menina enrolado em duas notas de um dólar, contando-me o seguinte relato.

O retrato era de sua filha única. Com a idade de 6 anos, a menina entregou o coração para o Salvador, demonstrando claras evidências — segundo as palavras do pastor da igreja — da veracidade de sua conversão.

Em seguida, ela foi para casa e disse à mãe:

—Mãe, entreguei meu coração para Jesus, e Ele me recebeu; e você, não quer entregar seu coração para Ele?

A mãe respondeu:

—Espero fazê-lo algum dia, querida Mary.

A menininha então disse:

—Entregue *agora*, mãe! — insistindo, com toda a ansiedade infantil, que a mãe se entregasse ao Salvador naquele instante.

Como não conseguiu seu objetivo dessa forma, ela procurou obter da mãe uma promessa, sabendo que, se a mãe prometesse, ela cumpriria, porque seus pais tinham estabelecido um princípio na casa: de sempre cumprir o que fosse prometido para sua filhinha. Vez após vez, ela voltava para a mãe e dizia:

—Prometa, mãe!

E a mãe respondia:

—Não quero lhe prometer, Mary, porque tenho medo de não cumprir.

Esse pedido de promessa foi repetido várias vezes por quase 6 anos, até que finalmente a pequena Mary teve de morrer para conseguir a promessa. Por várias ocasiões durante sua doença, seus pais aguardaram o desfecho ao lado de sua cama. Mas ela dizia:

—Não, mamãe, *eu não posso morrer enquanto você não me prometer.*

Sua mãe ainda relutava em fazer a promessa, temerosa de não cumpri-la. Ela tencionava entregar seu coração a Jesus algum dia, mas não queria fazer isso "agora".

O estado de saúde de Mary piorava, e sua mãe nunca mais ouviria aquele pedido insistente: "Mamãe, prometa-me". Mas o espírito da menina continuava ali, como que detido pelo anjo enviado para levar sua mãe a Jesus — para que a tão sonhada promessa fosse ouvida antes de alçar voo para o Céu.

A mãe, chorosa, olhava para o rosto da filha que morria e parecia dizer-lhe pela sua expressão: "Mãe, prometa-me e deixe-me ir para Jesus!". Houve grande luta no seu coração enquanto dizia para si mesma: "Por que é que não prometo isso para essa criança? Se quero entregar meu coração a Jesus, por que não o fazer agora? Se não lhe prometer agora, nunca poderei fazê-lo".

O Espírito Santo levou seu coração a se render. Ela acordou a menina e lhe disse:

—Mary, eu *darei* meu coração a Jesus.

Essa foi a última trava a ser retirada; seu coração agora estava aberto. Imediatamente, Jesus entrou nele, e ela sentiu a alegria e a paz dos pecados perdoados.

Essa mudança foi tão marcante que ela sentiu necessidade de contar a boa nova para sua filhinha a fim de que ela a levasse consigo quando fosse viver com Jesus. Por isso, chamando a sua atenção mais uma vez, ela disse:

—Mary, eu entreguei meu coração a Jesus, e agora Ele é o meu Salvador!

Durante 6 anos, Mary vinha orando a Deus e implorando à mãe que pronunciasse essas palavras. Agora, quando ela as ouviu, um sorriso de paz iluminou sua face. Sem condições de falar, ela levantou um pouquinho a mãozinha pálida e apontou para cima, parecendo dizer: "Mãe, nós nos encontraremos lá em cima". A obra da sua vida estava terminada, e seu espírito podia voltar para Aquele que o deu.

Apesar da morte da menina, o coração de sua mãe estava em paz. Mas agora ela estava muito ansiosa para compartilhar com o marido essa bênção que tinha encontrado em Cristo. O casal foi para a sala onde estava sua filhinha morta e olhou para o rosto daquela que tinha dormido tão suavemente na morte. A mãe então disse:

—Eu prometi para a nossa pequena Mary que entregaria meu coração a Jesus, e Ele me recebeu. Agora é a sua vez, você não quer prometer também?

O Espírito Santo estava lá. O homem forte resistiu um pouco, mas finalmente se rendeu. Tomando a mãozinha fria nas suas, ele se ajoelhou e disse: "Jesus, eu tentarei te encontrar".

O corpo da criança foi sepultado. Os pais se dirigiram à casa de oração — a mãe feliz com Jesus, e o pai também, logo mostrando algumas evidências do amor de Cristo.

Quando encerrei meu trabalho em Springfield, o Dr. Ide disse à congregação:

—Espero que todos vocês deem ao irmão Earle algum sinal de gratidão pela obra realizada entre nós antes que ele vá embora.

Aquela mãe disse que, quando ouviu essas palavras, pareceu-lhe ver a mão de sua filhinha Mary apontando de lá do Céu e dizendo com sua vozinha doce: "Mãe, dê a ele as minhas duas notas de um dólar".

Levo comigo as duas notas de um dólar que envolvem o retrato daquela criança e, aonde quer que eu vá, a pequena Mary fala de Jesus.

De Bringing in Sheaves.

55.

JOHN KNOX (1572)

Assim como no caso do seu amigo Calvino, nenhuma lápide marca o lugar onde está enterrado esse grande Reformador da Escócia. Quando seu corpo foi colocado na sepultura, o conde de Morton disse: "Aqui jaz um homem que durante toda a sua vida nunca temeu enfrentar os homens".

Antes de morrer, ele disse:

—Pela graça de Deus, sou o que sou. Viva em Cristo e a carne não precisa temer a morte.

Dying Words,
de A. H. Gottschall.

56.

"DURANTE TODA A MINHA VIDA TRATEI CRISTO COMO UM CACHORRO, E ELE NÃO VAI ME AJUDAR AGORA"

Há cerca de 20 anos, quando estávamos dirigindo reuniões de avivamento em G., o Sr. B., um fazendeiro próspero que vivia perto da cidade, estava nos últimos estágios de uma tuberculose. Ele era um homem mau, que dedicou toda a vida a acumular riquezas materiais. O pastor da igreja metodista, onde estávamos fazendo as reuniões, ainda não o tinha visitado, porque sabia que ele era um homem completamente ímpio.

O pastor me disse um dia:

—Estou aguardando até que o Sr. B. chegue aos seus últimos dias, esperando que então ele me receba e permita falar-lhe a respeito da sua alma.

Assim, vários dias antes da sua morte, em companhia do pastor, visitamos o homem e lhe falamos a respeito de sua condição moral. Sua mente estava muito obscura e cheia de descrença. Falamos com urgência sobre a salvação da sua alma, mas, quando saímos, não tínhamos muita esperança.

Uns dois dias depois, fomos visitá-lo de novo e o encontramos mais disposto a conversar, mas ele parecia estar ainda muito longe de Deus. Insistimos com ele para que clamasse a Deus por misericórdia, pelo amor de Jesus.

—Não posso! — ele bradou. — Eu nunca falei o nome de Jesus, a não ser para usá-lo de maneira profana, e eu fiz isso durante todos esses anos. *Eu tratei Cristo como um cachorro durante toda a minha vida, e Ele não vai me ouvir agora.* Eu daria tudo o que tenho se pudesse me sentir como vocês dizem que se sentem.

Nós lhe dissemos que Deus não faz acepção de pessoas, que Ele nunca dá as costas àquele que lhe pede perdão. Ele continuou:

—Eu não sinto nada. O que posso fazer? Meu coração é muito duro.

Como o nosso coração sofreu por ele! Ele estava com medo de morrer sem fé em Deus, mas não sabia como se arrepender.

Antes de irmos embora da cidade, ele foi chamado a se encontrar com Deus, até onde sabemos, despreparado, já que não deu nenhum sinal de salvação. Ele tinha tesouros na Terra, mas — que lástima! — isso para nada lhe valeu quando teve de enfrentar a *eternidade*.

Adaptado de um artigo de S. B. Shaw no seu livro Dying Testimonies.

57.

SIR WALTER RALEIGH (1618)

Pouco antes de ser decapitado, esse famoso almirante e cortesão inglês disse: "Importa muito pouco como está a cabeça se o *coração* está certo. Por que você não corta?".

Dying Words,
de A. H. Gottschall.

58.

A MORTE TRIUNFANTE DE JOÃO CALVINO

Calvino era um trabalhador incansável. Sua atividade permanente causou-lhe uma variedade desagradável de doenças, que ele suportou por muitos anos e contra as quais batalhou bravamente ou simplesmente ignorou. O que ele mais desprezava era a ociosidade.

Em 6 de fevereiro de 1564, com dificuldade, ele pregou seu último sermão. Depois disso, saiu pouquíssimas vezes de casa. Em meio a sofrimentos atrozes, seu espírito mantinha-se calmo e em paz, e ele se ocupava com a leitura da Bíblia e oração.

Quando o famoso Farel, de 80 anos, ouviu a respeito da doença de Calvino, escreveu-lhe de Neuchatel dizendo que o visitaria. Calvino lhe respondeu numa carta datada de 2 de maio:

Adeus, meu querido irmão e melhor companheiro; já que Deus quer que você sobreviva a mim neste mundo, viva com boas lembranças dessa nossa amizade, que foi útil para a Igreja de Deus, e cujos frutos nos aguardam no Céu.

    Eu não gostaria que você se cansasse por minha causa. Respiro com dificuldade atualmente e aguardo o dia em que deixe de respirar totalmente. *É suficiente que eu viva para Cristo e para Ele morra... Ele é lucro na vida e na morte.* Mais uma vez adeus, não nos esquecendo dos irmãos.

Em 27 de maio de 1564, ao pôr do sol, ele dormiu em Jesus. Foi enterrado nas margens do Ródano, fora da cidade, onde tanto trabalhara pelo evangelho do Senhor Jesus Cristo. Ele pediu que não fosse colocado nenhum monumento sobre a sepultura; e o lugar no qual foi erigida uma pedra preta é onde apenas se supõe que ele esteja enterrado.

    O professor Tulloch disse muito bem de Calvino: "Ele tinha um caráter grande, intenso e enérgico, que, mais do que qualquer outro — mesmo naquela época áurea — deixou sua marca na história do protestantismo".

    Seu intelecto esclarecido e sua lógica apurada, junto com seu estilo conciso e claro, fizeram das suas obras, mesmo na época atual, uma força na Igreja de Deus. Ele foi tão necessário à Igreja como o foram Lutero, Knox ou Wesley, e nós damos graças a Deus por um homem dessa envergadura.

Heroes and Heroines.

59.

CAPITÃO JOHN LEE (1784)

O capitão Lee foi executado por falsificação. Ele tinha sido um ímpio, mas antes da sua morte disse: "Deixo para o mundo essa triste lembrança, que por mais que um homem seja favorecido por qualidades pessoais, ou seja, dotado de inteligência rara, seu gênio será inútil e as suas habilidades não terão nenhum valor se não forem acompanhados pela religião e sustentados pela virtude. *Quem dera tivesse eu a possibilidade de possuir o pior lugar no Céu e pudesse entrar furtivamente num cantinho dele!*".

Dying Words,
de A. H. Gottschall.

60.

"ESTOU TÃO ANSIOSO PARA ME ENCONTRAR COM JESUS QUE FICARIA DESAPONTADO SE ALGUMA COISA ACONTECESSE PARA IMPEDIR ISSO"

Meu marido era um homem muito chegado a Deus. Várias vezes, ele expressou o desejo de ser ministro, mas não sentiu que era assim que Deus queria que ele o servisse. Seu ministério era daquele tipo particular, quieto, de que ninguém sabe a não ser Jesus e a pessoa que está recebendo as boas novas.

Na primavera de 1951, ele começou a ter problemas com o estômago e pensou que era úlcera. Depois de algum tempo, o mal-estar continuou, e ele resolveu fazer uns exames. Os médicos nos disseram que nada de definitivo aparecia nos exames e gostariam de submeter meu marido a uma pequena cirurgia. Como nossa filha, ainda no segundo grau, era a estrela num festival de música que aconteceria na escola, ele resolveu adiar a cirurgia por uma semana para que pudesse ouvi-la cantar.

No dia 27 de março, ele se submeteu à cirurgia, que levaria pouco tempo segundo estimativa dos médicos. Depois de ficar na sala de espera por mais de duas horas, comecei a sentir que se tratava de bem mais que uma pequena cirurgia. Quando finalmente o médico veio falar comigo, disse-me que tinham encontrado uma perfuração na parte superior do estômago que já devia estar lá havia aproximadamente 36 horas e as glândulas linfáticas e alguns outros tecidos apresentavam um quadro infeccioso. Eles haviam removido quatro quintos do estômago, estabeleceram uma nova ligação com o intestino e estavam enviando o material para o laboratório de câncer em Houston. Adiantou-me que não tinha nenhuma dúvida de que o teste mostraria que o tumor era maligno.

Ele tinha razão: o exame comprovou malignidade. As glândulas haviam espalhado o tumor por todo o sistema e pela corrente sanguínea. Era do tipo mais violento e não responderia a nenhum tipo de tratamento conhecido até então. Dentro de seis a oito meses, afetaria os pulmões — e depois passaria a terminal em uns dois meses.

Homer pareceu aceitar o prognóstico muito mais facilmente do que eu. Ele começou a melhorar e, muito mais cedo do que os médicos esperavam, passou a aceitar comida. Rapidamente, recobrou as forças, ganhou peso e sentiu-se muito bem. Depois de retornar ao trabalho em 28 de maio, seus colegas de trabalho e nossos amigos começaram a zombar da ideia de que ele tinha um tempo limitado de vida.

Alguns dos homens a quem ele tentara testemunhar antes de adoecer, entretanto, vieram a ele e perguntaram-lhe como é que ele se sentia a respeito da perspectiva de ter uma vida limitada. Agora estavam dispostos a ouvir sua declaração de que a vida futura é muito mais certa do que a vida que vivemos aqui. Seu testemunho produziu muitos frutos.

Em setembro, ele começou a se cansar com muita facilidade, e uma tosse leve o acometeu. Sua radiografia mensal acusou uma sombra no pulmão, e no exame seguinte a sombra tinha aumentado muito. O médico queria tentar radioterapia apesar de o laboratório informar que não adiantaria muito. Tinham razão; não adiantou, e o tumor espalhou-se rapidamente. Na primeira semana de novembro, ele já não podia sair da cama, e a metástase se estendeu para a área ao redor do esôfago, e ele já não conseguia comer.

Os companheiros da fábrica visitavam-no com o objetivo de animá-lo, mas, ao invés disso, eles é que saíam estimulados, porque ele expressava a sua real *expectativa* de poder ver o Senhor Jesus. Uma amiga íntima veio uma noite, lá pelo fim de novembro, e lhe perguntou:

—Homer, eu sei que você crê no poder curador de Deus. Você já pediu para ser curado?

A resposta dele foi simples e clara:

—Mary, já que senti que Deus usou isso para alcançar pessoas que eu não poderia alcançar de outra maneira, sinto que eu não tenho direito algum de pedir a Ele que desista da Sua vontade. *Ao contrário, estou tão ansioso para me encontrar com Jesus que ficaria desapontado se alguma coisa acontecesse para impedir isso.*

Na terça-feira seguinte, ele teve um acesso de tosse, e o médico sugeriu que o levássemos ao hospital. Fomos, e logo que chegamos, depois de dizer mais uma vez:

—Querida, nunca se esqueça do quanto eu a amo! — ele entrou em coma. Quarenta e oito horas depois, foi para o Lar.

Contando essa história, quero agradecer a Deus porque Ele foi tão misericordioso durante toda a provação. Em nenhum momento, Homer sofreu qualquer dor.

Hasula Hanna,
Aurora, Colorado.

61.

MAGGIE LINDSAY (1874)

A Srta. Lindsay ficou mortalmente ferida em um choque de trens na Escócia. Depois de permanecer várias horas com ambas as pernas quebradas, o crânio fraturado e outros ferimentos internos, ela foi finalmente resgatada e removida para uma cabana nas proximidades.

Provavelmente, ela estava lendo seu hino favorito ("O Portão Aberto para Mim"), porque a página desse hino no hinário estava manchada com seu sangue. Deitada numa maca, com os lábios feridos e a respiração estertorante, ela cantou os seguintes versos:

Não há nada,
seja grande ou pequeno,
Que eu possa fazer;
Jesus morreu, e pagou toda a dívida,
Sim, toda a minha dívida.

O que eles DISSERAM

Oh, profundidades da misericórdia,
Será que aquele portão
está escancarado para mim?

Dying Words,
de A. H. Gottschall.

62.

"FOI A MALDITA BEBIDA QUE ME ARRUINOU"

Certa manhã, chegou uma mulher usando o crachá de permissão para visitar um paciente numa cela da prisão de Bellevue, Estados Unidos. Ela era pequena e esbelta, com um toque de classe refinada intensificado pela tristeza. O médico estava terminando de examinar o paciente quando ela chegou. Ela o olhou com olhos bem claros, que demonstravam ter chorado muito, mas os manteve muito firmes enquanto falava.

—Não tenho certeza! — disse ela —. Há muito tempo venho procurando meu filho, e penso que esse paciente possa ser ele. Gostaria de vê-lo.

O médico olhou para ela com compaixão enquanto ela se dirigia à cama estreita onde estava um jovem de quase 20 anos com o rosto mergulhado no travesseiro. Seu cabelo bonito não tinha sido cortado, porque o barbeiro do hospital, que ainda continuava lá, não conseguira fazer com que ele virasse a cabeça.

—Ele está deitado desse jeito desde que o trouxeram ontem. — disse o barbeiro, e então, vendo algo no rosto agitado da mulher, saiu da frente dela.

A mãe curvou-se sobre aquele vulto deitado. Ela o conhecia como somente as mães são capazes de conhecer e pousou a mão na fronte febril do rapaz.

—Charley, — disse ela ternamente, como se tivesse vindo ao quarto dele para acordá-lo de algum sono infantil — mamãe está aqui.

Ouviu-se então um grito selvagem que assustou até o médico experiente:

—Pelo amor de Deus, levem-na embora! Ela não sabe onde eu estou. *Levem-na embora!*

O paciente levantou e começou a contorcer as mãos num apelo patético.

—Levem-na embora! — continuava ele gritando, mas sua mãe gentilmente o abraçou e colocou a cabeça dele em seu peito.

—Charley, eu o encontrei! — disse ela soluçando, e nunca mais vou perdê-lo.

O jovem olhou para ela num momento. Seus olhos eram como os dela, grandes e claros — mas com a experiência de mil anos na sua profundidade. Seu rosto bonito e impudente estava marcado com linhas produzidas pela paixão e pelo crime. Ele desatou num choro como se fosse uma criança.

—É muito tarde! *É muito tarde!* — dizia ele num tom quase inaudível. —Pela primeira vez, estou fazendo uma coisa boa por você, mãe. Estou morrendo, e você não vai mais ter de sofrer por minha causa. Não foi culpa sua. *Foi a maldita bebida que me arruinou, destruiu minha vida e me trouxe para cá.* Agora é assassinato, mas o carrasco não vai me pegar; vou evitar mais essa desgraça para o nosso nome.

Terminou de falar e caiu de costas sobre o travesseiro. Seu rosto mudou, e aquele inconfundível tom acinzentado característico da morte tomou conta do seu semblante tão bonito. O médico se adiantou com um olhar de surpresa na face.

—Eu não imaginei que ele estivesse assim tão mal. — comentou baixinho o barbeiro, enquanto olhava para o rapaz, que ainda segurava a mão da mãe.

O médico levantou a cabeça do paciente e depois a encostou suavemente no travesseiro. Estava morto.

—É melhor que tenha sido assim — disse ele para si mesmo numa voz baixa, e então ficou em silêncio, pronto para oferecer consolo à mãe desconsolada, cujo rosto ainda estava escondido no peito do jovem.

Ela não se mexeu. Algo na sua atitude imóvel levantou uma vaga suspeita na mente do médico e o levou a se curvar para frente e gentilmente pegar a mão dela. Com um sobressalto involuntário, ele rapidamente levantou aquela figura prostrada e em seguida sentiu o pulso e o coração, só para descobrir que haviam silenciado para sempre.

—*Ela se foi também!* — disse sofregamente, e lágrimas brotaram em seus olhos. —*Pobre alma!* Foi melhor para ambos.

Essa é uma das histórias da enfermaria da prisão de Bellevue, e há centenas que poderiam ser contadas, mas nenhuma mais triste ou encerrando uma tragédia mais profunda do que essa registrada aqui.

Imprensa de Nova Iorque.

63.

LUÍS IX (1270)

Luís IX, rei da França, foi notável não somente pela sabedoria e justiça, mas também por sua piedade e virtude.

Na hora da sua morte, aconselhou a filha com as seguintes palavras: "Minha querida filha, esconjuro-te a amares o nosso Senhor com toda a tua força, porque isso é o fundamento de toda a bondade. Desejo que compreendas tudo o que o Filho de Deus fez para a nossa redenção. Nunca sejas culpada por nenhum pecado deliberado, mesmo que seja para salvar a tua vida. Evita conversas muito íntimas a não ser com pessoas virtuosas. Obedece, minha querida filha, a teu marido. *Aspira a possuir uma disposição para fazer a vontade de Deus, exclusivamente por amor dele, independentemente de qualquer esperança de recompensa ou temor de castigo*".

Dying Words,
de A. H. Gottschall.

64.

RAINHA ELIZABETH I

*"Tudo o que eu tenho por
um momento do tempo!"*

A rainha Elizabeth I subiu ao trono da Inglaterra aos 25 anos e ficou no poder por 45 anos. Ela era protestante, mas estava muito longe de ser uma verdadeira cristã. Perseguiu os puritanos por muitos anos, e sua crueldade foi evidenciada muitas vezes durante seu reinado.

Morreu em 1603, com a idade de 70 anos. Suas últimas palavras foram: *"Tudo o que tenho por um momento do tempo!"*

Schaff's Encyclopedia.

65.

RAYMOND LULL (1315)

Quando tentava converter os muçulmanos, ele foi apedrejado por um grupo em Bowgiah, África. Conseguiu embarcar num navio, mas morreu logo em seguida em virtude dos ferimentos que recebeu. Suas palavras de despedida foram: "Eu já fui rico, lascivo e mundano, mas voluntariamente abandonei tudo isso para o progresso da glória de Deus e para o bem da humanidade. Aprendi árabe e parti para pregar o evangelho aos sarracenos. Pela minha religião, fui chicoteado e feito prisioneiro. Agora estou velho e pobre, mas firme no mesmo propósito. E pela graça de Deus firme permanecerei.

Dying Words,
de A. H. Gottschall.

66.

ÚLTIMAS PALAVRAS DO GRANDE COMENTARISTA MATTHEW HENRY

Matthew Henry, conhecido não conformista e estudioso da Bíblia, nasceu em 28 de outubro de 1662, em Broad Oak, Flintshire, Inglaterra, e morreu em 22 de junho de 1714, em Nantwich, Inglaterra.

Voltando da visita a Chester, acompanhado de seu grande amigo, Sr. Illidge, o Sr. Henry sofreu um ataque de apoplexia. Sem condições de prosseguir viagem, eles pararam na casa do Sr. Mottershed, onde se sentiu tão mal que disse aos amigos:

—Orem por mim, porque agora eu mesmo não posso fazê-lo.

Enquanto o colocavam na cama, ele lhes falou sobre a excelência do conforto espiritual em uma ocasião de aflição e agradeceu a Deus porque ele estava usufruindo desse conforto. Ao seu amigo Sr. Illidge, ele dirigiu as seguintes e memoráveis palavras:

—Você tem sido usado para registrar as palavras de moribundos; estas, pois, são as minhas: *Uma vida consumida a serviço de Deus e na comunhão com Ele é a vida mais confortável e agradável que alguém pode viver no mundo presente.*

Memórias do
Rev. Matthew Henry.

67.

SRTA. HANNAH MORE (1833)

Autora e filantropa inglesa

Um brilho singular, seguido de um sorriso, apareceu em seu rosto, e ela estendeu os braços como se tentasse agarrar alguma coisa.

"Joy!", exclamou ela; e então se foi. Joy era o nome de uma irmã que tinha falecido alguns anos antes.

Dying Words,
de A. H. Gottschall.

68.

"NINGUÉM PODE FUGIR DO ESPÍRITO DE DEUS"

Há alguns anos, um cavalheiro, aparentemente com grande urgência, entrou a cavalo em certa cidade de um dos estados do sul dos Estados Unidos. Cavalgou até o hotel, desmontou e, depois de se apresentar, contou a seguinte história:

—Tenho tentado fugir do Espírito de Deus, mas Ele me seguiu por todos esses quilômetros que viajei até aqui e está comigo agora. Tive um ensinamento cristão e ouvindo a proclamação do evangelho de tempos em tempos, convenci-me profundamente do pecado. Mas fui muito rebelde e determinado a não me render. O Espírito disse: "Você precisa nascer de novo", mas eu disse: "Eu *não* quero nascer de novo".

Comprei esse cavalo, um animal bom e forte naquela ocasião, e tenho acabado com ele de tanto correr, como vocês veem o coitado; mas não tenho sido bem-sucedido na minha fuga do Espírito de Deus. Agora sinto que vou morrer, mas antes eu tenho um pedido a fazer a vocês. Quero que vendam esse cavalo e me enterrem aqui na rua, perto desta placa de sinalização, e ponham uma lápide sobre a minha sepultura com a seguinte inscrição: "Ninguém pode fugir do Espírito de Deus".

Em seguida, o homem morreu. Médicos que o examinaram não encontraram nenhuma doença, mas disseram que ele morreu de agonia mental.

Seu pedido estranho foi atendido, e a lápide contendo aquela silenciosa advertência pregou muitos sermões para os que passaram por aquele lugar, e isso resultou num avivamento religioso na cidade de Tuscaloosa, Alabama.

Mary E. Jenks,
McBain, Michigan,
Dying Testimonies,
de S. B. Shaw.

69.

UMA JOVEM VÊ A ETERNIDADE

Um dos pastores que me precederam no meu último pastorado foi o Rev. A. D. Sandborn, que contou o seguinte incidente. Ele era o presidente de uma escola em Wilton, Iowa, e nas suas idas e vindas da escola costumava às vezes parar por alguns momentos para conversar com uma jovem cristã dedicada, que estava muito doente.

Numa manhã, ele encontrou a família reunida ao redor do leito da moça. Ela estava recostada numa posição quase sentada e olhava intensamente para um lugar distante. Parecia estar vendo uma cidade gloriosa, porque dizia:

—Agora, assim que eles abrirem o portão, eu entrarei. Eles logo estarão aqui.

Enquanto fitava, seus olhos pareciam dançar. De repente, ela inclinou a cabeça para frente com uma expressão feliz e enlevada.

—*Lá! Lá! Eles estão vindo agora, e eu irei!*

Recostou-se novamente no travesseiro com um ar de desapontamento e exclamou:

—Eles deixaram a pequena Mamie entrar na minha frente". E completou: —Mas na próxima vez eles me deixarão entrar. Logo, logo eles vão abrir o portão de novo, e aí eu vou entrar.

Olhando insistentemente e esperançosa para o vazio, ela ficou quieta por alguns minutos. Então, levantando, com a cabeça inclinada para frente e forçando os olhos para enxergar, ela gritou:

—Lá! Lá! Eles vão abrir o portão. *Agora* entrarei!

De novo, entretanto, ela se recostou no travesseiro, muito desapontada.

—Eles deixaram vovô entrar antes de mim, mas na próxima vez eu entrarei com certeza. Eles vão voltar logo.

Ela continuou a falar e a olhar para longe. Ninguém falou com ela, e ela também falava sem se dirigir a alguém em particular. Parecia não ver nada senão a vista da bela cidade.

O Dr. Sandborn não podia ficar por mais tempo e silenciosamente saiu da casa. Mais tarde, no mesmo dia, soube que, logo que saíra, a moça havia morrido exatamente como ele a vira, tão cheia de esperança e aguardando que o portão se abrisse para que ela entrasse naquela bela cidade.

As cenas daquela manhã causaram profunda impressão no Dr. Sandborn, e, poucos dias após o funeral, ele voltou àquela casa para perguntar aos parentes quem é que a moça chamara de "pequena Mamie". Responderam que era uma menina que tinha morado perto da casa deles havia algum tempo, mas mais tarde tinha se mudado para uma cidade no estado de Nova Iorque. Quando perguntou "quem era vovô?", responderam-lhe que era um velho amigo da moça, que também tinha se mudado para algum lugar no sudoeste, e deram-lhe o nome da cidade.

O conjunto de circunstâncias causou uma impressão tal no Dr. Sandborn que, em seguida, ele escreveu para cada um dos agentes do correio dos lugares referidos, solicitando informações sobre aquelas pessoas.

Um dia, na mesma entrega, ele recebeu cartas dos dois agentes respondendo às suas perguntas. Ambas as cartas haviam sido escritas quase da mesma maneira, e cada uma delas dizia que a pessoa referida tinha vivido ali, mas havia morrido na manhã do dia 16 de setembro, mencionando a hora. *Acontece que era a hora exata em que ele testemunhara aqueles acontecimentos junto ao leito de morte da moça.*

> *O Filho de Deus entre*
> *a Morte e a Ressurreição,*
> *de Judson B. Palmer,*
> *Galveston, Texas.*

70.

WILLIAM OTTERBEIN, FUNDADOR DA IGREJA DOS IRMÃOS UNIDOS

O bispo Otterbein, fundador da Igreja dos Irmãos Unidos, terminou seu ministério de 62 anos em grande paz.

O Dr. Kurtz, da Igreja Luterana, devotado amigo pessoal do grande pregador por muitos anos, foi quem, no seu leito de morte, dirigiu a última oração ouvida pelo bispo. E ele respondeu: "Amém, amém! Está consumado". Como o velho e bondoso Simeão, que não morreu antes de tomar o bebê de Belém nos braços, ele pôde dizer:

—Senhor, agora despede o teu servo em paz, de acordo com a Tua palavra: porque os meus olhos viram a Tua salvação.

Seus amigos, tomados pela tristeza, pensando que naquele momento ele estava morrendo, reuniram-se ao seu redor para olhar pela última vez, antes que ele pisasse com suas sandálias as águas do rio da morte. Recuperando-se, porém, por um momento, como que para completar seu testemunho e dar-lhes uma certeza maior da vitória, ele disse:

—Jesus, Jesus, eu morro, *mas tu vives, e logo eu viverei Contigo.*

Voltando-se então para os seus amigos, continuou:

—A luta acabou e é passada. Começo a sentir uma indizível plenitude de amor e de paz que vem de Deus. Deitem a minha cabeça sobre o meu travesseiro e fiquem em silêncio.

Todos ficaram quietos. Ele simplesmente ficou esperando a chegada da carruagem do Céu e não esperou em vão. Um sorriso, um brilho fresco iluminou seu rosto; e eis que era a morte.

De Life to Life.

71.

ANNE ASKEW
(1546)

Por ter aderido à fé protestante, seu marido expulsou-a de casa violentamente, embora ela fosse mãe dos dois filhos dele. Quando ela estava na prisão, um apóstata chamado Shaxton aconselhou-a a se retratar. Ela respondeu dizendo que seria melhor que ele nunca tivesse nascido.

Torturada barbaramente, ela teve os ossos e juntas deslocados. Quando se recuperou após um desmaio, ela pregou aos seus algozes por cerca de duas horas. No dia da execução, foi carregada numa cadeira, porque seus ossos estavam tão deslocados que ela não conseguia mais caminhar.

Depois de amarrada na estaca da fogueira com uma corrente, chegou uma carta na qual o próprio rei oferecia perdão se ela se retratasse. Ela morreu orando pelos seus assassinos, mesmo no meio das chamas. Suas últimas palavras, como uma resposta à oferta de perdão do rei, foram: "Eu não vim aqui para negar o meu Senhor e Mestre".

Dying Words,
de A. H. Gottschall.

72.

"EU ESTOU NO MEIO DA GLÓRIA!"

O bispo Hanby, um dedicado pregador da Igreja dos Irmãos Unidos, começou a chorar um pouco antes da sua morte. Uma filha que estava com ele perguntou-lhe ternamente:

—O que é que aconteceu, papai?

—Estou tão feliz! — foi a resposta. —Minha jornada longa e trabalhosa já está quase no fim; a tarefa da minha vida foi completada com alegria; metade dos meus filhos já está segura no Céu, e eu tenho certeza de que os outros também estarão. Metade já está segura em casa, e a outra metade está a caminho. Mamãe já está lá, e dentro de pouco tempo eu também lá estarei!

Então recitou os seguintes versos:

O Senhor é o meu Pastor,
Nada me faltará;

O que eles DISSERAM

*Agora que Ele é meu,
e eu sou dEle,
Que mais quero eu fazer?*

Depois que desceu e adentrou no rio, de repente gritou para os que ficavam:

—Eu estou no meio da glória!

*Adaptado de um artigo
de From Life to Life.*

73.

"TARDE DEMAIS! TARDE DEMAIS! TARDE DEMAIS!"

Quando eu morava no oeste do Tennessee, conheci muito bem um homem que não temia a Deus nem se importava com os homens. Ele considerava um insulto à sua dignidade que alguém lhe falasse a respeito de religião. Na verdade, agredira alguns que tiveram a ousadia de lhe falar a respeito da salvação da sua alma. Apesar de possuir abundância de bens terrenos, a mim me parecia ser o homem mais infeliz que eu tinha visto.

Quando esse homem estava morrendo, sua irmã, em prantos, pediu ao seu marido, que também era um homem muito rude, que fosse buscar meu tio para orar pelo seu irmão. É claro que o meu tio atendeu ao pedido, e quando ele entrou no quarto, o moribundo recebeu-o com as seguintes palavras:

—Agora eu sei e compreendo que estou condenado ao inferno. *Ore por mim!*

Meu tio fez o que pôde. Eu estava junto, e enquanto meu tio estava orando e cantando, procurei manter a mente do homem no Senhor, falando com ele.

Entretanto, era tudo inútil, e o pobre homem continuou advertindo todos os presentes que não vivessem como ele viveu e finalmente que não mergulhassem no inferno do diabo. Na hora final, voltou o rosto para a parede e gritou seu terrível lamento:

—*Tarde demais! Tarde demais! Tarde demais!*

J. Earnest de Searcy, Arkansas.
De Dying Testimonies,
de S. B. Shaw.

74.

OLIVER CROMWELL

*"O diabo está pronto para nos seduzir,
e eu já fui seduzido."*

75.

ME

Me era um velho guerreiro cego das ilhas dos Mares do Sul. Era dono de uma plantação em que cultivava batata-doce e banana, mas, quando adoeceu, outros lhe tomaram a propriedade. Um missionário encontrou-o sozinho e sofrendo dores atrozes de fome, mas ele disse:

—Eu não estou sozinho, pois recebo frequentes visitas de Deus. *Deus e eu estávamos conversando quando você chegou.*

> *As duas seleções anteriores são de Dying Words, de A. H. Gottschall.*

76.

UMA PASSAGEM VITORIOSA

"Vejo vocês amanhã de manhã."

Estas foram as últimas palavras, confiantes e sorridentes, que William G. Roll disse para mim pouco antes de passar do Tempo para a Eternidade.

Embora estivéssemos relutantes em deixá-lo ir, esperando que o Senhor pudesse deixá-lo permanecer entre nós por mais algum tempo, ele havia sussurrado:

—Meu corpo está cansado; eu gostaria de ir para casa. — Então, com um brilho do seu sorriso encantador, ele repetiu a sua despedida —: *Vejo vocês amanhã de manhã.*

Naquelas poucas palavras, havia um mundo de fé, confiança, esperança, uma quase pressa em ir embora para se encontrar com o seu Salvador. Não havia nenhuma incerteza, nenhum temor, somente uma paz de raízes bem profundas e uma confiança ilimitada.

Também não havia lágrimas ou remorsos. Sua vida a serviço de Deus e sua passagem triunfante deste mundo para o outro possuem o sabor das palavras do apóstolo Paulo: "Combati o bom combate, terminei a carreira, guardei a fé...".

Pela primeira vez na história da Adhonep (Associação de Homens de Negócio do Evangelho Pleno), a Eternidade estendeu as mãos para abraçar um membro da nossa Diretoria Internacional. Temos um grande sentimento de perda. Vamos sentir falta da sua voz em nossas reuniões, sua fé firme e inabalável nos dias difíceis, suas orações e petições a Deus em favor da Adhonep e do seu trabalho. Mas que maravilha de recepção para ele!

Nosso irmão Roll contribuiu mais que qualquer outro homem para construir a estatura verdadeiramente internacional da Adhonep. Durante muitos anos, como representante diplomático do governo dos Estados Unidos em muitos países, ele abriu inúmeras portas em várias nações, através das quais pudemos levar o evangelho a áreas que de outra maneira não nos receberiam.

Embora a sua voz terrena agora esteja silenciosa, ele ainda nos fala pela lembrança da sua fé e do seu serviço.

Demos Shakarian,
A Voz da Adhonep,
março de 1967.

77.

PHILIP MELANCHTHON (1799)

Apena rápida de Philip Melanchthon, seu pensamento claro e seu estilo elegante fizeram dele o escriba da Reforma. Suas últimas palavras conhecidas, em resposta a uma pergunta do seu genro sobre se ele queria alguma coisa, foram: "'O mundo não o conheceu. Mas, a todos quantos o receberam, deu-lhes o poder de serem feitos filhos de Deus, a saber, aos que creem no Seu Nome'. *Nada mais quero a não ser o Céu,* por isso não me perturbe mais".

Dying Words,
de A. H. Gottschall.

78.

"MEU SENHOR ME CHAMA; VOU PARA CASA – TUDO BEM!"

David Nelson, conhecido clérigo presbiteriano, nasceu em 24 de setembro de 1793. Em 1810, ele se formou no Washington College, Virginia, e por alguns anos praticou a medicina. Vários desses anos foram vividos como cirurgião no Exército dos Estados Unidos, e foi durante esse período que ele se tornou um incrédulo.

Pela providência de Deus, entretanto, seus olhos se abriram, e ele foi salvo do seu "refúgio de mentiras". Emocionado com a nova fé e o amor por Deus, o Sr. Nelson começou a pregar na primavera de 1825. Cinco anos muito úteis a serviço do Senhor em Tennessee e Kentucky foram coroados pela chamada de Deus para ir ao Missouri e lá fundar o Marion College. Ele foi o primeiro presidente dessa escola e ocupou o cargo durante 6 anos.

Em 1836, abriu uma escola de treinamento de missionários e nos anos seguintes escreveu seu livro muito conhecido *The Cause and Cure of Infidelity* (A causa e a cura da Infidelidade).

O Sr. Nelson morreu em 1844, e suas últimas palavras foram: "Meu Senhor me chama; vou para casa. Tudo bem!".

Dying Testimonies,
de S. B. Shaw.

79.

FRANCIS BACON

Lord chanceler da Inglaterra

"A vida mais doce deste mundo é piedade, virtude e honestidade."

80.

LORD BACON (1626)

Um dos grandes homens da Inglaterra
— filósofo e estadista

*"Tuas criaturas, ó Senhor,
têm sido os meus livros, mas muito mais as
Tuas Sagradas Escrituras."*

81.

EDWARD AUGUSTAS (1820)

Duque de Kent, pai da rainha Vitória

Diante da perspectiva da morte, seu médico esforçou-se para suavizar sua mente, tentando lembrá-lo de sua conduta honrada. O duque o interrompeu, dizendo:

—Não. Lembre-se de que, para eu ser salvo, não pode ser como um príncipe, e sim como um pecador.

*Os três últimos testemunhos
são de Dying Words,
de A. H. Gottschall.*

82.

"EU VOU MORRER. GLÓRIA A DEUS E AO CORDEIRO PARA SEMPRE!"

*Estas foram as últimas palavras da piedosa
Ann Cutler, uma das obreiras de John Wesley,
em quem ele confiava muito. Ela se converteu
pelo trabalho do famoso William Bramwell,
que escreveu o seguinte relato.*

Ann Cutler nasceu perto de Preston, em Lancashire, Inglaterra, no ano de 1759. Até os 26 anos de idade, embora muito firme na sua moral e muito séria no seu comportamento, ela nunca havia entendido o método de salvação por meio de Jesus Cristo. Foi então que pregadores metodistas locais visitaram seu bairro. Depois de ouvir um deles, ela se convenceu do pecado e, daquele momento em diante, esforçou-se ao máximo para obter misericórdia.

Em pouco tempo, ela recebeu perdão, e a sua nova vida logo evidenciou a bênção que ela estava usufruindo. Não demorou muito, entretanto, para que tivesse um discernimento mais claro da situação do próprio coração e, apesar de reter sua confiança no perdão recebido, sentiu a necessidade do amor perfeito. Ao ouvir sobre a doutrina da santificação, e crendo que a bênção deve ser recebida pela fé, ela esperou uma libertação instantânea e orou pedindo poder para crer. Sua confiança aumentou até que ela pôde dizer: "Jesus, tu vais limpar-me de *toda* a injustiça!".

No mesmo ano em que ela obteve misericórdia (1785), o Senhor disse: "Eu o farei, sê limpa". Ela mergulhou, então, na humildade, no amor e na total dependência de Deus. Por essa época, sua oração era: "Jesus, tu sabes que eu te amo de todo o meu coração. Eu preferiria morrer a entristecer o Teu Espírito. Não posso expressar quanto eu te amo, Jesus!". Depois dessa mudança, algo de notável apareceu no seu rosto — havia um sorriso de doce serenidade. Foi notado por muitas pessoas como um reflexo da natureza divina, e isso aumentou até a época da sua morte.

Em poucos meses, ela sentia o desejo intenso pela salvação de pecadores e, muitas vezes, chorava em particular, derramando-se diante de Deus em súplicas pelo mundo em geral. Frequentemente dizia: "Sinto que preciso orar; não posso sentir-me bem a não ser que clame pelos pecadores. Não quero qualquer tipo de louvor — quero somente que almas sejam levadas ao Senhor. Apesar de a maioria me censurar, não posso fazer isso para ser vista ou ouvida pelos homens.

Vejo o mundo correndo para a destruição e sinto uma carga que me leva a derramar minha alma para Deus em favor dos homens".

Sua grande devoção a Deus é evidenciada no seguinte relato da sua doença e morte feito pela Sra. Highfield:

> Tentarei contar a vocês algumas particularidades sobre a morte de Ann Cutler. Enquanto morava conosco, parecia ser seu costume diário dedicar-se totalmente, de corpo e alma, a Deus. Ela veio para Macclesfield muito fraca, por causa de um forte resfriado, no dia 15 de dezembro. Como era nossa noite de pregar, ela sentiu um desejo muito grande de participar de uma reunião de oração. Eu lhe disse que a pregação terminaria por volta das oito da noite, e só aí começariam as classes, portanto não seria conveniente.
>
> Mas ela era muito insistente e disse que não ficaria feliz se não houvesse uma reunião de oração. "Não vou ficar muito tempo aqui, por isso quero aproveitar toda oportunidade de fazer alguma coisa para Deus — o tempo é curto".
>
> Sabendo que ela tinha um talento incomum para clamar pelas almas que estavam se aproximando de Deus, juntamos um pequeno grupo delas, para as quais ela foi uma grande bênção.
>
> Poucos dias antes de sua morte, ela disse: "Está chegando a hora de Jesus me levar para casa. Creio que dentro de pouco tempo não terei mais nada a ver com este corpo de barro. E como serei feliz então, quando

puder lançar a minha coroa diante do Senhor, *perdida em admiração, amor e louvor!'*

Por volta das sete da manhã, o médico e todos nós que estávamos ao seu redor pensamos que ela tinha morrido, mas, para nossa grande surpresa, ela continuou em estado de inconsciência até o período entre dez e onze horas. Então, ergueu-se e olhou ao redor, falando num tom que mal dava para ser ouvido. Ela parecia muito sensata e perfeitamente tranquila, mas suas forças praticamente chegavam ao fim.

Finalmente, por volta das três da tarde, olhou para seus amigos e disse: *"Eu vou morrer"*, e completou: *"Glória a Deus e ao Cordeiro para todo o sempre!"*. Estas foram as suas últimas palavras. Em seguida, seu espírito deixou este vale de miséria.

Dying Testimonies,
de S. B. Shaw.

83.

A MORTE TRISTE DE UM HOMEM PERDIDO

No Texas, vivia um rico fazendeiro, filho de um pregador metodista com quem o escritor estava bem relacionado. Ele era muito respeitado na comunidade na qual vivia e era bondoso e benevolente. Contudo, tinha um grande defeito: era muito profano. Ele era capaz de pronunciar as blasfêmias mais horríveis sem, aparentemente, a menor das provocações.

Lembro-me de tê-lo visto diversas vezes profundamente convencido durante reuniões de avivamento. Certa ocasião, quando poderosamente convencido, numa campanha ao ar livre, ele disse que se sentiu assustado de repente e quis fugir daquele local. Em outra ocasião, estava convencido, mas recusou-se a se entregar a Cristo.

Pouco tempo depois, adoeceu subitamente e morreu em três dias. Eu estava com ele nos seus últimos momentos.

Parecia ter sido totalmente abandonado pelo Senhor desde o começo da sua doença. Os remédios mais poderosos não fizeram efeito algum sobre seu organismo, e exatamente quando o sol se levantava em todo o seu esplendor sobre as colinas do lado leste em um bonito domingo, ele morreu — em terrível agonia.

Durante toda a noite anterior, ele sofreu torturas físicas e mentais indescritíveis. Ofereceu aos médicos todos os seus bens terrenos se eles pudessem salvar sua vida, mas era muito teimoso e não reconhecia que tinha medo da morte, a não ser uns poucos momentos antes de morrer. Então, de repente, ele começou a olhar para um vazio na sua frente. Horrivelmente surpreso e assustado, ele exclamou: *"Meu Deus!"*.

A expressão indescritível do seu rosto nessa ocasião, junto com o tom desesperado no qual pronunciou essas últimas palavras, fez cada coração tremer. Sua esposa gritou e pediu a um dos irmãos que orasse por ele, mas o irmão estava tão aterrorizado que saiu correndo do quarto. O moribundo continuou com os olhos abertos num estupor sinistro, a boca bem aberta, até que, por fim — com um gemido cavernoso:

Como uma torrente com força rápida,
A morte levou o miserável embora.

Seu filhinho de três anos, o ídolo do coração do pai, ficou transtornado de tristeza. Esse menino, na época tão inocente, cresceu, tornou-se um jovem mau e teve uma morte horrível.

Como é sério pensar que no inferno há milhões de pais e filhos, mães e filhas, maridos e esposas — desesperadamente perdidos.

Compreendendo que o estado futuro daqueles que não conhecem a Deus nunca abaterá a sua fúria, mas — de acordo com a lei natural do pecado, da degradação e miséria — ficará cada vez pior e mais furioso à medida que as eras negras da eternidade surgirem de reinos mais escuros ainda.

Nós nos voltamos para o alívio do Homem de Dores, *que provou a morte em favor de cada homem*. Então, voltamo-nos para a bela Cidade, cujo arquiteto e construtor é Deus, e para o êxtase dos glorificados que brilharão como as estrelas para todo o sempre. Sendo assim, com renovados esforços, continuamos com gratidão a desenvolver a nossa salvação e a dos outros, com temor e tremor.

The Ambassador

84.

M. HOMEL (1683)

Quase todos os ossos do seu corpo foram quebrados com a barra de ferro da roda sobre a qual ele foi torturado durante quarenta horas, antes que o carrasco lhe aplicasse um golpe mortal no peito.

Antes de morrer, ele disse: "Adeus, minha querida esposa. Eu sei que suas lágrimas e seus constantes suspiros a impedem de vir me dizer adeus. Não se preocupe com esta roda sobre a qual eu devo morrer. Ela é para mim uma carruagem triunfal que vai me levar para o Céu. Mais uma vez, adeus, minha muito amada esposa. Estou esperando você. Mas saiba que, embora você veja os meus ossos quebrados em pedaços, minha alma está repleta de alegrias inexprimíveis — *eu vejo o Céu aberto e Jesus com os Seus braços estendidos!*".

Dying Words,
de A. H. Gottschall.

85.

A MARAVILHOSA REVELAÇÃO DE JOHN OXTOBY

John Oxtoby, um dos grandes nomes do metodismo, foi realmente convertido a Cristo em 1804, depois de dissipar muitos anos da sua vida no pecado. Logo após a sua conversão, começou a pregar o evangelho, e milhares de vidas foram transformadas como resultado do seu ministério. Seu biógrafo, Harvey Leigh, apresenta seguinte o relato.

Os trabalhos de John Oxtoby deixaram um efeito permanente por causa do poder extraordinário do Espírito que estava presente em suas palavras. Raramente ele abria a boca, quer pregando, quer orando, ou numa conversação pessoal, sem que as pessoas a quem ele se dirigia não sentissem a força daquela unção.

Com frequência, durante sua pregação, muitas pessoas literalmente caíam ao solo clamando por misericórdia, sob os mais fortes temores em razão do seu pecado e do perigo em que se encontravam. Outras, que com grande dificuldade conseguiam fugir para casa, eram impelidas a mandar chamar Oxtoby ou outros para orar por elas antes que ousassem tentar dormir. E, por mais estranho que pareça, algumas caíam de joelhos quando se dirigiam para suas casas, e outras caíam no próprio trabalho sob o efeito das suas pregações e orações.

Durante todo o tempo da doença que lhe trouxe a morte, ele teve uma experiência gloriosa do favor de Deus. Ele recebeu um batismo do Espírito Santo com tal veemência que a sua alma ficou cheia de paz e alegria indizíveis. Ele se aproximou do vale da morte como se...

A oração fosse a sua única tarefa,
E o louvor, todo o seu prazer.

Um pouco antes de sua partida, disse:
—Foram muito grandes as consolações do Senhor durante os anos da minha vida. Contudo, todas as manifestações que recebi *nada* são comparadas àquelas que sinto agora.

Para sua irmã, disse:

—Ó, o que eu vi! Tal visão que eu não posso descrever. Havia três figuras brilhantes ao meu lado, cujas vestimentas eram tão brilhantes e os rostos tão gloriosos que eu nunca vi antes algo que se compare!

Sua oração na hora da morte foi: "Senhor, salva as almas — não as deixes perecer". Logo depois, ele gritou em triunfo santo:

—Glória, glória, glória! — e imediatamente voou para o alto.

De Shining Lights.

86.

"SALVE-ME! ESTÃO ME PUXANDO PARA BAIXO! PERDIDA, PERDIDA, PERDIDA!"

O seguinte relato refere-se a uma jovem que, sob forte convicção de pecado, deixou de ir a uma reunião de avivamento para participar de um baile, organizado por um grupo de incrédulos com o objetivo de atrapalhar a reunião. Ela apanhou um forte resfriado no baile e, pouco depois, estava no seu leito de morte.

Quando um pastor local visitou-a, ela friamente recusou seus esforços para aconselhá-la dizendo:

—Sr. Rice, estou no pleno uso das minhas faculdades mentais. Digo hoje para todos vocês que eu não quero ser cristã. Eu não quero ir para o Céu, nem iria se pudesse. Prefiro antes ir para o inferno a ir para o Céu; não há necessidade de manter fechados os portões.

—Mas você não quer ir para o inferno, não é, Jennie? — implorou o pastor.

Foi aí que ela desmoronou e respondeu:

—Não, Sr. Rice. *Antes eu nunca tivesse nascido!* Estou sofrendo *agora* a agonia dos perdidos. Se ao menos eu pudesse fugir de Deus, mas não, não consigo deixar de vê-lo e ser vista por Ele. Como eu O odeio, n*ão consigo deixar de odiá-lo!* Eu afugentei o Seu Espírito com o meu coração, quando Ele ia enchê-lo com o Seu amor; e agora eu fui abandonada à minha natureza má; entregue ao diabo para minha eterna destruição. Minha agonia é indescritível! Como é que poderei suportar os tempos infindáveis da eternidade? O terrível sentimento da *eternidade!*

Quando o Sr. Rice perguntou-lhe como ela chegara a esse estado desesperador, a moça respondeu:

—Foi naquela noite de sexta-feira, no último inverno, quando eu deliberadamente deixei de ir à reunião para participar do baile. Lá, eu me senti muito triste porque meu coração era sensível, quase não conseguia evitar as lágrimas. Apesar disso, fiquei irritada ao pensar que o meu *último* baile, de alguma maneira eu senti isso, era estragado por esses sentimentos. Aguentei isso até que me senti com raiva; então, com todas as minhas forças *eu lancei a influência do Espírito Santo para longe de mim.* Foi nessa ocasião que eu senti que Ele tinha me deixado para sempre. Eu sabia que tinha feito algo terrível, mas estava feito. Desde esse momento, eu não tenho mais o desejo de ser cristã; antes, tenho mergulhado gradativamente numa escuridão cada vez mais profunda e num desespero cada vez mais amargo. E agora, tudo ao meu redor, acima e abaixo de mim, são nuvens impenetráveis de escuridão. Que terrível melancolia; quando isso acabará?

Então ela se deitou e ficou imóvel, como se estivesse morta, durante um curto período de tempo. Finalmente, levantou um pouco a mão, com os lábios tremendo como se sentisse a agonia da morte. De repente, seus olhos se abriram num olhar fixo e horrendo, e ela soltou um gemido de desespero que gelou o coração dos que ali estavam.

—*Que horror!* — disse ela num sussurro.

Voltando-se para o Sr. Rice, ela disse:

—Volte para casa agora, mas retorne esta noite. Não quero que o senhor ore por mim. Não quero ser atormentada pelo som de uma oração.

Por volta das quatro horas, ela perguntou as horas e, quando lhe disseram, exclamou:

—Como custa passar o tempo. Este dia parece interminável. *Como* vou suportar a eternidade? — Uma hora depois, disse de novo —: Como se arrasta o tempo. Por que eu não posso deixar de existir?

Naquela noite, ela chamou o Sr. Rice novamente. Quando ele se aproximou de sua cama, ela disse:

—Quero que o senhor pregue no meu enterro. Advirta todos os meus jovens amigos... Lembre-se de tudo o que eu lhe contei e use as minhas palavras.

—Como eu posso fazer isso? Jennie, como eu gostaria que você fosse uma boa moça cristã e tivesse uma esperança de vida eterna.

—Sr. Rice, não quero ouvir nada a respeito disso. Não quero ser atormentada por esse pensamento. Estou completamente desesperançosa, meu tempo está chegando ao fim;

meu destino já está estabelecido eternamente! Estou morrendo sem esperança porque ofendi o Espírito Santo de uma maneira brutal. Ele me deixou sozinha para mergulhar na noite eterna. Ele não podia mais ficar comigo e conservar Sua honra e Sua dignidade divinas.

Pouco depois, ela começou a se debater na agonia da morte. Ela disse em desespero:

—*Salve-me! Estão me puxando para baixo! Perdida! Perdida! Perdida!*

Um momento depois, ela se recuperou e, com os olhos vidrados, contemplou sua família em prantos e seus amigos ao redor pela última vez. Suas pálpebras desceram um pouco e liberaram uma última lágrima, enquanto ela sussurrou estas palavras estranhas, mas sugestivas:

—Amarrem-me, cadeias de escuridão! Que eu deixasse de ser, mas continuasse a existir!

O espírito fugiu, e Jennie Gordon ficou deitada ali como uma figura de barro sem vida.

De The Unequal Yoke,
de J. H. Miller.

87.

"EU NÃO SABIA QUE ERA TÃO LINDO!"

Hulda A. Rees foi uma evangelista bem-sucedida da Sociedade dos Amigos. Ela nasceu em 15 de outubro de 1855 e viveu somente 42 anos, mas sua vida causou um impacto sobre sua geração.

Víamos a distância que o fim se aproximava, mas não podíamos compreender totalmente a verdade. Não se parecia com o "vale da sombra". Já tínhamos lido a respeito do triunfo dos santos ao se aproximarem do *Rio*, mas com certeza isso ultrapassava tudo sobre o qual já tínhamos ouvido falar. Uma doce resignação a toda a vontade de Deus, uma unção divina na oração, uma ternura santa na exortação e na advertência, uma vitória e uma alegria no meio da fornalha da dor e da agonia!

Muitos visitantes vinham vê-la, e sempre que suas forças permitiam, ela queria recebê-los no seu quarto. Suas palavras sempre estavam cheias de alegria e esperança eterna. Numa ocasião, quando um pastor que ela conhecia havia anos veio visitá-la, ela o saudou com o maior entusiasmo: *"A glória permanece!"*.

Sim, graças a Deus, a glória permaneceu. O evangelho que ela havia pregado para tantos milhares, com vigor e certeza, agora se mostrava verdadeiro e inabalável nessa época de dura provação.

Numa de suas orações, ela disse: "Puseste, Senhor, uma grande gargalhada no meu coração. Glória! Glória seja dada ao Teu nome para sempre! Nenhum mal pode me atingir! Tudo foi transformado em bênção!".

Numa tarde, a família estava toda reunida ao redor dela, quando de repente seu rosto se iluminou como se uma vela tivesse sido acesa sob sua pele transparente. Com um sorriso mais doce e lindo, e um ar distante, como se estivesse olhando para bem longe, ela disse numa voz bem suave e num tom de reflexão:

—Eu não sabia que era tão lindo. — Então, exclamou arrebatadamente —: *Será que a glória do Senhor nasceu sobre mim?* (Isaías 60:1).

Foi assim que essa filha do Altíssimo se aproximou da saída deste mundo. Para ela, realmente o futuro seria como afirmou: "É tudo brilhante e glorioso lá adiante".

Na noite anterior à sua subida, ela tentou cantar:

Não temas, estou contigo;
Oh, não te assustes,
Porque Eu sou o teu Deus,
Ainda te ajudarei.

Mas ela só conseguiu sussurrar as palavras. Seu marido leu todo o hino para ela.

No entardecer de sexta-feira 3 de junho, à medida que a escuridão aumentava ao nosso redor, nós a vimos ir-se embora silenciosamente. Nenhum esforço. Ela nos deixou tão calmamente quanto uma criança que dorme. Sabíamos que ela estava com o Senhor (o Senhor dela e nosso).

De Hulda,
The Pentecostal Prophetess.

88.

OS REMORSOS DE UM MORIBUNDO

Um pastor disse certa vez a um moribundo:
—Se Deus restaurasse sua saúde, você alteraria seu jeito de viver?

O homem respondeu:

—Chamo o Céu e a Terra como testemunhas de que eu trabalharia pela santidade tanto quanto logo terei de trabalhar para me manter vivo. Quanto às riquezas, prazeres e aplausos dos homens, eu os considero como lixo. Se o justo Juiz suspendesse provisoriamente minha sentença e me desse mais um pouquinho de tempo de vida, com que espírito eu usaria o restante dos meus dias! Eu não me preocuparia com outra coisa, não teria outra finalidade na vida, a não ser o meu aperfeiçoamento na santidade. Tudo o que contribuísse para isso, quaisquer meios de graça, qualquer oportunidade de crescimento espiritual, seria mais valioso para mim do que milhares de ouro ou prata. Mas ai de mim! Por que eu me distraio com essas agradáveis imaginações? Minhas melhores intenções são agora inúteis, porque chegam *tarde demais!*

    Essas expressões de profunda preocupação foram emitidas por alguém que estava começando a olhar para esses fatos à luz do mundo eterno, que, afinal de contas, é a luz verdadeira. Aqui estamos nós, nos montículos de terra feitos pelas toupeiras desta vida terrena, de onde não podemos ter uma visão clara do outro mundo. Mas que tal se nós estivéssemos no topo da montanha escura da morte e pudéssemos olhar ao nosso redor — sabendo que, de lá, se os anjos não nos levassem para os Céus, teríamos de dar um pulo para dentro do negrume da escuridão?

Anônimo

89.

"ELE VEIO! MEU AMADO É MEU E EU SOU DELE PARA SEMPRE!"

Thomas Walsh é um grande nome na história do início do metodismo. Pregador e estudioso, dominava não somente seu irlandês nativo, mas também era versado em latim, grego e hebraico. Dizia-se que ele estudou tanto que sua cabeça era uma concordância completa da Bíblia.

Sua alma era uma chama de fogo. John Wesley disse a seu respeito: "Não me lembro de ter conhecido um homem que, com tão poucos anos que viveu na Terra, tenha sido um instrumento para a conversão de tantos pecadores".

A maior parte do ministério de Walsh foi na Irlanda, e os sacerdotes católicos simplesmente não conseguiam entender a extraordinária influência que ele exercia. Pregando nas montanhas, nas estradas, nos campos abertos, em casas particulares, em prisões e navios, ele dominava todos os seus ouvintes com uma espécie de êxtase pleno de uma fé ardente.

Ao morrer, muito jovem, aos 27 anos, ele se tornou repentinamente oprimido por um senso de desespero, chegando até a duvidar da própria salvação. Os sofrimentos de sua mente prolongaram-se e foram muito intensos, mas, por fim, ele se libertou de tudo isso e, quase no fim, exclamou:

—Ele veio! *Ele veio!* Meu amado é meu, e eu sou dele, *para sempre!*

Adaptado de um artigo
em The Great Revival.

90.

"HÁ MUITA LUZ AO MEU REDOR"

*A Sra. Grace Weiser Davis,
notável evangelista do século 19,
escreveu este relato a respeito
do lindo passamento da sua mãe.*

Nos últimos cinco meses, testemunhei os triunfos do poder de Deus, que salva no meio do sofrimento e lança fora todo o medo que traz tormento.

Minha mãe nos deixou em 20 de julho aos 59 anos. Ela e meu pai se converteram pouco antes do meu nascimento, num reavivamento que durou quase um ano. Depois disso, o nosso lar sempre esteve aberto para os ministros do evangelho.

Mamãe costumava oferecer-lhes o melhor que pudesse e, mesmo assim, pedia desculpas por não ser ainda melhor. Centenas podem testemunhar o carinho das suas atitudes.

Quando da sua última doença, nós a trouxemos para Bradley Beach, esperando um prolongamento da sua vida preciosa. Ela estava alegre, fazendo planos para o futuro, e nós relutamos em lhe contar a verdade. Porém, Deus mesmo, gloriosamente, revelou-a a ela. Tanto o médico quanto outros pastores unem o seu testemunho ao meu de que o leito de morte de minha mãe foi o mais glorioso que vimos.

Um dia, ela orou: "Querido Senhor, prepara-me para o país para onde eu vou!". Antes do fim daquele dia, ela estava bradando os louvores a Deus. Dali em diante, ela passou a falar com frequência sobre sua próxima partida, e a sua fé era gloriosamente triunfante.

No domingo, 27 de junho, ela teve um dia de gloriosa exaltação. Disse ela:

—Sempre esperei e confiei em Deus, mas agora eu tenho uma compreensão bem mais completa do que antes. —Todos nós chorávamos, e ela nos disse —: Eu não entendo que isto seja a morte. É a vontade de Deus, e está certo. —Ao médico, disse—: Imagine, doutor, *estar com o Senhor para sempre!*

Depois disso, qualquer pessoa que entrasse no quarto de mamãe teria de ouvi-la falar da glória que estava enchendo a sua alma. Para mim, ela disse:

—Grace, Deus lhe deu dons que poucas pessoas possuem; vamos orar para que Ele faça de você um peso de glória para o mundo. Deus já abençoou você e vai abençoá-la ainda mais.

Uma tarde, ela comentou:

—Estou com saudade do Céu. — E para o médico —: Em alguns momentos, meu caminho pareceu escuro, mas é como uma roda-gigante: sempre volta para um ponto cheio de luz. —Outra frase dela foi esta —: Creio que vou acordar em algum momento e me encontrar num país estranho, para o qual vou ser trasladada.

—Mãe, não será tão estranho. Seu pai e sua mãe, seu marido e seu filhinho estão lá, e nós também estamos a caminho, eu lhe respondi.

Para uma recém-casada, ela disse:

—Você está começando sua vida. Vale a pena começar da maneira certa. Tudo o que você fizer para Deus representa juros compostos, juros *compostos*. Você receberá o pagamento em dobro. Eu comecei a servir ao Senhor no começo da vida, e a Ele consagrei os meus filhos ainda na infância, e todos eles são cristãos, e estou muito feliz.

Quando eu a beijava um dia, ela disse:

—No Céu, nós vamos nos alegrar em Jesus juntas.

Suas palavras favoritas eram: "Bondade e misericórdia certamente me seguirão… e habitarei na Casa do Senhor para todo o sempre", e seu hino favorito, "O Bondoso Salvador. Na noite anterior à sua morte, ela disse:

—*Há muita luz ao meu redor!*

Até o fim ela demonstrou estar de posse de todos os seus sentidos. Ela via, ouvia e entendia. Ajoelhei-me ao seu lado nos seus últimos quinze minutos e lhe disse:

—Mãe, ainda que você ande pelo vale da sombra da morte, não precisa temer mal algum, porque Deus está com você. Certamente, a bondade e a misericórdia a seguirão, e você habitará na casa do Senhor para todo o sempre.

O que eles DISSERAM

Um sorriso de compreensão... Dentro de poucos minutos, ela tomou um fôlego suave e se foi.

Adaptado de um artigo
no The Christian Standard,
10 de julho de 1898.

91.

PHILLIP J. JENKS

Um pouco antes do seu passamento, um amigo lhe perguntou:
—Quão difícil é morrer?
—Eu experimentei mais felicidade em duas horas morrendo hoje do que em toda a minha vida. Sempre desejei poder glorificar a Deus na minha morte, mas nunca pensei que um pobre verme como eu pudesse chegar a uma morte tão gloriosa.

Dying Words,
de A. H. Gottschall.

92.

A MORTE TRIUNFANTE
DE GEORGE EDWARD DRYER

Em Readsburg, Wisconsin, EUA, esse jovem santo de Deus foi para o Céu no dia 1º de fevereiro de 1896. Sua irmã, Senhorita Evaline Dryer Green, escreveu o seguinte.

Prezados leitores, acompanhem-me por alguns instantes enquanto dou uma olhada nas paredes da memória. Vejam! Há tantas coisas escritas lá! Eis uma das histórias, doce e sagrada, quase sagrada *demais* para ser contada; mas enquanto falarmos disso em voz baixa, nosso coração se derreterá, e sentiremos que o Céu está chegando mais perto.

Lembro-me do meu irmãozinho — embora eu fosse uma criança de apenas 4 anos quando ele veio para nossa casa.

Lembro-me muito bem daquele rostinho e daquelas mãozinhas morenas e rechonchudas, quando ele era bem pequenino — e sempre fazendo travessuras. Eu era uma menina frágil, e ele logo me ultrapassou em tamanho. Então vieram aqueles anos maravilhosos de uma doce vida familiar — e mais tarde meus regressos felizes, quando eu voltava da escola onde estudava. Na minha chegada, era sempre George que primeiro abanava as mãos de longe e gritava de alegria. Quase sempre, ele jogava seu chapéu para cima e dava um grito e três grandes vivas que eu adorava ouvir. Nós éramos grandes e leais amigos.

Então aconteceu — aqui eu gostaria de fechar a cortina e esquecer tudo. Ele era tão forte, tão cheio de vida! Mas vamos olhar apenas de relance para aqueles longos meses de sofrimento e nos apressar para o fim. Foram quase dezoito meses de canseira por causa da tosse, e lá estava ele, o quadro do paciente sofredor, dizendo lá do fundo do seu coração:

Adeus, mortalidade — Jesus é meu.
Bem-vinda, eternidade — Jesus é meu!

Geralmente ele me chamava para perto dele e dizia:
—Irmã, o Senhor *realmente* me salvou!
Para o médico, para os meninos de sua idade, os vizinhos e *todos* os que chegavam, ele dava testemunho de como Jesus o salvara completamente.

As últimas horas estavam chegando. Um servo de Deus veio e orou. George orou pelo pai, pela mãe, pelos irmãos e irmãs. Um pouco mais tarde, no fim do dia, um suor frio e mortal tomou conta dele. Pensávamos que ele estava morrendo — o pobre corpo enfraquecido parecia quase acabado —, mas o espírito começou a brilhar ainda mais. Ah, que quadro! A sua fronte marmórea, alta, ambas as faces rubras com uma febre intensa; seus olhos azuis grandes e expressivos que esquadrinhavam atenta e alegremente toda parte ao seu redor e *para cima*.

Então, com o céu iluminando seu rosto, ele levantou aquelas mãos queridas para o alto e disse:

—Anjos estão agora pairando ao nosso redor! Até agora, eu digo como disse na ocasião: "*Ó morte*, onde está o teu aguilhão? *Ó sepultura*, onde está a tua vitória?".

Novamente, ele se voltou para nós — para passar mais uma noite de sofrimento na Terra e mais uma noite trabalhando para Deus e a eternidade. Vigiamos a noite toda, enquanto ele louvava a Deus, frequentemente sussurrando, mesmo em meio a terríveis acessos de tosse:

—*Precioso Jesus!*

De madrugada, ele pediu a uma querida irmã que cantasse "Eu vi um peregrino feliz".

Finalmente, a manhã despontou; uma manhã escura e chuvosa de fevereiro. A luz cinzenta estava começando a surgir quando todos nós nos reunimos ao redor de sua cama. Repetimos textos bonitos e estrofes dos hinos que ele mais amava e o encorajamos até que chegou *à beirada do Rio*. Suas últimas palavras foram:

—Eva, vem para este lado.

Então, com muita paz, ele fechou os olhos e ficou *totalmente imóvel*.

Dying Testimonies,
de S. B. Shaw.

93.

JESSIE

A mãe da pequena Jessie, quando estava morrendo, disse à sua filhinha estas últimas palavras:

—Jessie, *procure Jesus!*

Depois do enterro, Jessie, com seu jeito infantil e simples, começou a atender ao pedido da mãe. A um jovem que estava saindo de um bar e que quase tropeçara nela, ela pediu:

—Por favor, diga-me onde está Jesus.

—Eu não sei, menina! — respondeu ele.

Em outra ocasião, nas suas andanças, ela encontrou uma judia, a quem perguntou:

—Você conhece Jesus Cristo?

A mulher reagiu ameaçadoramente à pergunta e lhe gritou:

—Jesus Cristo está morto!

Até que um dia, quando um menino mau lhe arrebatou o cesto que ela trazia espalhando pela rua o conteúdo, e ela tentava recuperar suas coisas, os cavalos que puxavam um veículo que passava naquele momento a atropelaram. Os médicos disseram que ela não chegaria ao dia seguinte, mas durante a noite ela abriu os olhos, e, de repente, seu rosto iluminou-se com um sorriso alegre. Um pouquinho antes de seus lábios silenciarem na morte, ela disse:

—Ó, Jesus, finalmente te encontrei!

Dying Words,
de A. H. Gottschall.

94.

"VITÓRIA! TRIUNFO! TRIUNFO!"

Últimas palavras de John S. Inskip

O grande evangelista John S. Inskip foi muito usado na obra de levar cristãos que vagavam no deserto da dúvida e do temor para a "terra prometida" do descanso perfeito. Durante muitos anos, ele esteve na liderança do grande movimento *Holiness* nos Estados Unidos. Diz o seu biógrafo: "Os agentes que Deus usa para trabalhos especiais são homens destacados — homens que parecem ser líderes por uma investidura especial; e que imediatamente, pela sua capacidade superior de adaptação, dominam a atenção do público e assumem a sua posição, pelo consenso geral, nas linhas de frente. Um desses líderes foi o Rev. John S. Inskip".

Antes de morrer, ele sofreu muito durante muitas semanas. Numa ocasião, a Sra. Inskip disse:

—Meu querido, a religião foi muito boa quando você foi expulso da casa dos seus pais; foi muito boa nas lutas, provações e incompreensões; foi muito boa no meio de grandes batalhas e quando se chegou a grandes vitórias; *ela ainda vale a pena no meio deste sofrimento tão grande?*

Ele apertou a mão dela e, olhando para o alto com um sorriso abençoado, respondeu:

—Sim, sim! Estou feliz de uma maneira indizível. — Essas palavras foram seguidas de —: Glória! *Glória!*

Durante sua doença, pediu a muitos amigos que cantassem e orassem com ele. Inskip sempre estava alegre, e seu rosto tinha um sorriso radiante e brilhante com a luz de Deus. O último hino cantado no dia da sua partida foi *Com Jesus no Porvir*. Enquanto cantava aquele hino tão lindo e apropriado, o moribundo abraçou sua querida esposa junto ao seu peito e, então, tomando as mãos dela nas suas, levantou-as juntas e, com o rosto brilhante de prazer celestial, gritou:

—*Vitória! Triunfo! Triunfo!* — Essas foram suas últimas palavras na Terra.

Parou de respirar às quatro horas do dia 7 de março de 1884, de forma tão tranquila e pacífica que aqueles que estavam ao seu redor não puderam perceber o momento exato em que ele deixou de viver. Naquele dia, o guerreiro cristão, o pregador de poder, o marido carinhoso, o evangelista mundialmente conhecido foi reunido aos seus pais e descansou da sua lida.

A luta foi travada, a vitória foi ganha,
Finalmente recebes a coroa!

A Vida de John S. Inskip.

95.

CLANDIOUS SALMASIUS (1653)

Conhecido erudito clássico francês

"*Perdi um mundo inteiro de tempo!* Se eu tivesse mais um ano de vida, eu o gastaria perseguindo os Salmos de Davi e as Epístolas de Paulo. Eu me importaria menos com o mundo e mais com Deus."

Dying Words,
de A. H. Gottschall.

96.

"ESTOU ENXERGANDO O VELHO DIABO AQUI NA CAMA COMIGO"

"...como escaparemos nós, se negligenciarmos tão grande salvação?" (Hebreus 2:3)

Certa ocasião, um homem, a quem chamaremos Sr. B., morava em nosso bairro. Ele era inteligente, versátil, tinha uma conversa agradável e tinha muitos amigos. Mas o Sr. B. gostava muito de bebidas fortes e não era nada simpático ao cristianismo. Não frequentava igrejas e zombava da religião. A alguns dos vizinhos, ele chamava de "Diácono fulano", só de brincadeira.

Mas o Sr. B. estava ficando velho. Sua cabeça já embranquecera de tantos invernos, e sua idade já tinha passado havia muito dos 70 anos.

No fim de um dia frio de inverno, com uma tempestade de neve que não nos deixava enxergar coisa alguma, um vizinho veio até nossa casa dizendo que o Sr. B. gostaria de ver meu marido. Sabendo que ele estava doente, meu marido logo atendeu ao chamado. Entrando no quarto do doente, meu marido logo lhe perguntou o que desejava dele.

—Quero que você ore por mim — respondeu.

—Não seria melhor eu ler um capítulo da Bíblia antes?

Ele concordou, e o capítulo escolhido foi o quinto do Evangelho de João. Enquanto era feita a leitura, o Sr. B. dizia:

—Estou enxergando o velho diabo aqui na cama comigo, e ele tira de mim tudo o que você está lendo à medida que é lido. Há pequenos demônios em cada lado da cama.

Depois da leitura, foi feita uma oração por ele, e meu marido insistiu que ele orasse por si mesmo.

—Eu orei por dois dias e duas noites e não consegui resposta — respondeu ele. —Posso derramar lágrimas por um cadáver, mas por esse Jesus não consigo derramar uma lágrima sequer. É tarde demais, *tarde demais!* Há 25 anos, em uma reunião numa tenda perto da minha casa, eu deveria ter entregado meu coração a Jesus. Vejam as águas subirem! — ele gritou. —Vejam o rio subindo cada vez mais alto, e mais alto! Logo, logo ele me cobrirá e eu irei embora.

O quarto estava cheio de companheiros de velhos tempos; nenhum deles falou. Parecia que o medo havia tomado conta de todos, e um deles disse depois:

—Eu nunca acreditei no inferno antes, mas acredito agora. Que terrível!

O Sr. B. viveu muito pouco depois disso. Morreu como tinha vivido: um estranho para Jesus, sem nenhuma esperança em Seu sangue purificador.

Sra. E. A. Rowes.

97.

FILIPE III (1285)

Rei da França

*"Que prestação de contas
devo apresentar a Deus! Como eu gostaria de
ter vivido de maneira diferente."*

Dying Words,
de A. H. Gottschall.

98.

"ESTOU PRONTO, PORQUE ESTE TEM SIDO O SEU REINO"

*Por gentileza do Dr. L. B. Balliett,
médico, relatamos aos nossos leitores
o seguinte incidente.*

Um jovem ferido estava morrendo em um dos nossos hospitais durante a Guerra Civil. Compreendendo que o fim se aproximava, uma enfermeira cristã lhe perguntou:

—Você está preparado para se encontrar com o seu Deus, meu jovem?

Os olhos grandes e escuros abriram-se vagarosamente, e um sorriso passou pelo rosto do jovem soldado quando ele respondeu:

—Eu estou pronto, minha senhora, porque *este* tem sido o Seu reino. —Enquanto falava, ele colocou a mão sobre o coração.
—Você quer dizer— perguntou a enfermeira com gentileza — que Deus governa e reina no seu coração?
—Sim! — sussurrou o jovem, e então morreu. Sua mão ainda estava sobre o seu coração quando este cessou de bater.

Dying Testimonies,
de S. B. Shaw.

99.

ANDRONICUS (393)

O mártir Andronicus, depois de preso, foi cruelmente flagelado, e suas feridas foram esfregadas com sal. Mais tarde, ele foi novamente torturado e então jogado às feras e ainda posteriormente morto à espada.

"Façam o pior que vocês puderem. Sou cristão. Cristo é a minha ajuda e o meu sustento, e assim armado nunca servirei aos deuses de vocês — tampouco temo a sua autoridade nem a autoridade do chefe de vocês, o imperador. Comecem com as suas torturas quando quiserem. Usem todos os meios que a maldade de vocês conseguir inventar e descobrirão no fim que não é possível me afastar nem um pouco da minha decisão!"

Dying Words,
de Gottschall.

100.

FRANCES E. WILLARD

No dia 17 de fevereiro, o último dia que Deus nos permitiu tê-la conosco, a Sra. Hoffman, secretária nacional da nossa sociedade, entrou no quarto por um instante. A Srta. Willard parecia inconsciente, mas quando a Sra. Hoffman pegou suavemente a mão dela, ela olhou e disse:

—Ah, é Clara; boa Clara! Clara, eu estive furtivamente com a mamãe, e é o mesmo mundo maravilhoso e o mesmo povo. Lembre-se disto: *é exatamente o mesmo.*

Alguns momentos depois, chegou uma carta da querida Lady Henry, uma mensagem de terna solicitude e amor. Enquanto eu lia aquelas preciosas palavras, ouvi a sua voz:

—Quão doce, quão lindo, bom; *bom!*

Tão calma como um bebezinho nos braços da mãe, ela adormeceu e, embora nós não o soubéssemos, "o orvalho da eternidade logo, logo cairia sobre a sua fronte. Ela tinha chegado à fronteira deste mundo resguardado com cortinas".

Ela voltou a falar conosco só mais uma vez. Perto do meio-dia, aquela mão pequena, branca, delicada — aquela mão ativa e eloquente — levantou-se num esforço para apontar para cima, e ouvimos pela última vez nesta Terra a voz que, para milhares, a tantos ultrapassou no seu poder magnético e na sua maravilhosa doçura.

Ela deve ter captado alguns vislumbres do outro mundo pelo qual tanto anelava, porque disse num tom do mais alto contentamento:

—*Como é lindo estar com Deus!*

Quando caía o crepúsculo, também desaparecia a esperança no nosso coração, porque vimos que logo a glória completa de outra vida despontaria no "horizonte terreno" da nossa querida. Ajoelhadas ao redor da sua cama, com as enfermeiras fiéis que também aprenderam a amar sua paciente como a uma irmã, ficamos observando silenciosamente enquanto a vida eterna, a vida mais abundante, chegava à sua plenitude para essa alma querida. Para ela, o desejo mais ardente desde a sua juventude (de que ela pudesse ir, não como uma camponesa a um palácio, mas como uma filha à casa do Pai) estava prestes a se concretizar.

As horas se passaram vagarosamente sem que ela demonstrasse qualquer reconhecimento dos entes queridos ao seu redor. Então, um intenso olhar para cima com aqueles olhos azuis celestiais, alguns suspiros cansados, e, à meia-noite, Frances Willard...

A UM PASSO DA ETERNIDADE

Nasceu para a beleza
E nasceu para o desabrochar,
Vencedora imortal
Sobre a morte e a sepultura.

Adaptado de A Bela Vida
de Frances E. Willard.

101.

PASTOR SAMUEL PIERCE (1799)

"Bendito seja o nome daquele que derramou Seu sangue por mim! Agora percebo plenamente o valor da religião da cruz. É uma religião para um *pecador* moribundo. É tudo o que pode desejar aquele que é o mais culpado e o mais miserável de todos.

"Sim, eu provo a sua doçura e me alegro na sua plenitude, mesmo que esteja com toda a tristeza de um leito de morte diante de mim. Pois prefiro ser a pobre e emagrecida figura que agora sou a ser um imperador com todos os bens terrenos, mas sem Deus."

102.

MORTE SÚBITA

Certa vez, durante uma reunião de oração, minha atenção foi despertada por uma senhora não convertida que lá estava e parecia estar zombando. O pastor responsável pela reunião observou que, como um vigia sobre os muros de Sião, ele sentia que havia perigo para alguém ali presente. Ele não conseguia entender por que estava impressionado com aquele pensamento e repetiu que precisava insistir em dizer que havia perigo, que alguém precisava ser salvo ali mesmo naquele exato momento.

Aquela senhora incrédula ficou completamente distraída e despreocupada com as observações do pastor e sorriu quando o ministro apertou-lhe a mão no final da reunião. Entretanto, no momento em que ela se preparava para sair do templo, sentiu-se muito mal. Tal foi a natureza do seu mal-estar que ela não pôde ir para casa, tampouco ser transportada por amigos. Tudo quanto era possível para aliviar sua condição foi feito, mas, em menos de uma hora, ela passou para a eternidade.

Antes de morrer, ela desarranjou violentamente seu penteado, jogou fora os enfeites inúteis que a adornavam — que eram seu orgulho — e erguendo as mãos gritou bem alto por misericórdia:

—*Ó, Senhor, tem misericórdia de mim! Ó, Senhor, me ajuda!*

Nessa angústia de corpo e alma, ela passou para a eternidade sem deixar qualquer esperança para aqueles que ficaram olhando para o seu corpo moribundo.

Essa triste experiência é uma ilustração dramática do perigo de adiar o dia e a hora da salvação. "...porque à hora em que não cuidais, o Filho do Homem virá" (Lucas 12:40).

Julia E. Strail,
Portlandville, Nova Iorque.

103.

JOÃO HUS — FAMOSO MÁRTIR DA BOÊMIA

O grande reformador e mártir da Boêmia, João Hus, nasceu em 1369. Ele foi queimado na fogueira como herege, em Constância, na Alemanha, em 6 de julho de 1415.

Quando chegava ao local da execução, ele orou: "Nas Tuas mãos, ó Senhor, entrego meu espírito. Tu me redimiste, ó Deus bondoso e fiel. Senhor Jesus Cristo, assiste-me e ajuda-me de tal modo que, com a mente firme e lúcida, pela Tua graça mais poderosa, eu possa suportar esta morte tão cruel e ignominiosa à qual fui condenado por pregar a verdade do Teu santíssimo Evangelho".

Quando a pilha de lenha chegou ao seu pescoço, o duque da Bavária pediu-lhe que se retratasse.

—Não! — disse Hus — eu nunca preguei qualquer doutrina de tendência para o mal, e *o que eu ensinei com os meus lábios, eu agora selo com o meu sangue.*

Então, os feixes de lenha foram acesos, e o mártir cantou um hino tão alto que pôde ser ouvido acima do crepitar das chamas.[7]

Dying Testimonies,
de S. B. Shaw.

---

[7] Também está registrado que Hus disse: "Vocês podem cozinhar o ganso hoje, mas Deus levantará um ganso macho, o qual vocês nunca poderão assar!". Hus, na língua boêmia, significa "uma gansa", ao passo que Lutero é derivado em alemão de uma palavra que significa "ganso macho". Luteroainda nem tinha nascido naquela época. —*William Booth Clibborn.*

104.

WILLIAM PITT (1778)

Estadista inglês e primeiro conde de Chatham

"Assim como outros homens, tenho negligenciado tanto os assuntos espirituais a ponto de não ter nenhuma base de esperança que possa ser eficaz num leito de morte. Apesar disso, entrego-me agora à misericórdia de Deus pelos méritos de Cristo."

Dying Words,
de A. H. Gottschall.

105.

PROBUS (303)

Acusado de ser cristão, ele foi açoitado até ficar coberto de sangue, foi acorrentado e entregue à prisão. Alguns dias depois, ordenaram-lhe que sacrificasse aos deuses pagãos.

"Eu venho mais bem preparado do que antes, pois o que sofri apenas fortaleceu minha resolução. Empreguem toda a sua força sobre mim, e vocês verão que nem vocês, nem o imperador, nem os deuses que vocês servem, nem o diabo — que é o pai de vocês — me compelirá a adorar ídolos!"

Depois de muito mais torturas e encarceramento, finalmente foi morto à espada, mas sua resolução persistiu firme até o fim.

Dying Words,
de A. H. Gottschall.

106.

SALVOU AS APARÊNCIAS, MAS PERDEU SUA ALMA

Um jovem chamado Smith foi visto assistindo com interesse a uma reunião de oração durante um acampamento em Rootstown, Ohio. Um dos ministros notou seu interesse e lhe falou a respeito da salvação. Seus olhos encheram-se de lágrimas, e ele pareceu inclinado a buscar a Cristo.

Um de seus companheiros perversos, no entanto, percebendo isso, interrompeu:

—Smith, não seja bobo!

O pobre Smith não pôde resistir a tal pressão. Secando as lágrimas, ele se virou e saiu. Ficou perambulando pelo acampamento até que a reunião terminou, e então partiu com seus companheiros. Eles debocharam de seus sentimentos. Para mostrar-lhes que não tinha os sentimentos que eles supunham, ele começou a maldizer e blasfemar de uma maneira horrorosa, fazendo a maior zombaria das coisas religiosas.

De repente, um galho enorme de uma árvore caiu sobre ele, e sem um minuto de advertência — e com uma maldição em sua língua — ele foi levado à presença de Deus, a quem estivera blasfemando.

Rev. Thomas Graham.

107.

JONATHAN RAINE (1773)

"A condescendência do Todo-poderoso e o indescritível amor que enche o meu coração!"

Dying Words,
de A. H. Gottschall.

108.

"VOCÊ PREFERE ME DEIXAR MORRER E IR PARA O INFERNO A PERMITIR QUE UM NEGRO ORE POR MIM"

Em 1860, o Sr. H., um rico fazendeiro da Carolina do Sul, Estados Unidos, aproximava-se de sua hora final. Ele tinha feito deste mundo o seu deus e usado sua influência e seu poder econômico contra o cristianismo. Quando chegou aos momentos finais, sentiu que era um homem arruinado e pediu à esposa, tão ímpia quanto o marido, que orasse por ele. A resposta dela foi:

—Eu não posso fazer isso, eu não sei como. Eu nunca orei na minha vida.

—Bem, chame alguém que seja cristão para orar por mim, disse ele.

Ela perguntou:

—E a quem devo mandar buscar?

—Mande imediatamente chamar Harry, o cocheiro; ele é um homem de Deus — respondeu ele.

—Não, eu nunca faria isso — retrucou ela. —Seria uma infâmia permanente ter um *negro* orando por você nesta casa.

—Então, você prefere me deixar *morrer e ir para o inferno* a permitir que um *negro* ore por mim!

E assim foi.

"A soberba precede a ruína, e a altivez do espírito, a queda" (Provérbios 16:18).

Rev. E. G. Murrah,
em Dying Testimonies.

109.

"AGORA POSSO MORRER FELIZ!"

Uma jovem ganha seu amado para Cristo em seus últimos momentos de vida.

Addie Asbury estava morrendo. O médico disse que ela não viveria muito mais, talvez uns poucos minutos. Ela chamou seus amigos para rodearem sua cama e despediu-se de cada um deles, pedindo-lhes que a encontrassem no Céu.

De repente, ela abriu os olhos e disse:

—Eu quero ver o Tom.

Ela fora noiva de Tom por vários anos e não se casara com ele porque não era cristão. Quando lhe disseram que ele não estava lá, ela insistiu dizendo que tinha um recado para ele, e eles a tranquilizaram dizendo que mandariam chamá-lo.

Sabendo que ela viveria por pouco tempo e que Tom morava bem longe dali, seus amigos duvidavam que ele chegasse antes de ela morrer. Parecendo ler seus pensamentos, ela disse:

—O Deus a quem amei e servi pode manter-me aqui até que ele chegue. Eu tenho um recado para ele; então, por favor, vão chamá-lo imediatamente.

Nós fomos buscá-lo, e mesmo passando-se uma hora até a nossa volta, ela ainda estava viva e esperando ansiosa. Imediatamente, ela voltou-se para ele e tomou suas mãos, dizendo:

—*Tom, eu quero que você seja cristão.* Eu vou deixá-lo e quero saber, antes de partir, que você é um filho de Deus.

—Mas, Addie, eu não posso dizer que sou cristão se não sou. Eu gostaria de ser, mas não sou — disse ele.

Então, ela pegou a Bíblia e mostrou-lhe que ele *poderia* ser cristão se tão somente se arrependesse e cresse que o Senhor Jesus Cristo perdoaria seus pecados. Naquele exato momento, o milagre aconteceu: ele aceitou a Palavra de Deus e abriu o coração para o Salvador. Que belo quadro aquele! Depois de despedir-se de todos mais uma vez, a piedosa moribunda fechou os olhos e murmurou:

—Agora posso morrer feliz. *Alma, pode voar!*

Alguns anos mais tarde, nós vimos Tom ser ordenado diácono na Igreja Presbiteriana não muito longe do lugar onde sua noiva havia falecido. Ele é agora um dos pilares da igreja e um fiel defensor da causa de Jesus Cristo.

Rev. C. P. Pledger,
Chicago, Illinois.

110.

JOHN RANDOLPH (1833)

Estadista e orador americano

"Remorso! Remorso! Remorso! Deixe-me ver a palavra, mostre-me num dicionário, escreva-a num papel. Ah! Remorso! Você não sabe o seu significado! Eu me entrego às misericórdias do Senhor Jesus Cristo!"

Dying Words,
de A. H. Gottschall.

111.

THOMAS PAINE

*"Meu Deus, meu Deus,
por que me desamparaste?"*

Thomas Paine nasceu em Thedford, Inglaterra, em 1737. Ele é muito conhecido por causa das suas ligações com as revoluções americana e francesa e pelos seus escritos ateus.

Em 1791, ele publicou um trabalho intitulado *The Rights of Man* (Os Direitos do Homem) e, em 1793, enquanto estava preso na França, escreveu sua famosa obra *The Age of Reason* (A Idade da Razão), contra o ateísmo e o cristianismo e a favor do deísmo. Em 1802, ele retornou aos Estados Unidos, onde "viveu miseravelmente infeliz, dependendo em sua última doença dos atos de caridade dos discípulos da religião à qual se opunha". Ele morreu em 1809.

Citamos três parágrafos de *M'Illvaines's Evidences:*

> Diz-se que a primeira esposa de Paine morreu em decorrência de maus-tratos. A segunda foi submetida a tal abandono e crueldade que, de comum acordo, eles resolveram se separar. Sua terceira companheira, com a qual não se casou, foi vítima de sua sedução quando ele ainda dependia da hospitalidade do marido dela.
>
> Trabalhando na fiscalização de impostos na Inglaterra, Paine foi despedido por irregularidades, readmitido e despedido outra vez por fraude — dessa vez, sem restauração. Incapaz de conseguir um emprego em que não fosse conhecido, veio aos Estados Unidos, iniciou-se na política e fingiu ter alguma fé cristã. O Congresso lhe deu um cargo, do qual logo ele teve de se demitir em desonra por abuso de confiança.
>
> A Revolução Francesa o atraiu para a França. O alcoolismo tornou-o um morador incômodo da casa do ministro americano, que, por compaixão, havia deixado que ele se hospedasse lá. Durante todo esse tempo, sua vida foi uma mistura de ingratidão e perfídia, de hipocrisia e avareza, de lascívia e adultério. Em junho de 1809, a pobre criatura morreu em solo americano.

O bispo católico romano Fenwick diz:

Um pouco antes de Paine morrer, fui chamado por ele. Ele fora induzido a fazer isso por uma pobre senhora católica que lhe disse que se alguém poderia fazer algum bem por ele, seria um ministro católico.

Um amigo íntimo, F. Kohlmann, acompanhou-me. Nós o encontramos na rua Greenwich, em Nova Iorque, onde ele residia. Uma senhora idosa de boa aparência veio à porta e perguntou se éramos padres católicos, pois, por ter ficado muito irritado ultimamente pelas visitas de outras denominações, ele havia deixado ordens expressas para somente receber clérigos católicos.

Depois de nos apresentarmos, ela abriu a porta e nos levou até a sala.

—Senhores — ela disse — de coração eu desejo que tenham sucesso com o Sr. Paine, pois sua mente está passando por grande aflição depois que o médico lhe disse que ele deve morrer logo. Há de se ter pena dele. Seus gritos, quando está sozinho, cortam o coração. Ele exclama: *Oh, Senhor, me ajude! Jesus Cristo, me ajude!*, num tom que deixa a casa em polvorosa. Às vezes, ele diz: *Oh, Deus, o que eu fiz para merecer tanto sofrimento?* Mas logo depois, afirma: *Mas não há Deus*, e em seguida: *Mas se houver, o que será de mim depois da morte?* E assim ele continua por um tempo, até que repentinamente começa a gritar em terror e agonia, e me chama pelo nome. Numa ocasião, eu lhe perguntei o que queria, e ele me respondeu: *Pelo amor de Deus, fique comigo! Eu não suporto ficar sozinho.* Eu lhe disse que nem sempre eu podia ficar no quarto, e ele me pediu: *Então, mande pelo menos uma criança para ficar comigo, pois é um inferno ficar só.* Eu nunca vi um homem tão infeliz. Parece que ele não consegue aceitar a morte.

Essa foi a conversa que tivemos com a senhora, que era protestante e parecia muito desejosa de que pudéssemos dar algum alívio àquele homem que estava à beira do completo desespero. Estando já por certo tempo na sala, finalmente ouvimos um barulho no quarto ao lado. Nós sugerimos que entrássemos, o que foi consentido pela senhora, que abriu a porta para nós.

Eu nunca contemplei alguém com aparência tão deprimente. Ele estava deitado numa cama apresentável, mas, no momento, coberta de imundícia. Ele tinha o aspecto de alguém mentalmente torturado, os olhos abatidos, as feições repulsivas e a aparência geral era a de alguém cujos melhores dias tinham sido uma contínua cena de devassidão. Seu único alimento era leite batido, do qual ele tomava o máximo que sua fraqueza permitia. Recentemente, ele havia tomado um pouco, o que se podia ver pelos restos do leite batido nos cantos e nos lados de sua boca, assim como também de sangue, que seguiu a mesma trilha e deixou sua marca no travesseiro.

Assim que soube o objetivo da nossa visita, Paine nos interrompeu: "Já chega, senhor, já chega. Eu sei qual é a sua intenção. Eu não quero ouvir mais nada de você! Eu já tenho minha opinião sobre o assunto. Eu vejo todo o sistema do cristianismo como um emaranhado de mentiras, e Jesus Cristo como nada mais do que um impostor astuto e velhaco. Fora daqui, vocês e o seu Deus também! Saiam do quarto imediatamente! Tudo o que vocês disseram são mentiras, sórdidas mentiras, e se eu tivesse um pouco mais de tempo, eu comprovaria isso, assim como fiz com o seu impostor, Jesus Cristo".

Dentre as últimas declarações que chegaram aos ouvidos dos que assistiam àquele moribundo ateu que foram gravadas na história estavam as palavras: *Meu Deus, meu Deus, por que me desamparaste?"*

Dying Testimonies,
de S. B. Shaw.

112.

AS ÚLTIMAS PALAVRAS DO DR. WAKELEY

"Não serei um estranho no Céu."

A cena da morte deste santo homem esteve em harmonia com sua experiência de vida. Tendo ficado doente de forma repentina e violenta, ele esteve calmo em meio ao grande sofrimento e não se alarmou com a questão. Quando os médicos lhe informaram que não tinham esperança de que se recuperasse, ele recebeu a notícia sem agitação e continuou tranquilo e feliz.

Eu já vi muitos cristãos morrerem felizes, mas nunca presenciei tão perfeita naturalidade diante da morte. Ele conversava e agia da mesma forma, com o mesmo tom de voz, com o mesmo semblante alegre e com o mesmo espírito bem-disposto que o caracterizaram na saúde. Do princípio ao fim de sua enfermidade, tudo o que ele disse e fez foi perfeitamente "wakeleyano". Na verdade, não pareceu uma cena de morte. Pareceu mais com o amanhecer e o decorrer de um dia do que o entardecer e a aproximação das sombras da noite.

Na minha primeira entrevista com ele, ouvi-o dizer:

—Os médicos dizem que não há esperança quanto à minha recuperação, mas posso dizer como Paulo: "...estou sendo já oferecido por libação, e o tempo da minha partida é chegado. Combati o bom combate, completei a carreira, guardei a fé" (2 Timóteo 4:6,7). — Ele disse mais: "Eu vejo a minha coroa, mansão e herança".

Eu lhe disse:

—Sim, mas para recebê-las você precisa morrer.

Ele instantaneamente respondeu:

Pela morte escaparei da morte
e ganharei a vida eterna.

Numa outra ocasião, ele disse:

—Eu lutei bastante, honrosamente, heroicamente, triunfantemente; lutei por Deus, por Jesus, pelo metodismo, pelo cristianismo. Não alcancei tudo o que almejava, mas por meio de Cristo tomei muitos despojos. —E citou: "Eu sou a ressurreição e a vida. Quem crê em mim, ainda que morra, viverá; e todo o que vive e crê em mim não morrerá, eternamente" (João 11:25). — E, olhando para mim com muita intensidade, perguntou—: Você crê nisto?

—De todo o coração! — respondi.

Então, com muita emoção, ele afirmou:
—*Eu também!* — Em seguida, levantando a mão, disse:

Aquela Cabeça outrora coroada de espinhos
Está coroada de glória agora,
Um diadema real adorna
A fronte do grande Vencedor.

—O reino espiritual de Cristo na Terra é poderoso. Ele precisa ser estabelecido em toda a Terra. Ele prevalecerá sobre todos.

Algumas horas antes da sua morte, perguntei-lhe:
—O que devo dizer a seus companheiros de ministério?
—*Pregue a Palavra!* — disse ele com firmeza. —"Inste, quer seja oportuno, quer não, corrija, repreenda, exorte com toda a longanimidade e doutrina." E repetiu três vezes: "Com toda a longanimidade e doutrina".

Depois de um momento de descanso, enquanto recuperava o fôlego, ele acrescentou:
—Que preguem o velho evangelho; não queremos nenhum evangelho novo. É impossível melhorá-lo. Seria como tentar melhorar um raio de sol enquanto este vivifica uma flor. O velho e maravilhoso evangelho é para sempre!

Falando do seu caso, ele disse:
—Deixo *tudo* com Deus. Quero que se entenda claramente que eu faço isto sem nenhum medo, sem covardia alguma, sem nenhum abalo. Eu faço isto com a intrepidez de um velho soldado e com a calma de um santo... Amanhã cedo eles indagarão: "O irmão Wakeley está morto?" Morto? *Não!* Diga-lhes: Ele está melhor, e *vive eternamente!*

E eu lhe disse:

—Sim, e uma vida mais alta e mais nobre.

Ele respondeu:

—E maravilhosamente ampliada! Ó, maravilhosamente ampliada! Eu conheço o velho barco. O Piloto conhece-me bem. Ele me levará ao porto seguro. Já posso sentir as brisas celestiais no meu rosto. *Não serei um estranho no Céu*. Sou bem conhecido lá. Como Bunyan, eu vejo uma grande multidão com mantos brancos e anseio estar com eles. "Partir e estar com Cristo é muito melhor." Quando forem ao meu túmulo, não chorem. A morte não tem aguilhão. Na tumba não há terror, na eternidade não há escuridão. Por muitos anos, nem a morte, nem a tumba me causaram terror. Cantem no meu funeral:

Alegrem-se pela morte de um irmão,
foi perda para nós, foi vitória para ele.

—Ouçam! Estão escutando a canção? A vitória é nossa! Há grande alegria no Céu. Abram-se, portões de ouro, e deixem meu carro passar!

Depois, acrescentou:

—Preciso esperar até que o anjo da morte venha.

E logo o anjo veio; o cordão prateado foi afrouxado e seu espírito pôde subir livremente para a glória e para Deus.

Bispo Janes, da Igreja Metodista.
Extraído de Dying Testimonies,
de S. B. Shaw.

113.

JOHN RANDON

John Randon foi um soldado britânico que faleceu na batalha de Bunker Hill. Ele disse: "Anjos reluzentes estão ao redor do gramado no qual me deito, prontos para me escoltar até os braços de Jesus. Os santos se encurvam revelando minha coroa reluzente e acenam para mim. Sim, *Jesus* me convida! *Adieu!*".

Dying Words,
de A. H. Gottschall.

114.

O TRISTE TESTEMUNHO DO CARDEAL WOLSEY

Thomas Wolsey, nascido em 1471, foi um dos homens mais ilustres durante o reinado de Henrique VIII. Quando se tornou capelão do rei, teve muitas oportunidades de obter favores reais, o que aproveitou ao máximo. Obteve bispados sucessivos e, finalmente, foi elevado a arcebispo de York, supremo chanceler da Inglaterra, primeiro-ministro e por vários anos foi o juiz da Europa.

O imperador Carlos V e o rei da França, Francisco I, cortejavam-no e lhe concediam muitos favores. Com uma imensa renda e influência ilimitada, seu orgulho e ostentação chegaram ao extremo. Possuía oitocentos servos, dentre os quais nove ou dez eram lordes, quinze, cavaleiros e quarenta, escudeiros.

Desse grande poder e esplendor, de repente ele foi precipitado em completa ruína. Sua ambição de tornar-se papa, seu orgulho, sua extorsão e sua oposição ao divórcio de Henrique VIII ocasionaram sua desgraça. Tal revés afetou sua mente e causou-lhe uma grave enfermidade, que em pouco tempo pôs fim a seus dias.

Pouco tempo antes de morrer, depois de rever sua vida e o mau uso que havia feito do seu tempo e talentos, com pesar declarou: "Se eu tivesse servido a Deus tão diligentemente quanto servi ao rei, Ele não teria me abandonado na minha velhice. Mas essa é a justa recompensa que devo receber por minhas incessantes dores e estudos, não concernentes ao meu serviço a Deus, mas somente ao meu príncipe".

Power of Religion.

115.

CHARLES M. TALLEYRAND (1838)

(Às vezes, escrito DeTallyrand)

Quando este grande estadista francês estava prestes a morrer, o rei Luís perguntou-lhe como se sentia, e ele respondeu: "Eu estou sofrendo, senhor, as angústias dos condenados ao inferno!".

Dying Words,
de A. H. Gottschall.

116.

"MÃE, EU VOU PARA JESUS, E ELE ESTÁ AQUI NESTE QUARTO AO MEU REDOR"

Um famoso evangelista do século 19,
o Rev. E. P. Hammond, forneceu-nos
a experiência relatada a seguir.

Uma senhora do Brooklyn, Nova Iorque, acaba de me mandar uma tocante história a respeito de um pequeno primo dela, de apenas 9 anos de idade. Eu mal pude conter as lágrimas ao lê-la.

A piedosa mãe do menino havia perdido cinco de seus filhos. Esse era o seu caçula, e ela o amava demais. Quando ele mostrou sinais de que estava aprendendo a amar o querido Jesus e a confiar nEle, ela o amou mais ainda. Eu vou deixar que vocês leiam uma parte da carta dessa bondosa senhora assim como foi lida a mim:

Num domingo à tardinha, na primavera passada, ele foi deixado com sua irmã mais velha, cujo marido havia morrido algumas semanas antes. Depois de tentar confortar a irmã de várias maneiras, ele disse subitamente:
—Mana, faz muito tempo que você não me ouve dizer mentiras, não é? Antes, eu mentia muito, mas penso que não menti uma vez sequer nestes últimos seis meses e acho que Deus não vai me deixar mentir mais. Eu *nunca* mais quero fazer nada de errado.
Quando ele foi para cama naquela noite, a irmã o ouviu orando, pedindo a Deus que em breve o tornasse qualificado para aquelas mansões, as quais os olhos não viram e sobre as quais os ouvidos não ouviram.
Na quinta-feira daquela semana, ele foi com dois amigos comprar fogos para entreter a irmã no dia 4 de julho. O trem vinha subindo uma longa colina bem devagar, e para se divertir os garotos pularam da plataforma de trás de um vagão para a da frente do outro vagão. Charley escorregou, e a roda do vagão passou por cima do seu quadril, pulverizando o osso. Ele deu apenas um grito e não reclamou mais.
Quando um policial estava levantando o garoto daquela posição horrível, ele abriu os olhos e disse:

—Não culpem ninguém. Eu fui o culpado. Mas digam à minha mãe que eu vou direto para o meu Salvador.

Ao relatar isso, o rude policial disse:

—Todos nós sentimos que deve haver algo de verdadeiro na religião daquele garoto.

A trágica notícia foi dada à mãe por duas crianças de rua da seguinte maneira:

—O Charley mora aqui? Olha, ele foi esmagado.

Ela foi com as crianças e, literalmente, seguiu o rastro de sangue do filho até o hospital. Quando ela entrou no quarto onde ele estava, ele abriu os olhos e disse:

—Mãe, eu vou para Jesus, e *Ele está aqui neste quarto ao meu redor.* Ah, eu o amo tanto! Não deixe que cortem a minha perna; mas se eles o fizerem, não faz mal; não vai me machucar mais do que Jesus foi machucado.

Quando seu pai chegou, o garoto ergueu os olhos e disse:

—Papai, eu vou para o meu Salvador. Diga ao meu irmão Eddy que, se ele se sentir sozinho agora, porque já não tem um irmão, que aprenda a amar Jesus. Ele será seu irmão e o amará muito.

Estas foram suas últimas palavras. Ele sangrou até morrer duas horas depois.

A enfermeira ficou muito tocada e, ao fechar seus olhos, ela declarou:

—Ele foi para aquele Salvador de quem tanto falou, *e eu procurarei amar esse Salvador também.*

Quando sua mãe retornou para casa, suas únicas palavras foram:

—O Senhor levou meu Charley. Ainda que Ele me mate, nele confiarei.

Dying Testimonies,
de S. B. Shaw.

117.

FRANCIS SPIRA (1548)

Francis Spira, um advogado de Veneza, rico, instruído e eloquente, foi atraído pela fama de Lutero e os princípios da Reforma. Ele chegou a pregar a doutrina evangélica por 6 anos, mas não suportou as perseguições daqueles dias. Reconhecendo novamente o catolicismo romano, ele se retratou publicamente diante de duas mil pessoas.

Após fazer essa retratação pública, ele desmaiou e depois disso não teve mais paz. Mais tarde, quando enfermo e à beira da morte, ele frequentemente pedia água para matar sua sede ardente e implorava para que alguém o matasse. Quando seus amigos começaram a se despedir dele, declarou que sentia que seu coração estava cheio de maldições e blasfêmias contra Deus. Sua última declaração foi assim registrada:

—Eu neguei a Cristo voluntariamente e contra as minhas convicções. Sinto que Ele me deixou insensível e não me concederá uma chance. Coisa terrível é cair nas mãos do Deus vivo; eu sinto o peso da Sua ira, que queima como as dores do inferno dentro de mim. Eu sou um daqueles a quem Deus ameaçou "despedaçar".

Ah, maldito dia! Quem me dera nunca ter estado em Veneza! Eu sou como o homem rico que, embora estivesse no inferno, estava ansioso para que seus irmãos escapassem do tormento. Judas, depois de trair seu Mestre, foi compelido a admitir seu pecado e declarar a inocência de Cristo. Então, não é algo novo nem singular que eu esteja fazendo isso também.

A misericórdia de Cristo é um forte baluarte contra a ira de Deus, *mas eu demoli aquele bastião com minhas próprias mãos.* Previna-se contra a confiança numa fé que não conduz a uma vida santa e irrepreensível, digna de um crente. Ela falhará! Presumi que tivesse a fé certa; preguei-a a outros. Eu havia memorizado todas as partes da Escritura que a pudessem sustentar. Achava-me seguro e, nesse ínterim, vivi ímpia e negligentemente. Agora, o juízo de Deus me alcançou, não para a correção, mas para a perdição.

Dying Words,
de A. H. Gottschall.

118.

CLARENCE DARROW

"Interceda por mim junto ao Todo-poderoso."

Chamou minha atenção ler numa coluna escrita por um médico, em um jornal de uma agência de notícias, que até Clarence Darrow, famoso advogado agnóstico, estava com a alma perturbada no seu leito de morte.

—Mandem chamar três clérigos! — Darrow disse para seu escrivão.

Quando os ministros chegaram, Darrow, que havia rido das crenças baseadas na Bíblia de William Jennings Bryan, durante o polêmico julgamento de Scopes, no Tennessee, esse mesmo Darrow disse:

—Cavalheiros, eu escrevi e falei muitas coisas contra Deus e as igrejas durante toda a minha vida. Agora, eu gostaria de não ter feito isso, pois compreendi que é perfeitamente possível que eu estivesse errado. Sendo assim, gostaria de pedir-lhes um último favor: que cada um de vocês interceda por mim junto ao Todo-poderoso.

Os ministros oraram por Clarence Darrow; e espero que ele mesmo tenha orado, entregando-se a Deus.

The Log of the Good Ship Grace,
vol. 33, no 14, 1967.

119.

UMA REPRIMENDA DO CADAFALSO

No ano de 1877, em Newark, Nova Jersey, um jovem foi enforcado por assassinato. Um pouco antes da hora fatal, ele disse aos cristãos próximos a ele:

—Se, na minha infância, eu tivesse recebido metade da atenção e dos cuidados das boas pessoas desta cidade, como têm sido demonstrados a mim desde que este julgamento começou, nunca me teria tornado um assassino.

Há alguns anos, tivemos uma conferência em certa cidade de Illinois. Dois homens haviam sido executados no cadafalso pouco tempo antes do início das nossas reuniões, e a agitação ainda estava no ar. Contaram-nos que dois dos pastores mais proeminentes da cidade haviam demonstrado muito interesse por eles um pouco antes de sua execução. Eles os visitavam frequentemente, conversavam e oravam com eles, e ambos professaram ser salvos antes de morrer.

Um dos homens condenados exortou o povo, lá do cadafalso, a aprender com seu exemplo. Ele os conclamou a buscar o Senhor antes que se tornassem culpados de algum crime, o qual causaria desgraça a eles próprios e à família deles.

Se os cristãos tivessem demonstrado interesse por eles antes que cometessem seus crimes, eles poderiam ter sido salvos durante a juventude.

Dying Testimonies,
de S. B. Shaw.

120.

"AQUI ESTÁ ELA, ACOMPANHADA DE DOIS ANJOS"

*Esta experiência foi extraída de
A Woman's Life Work (O Trabalho da
Vida de Uma Mulher), escrito pela
piedosa Laura S. Haviland.*

Um dia, encontrei na rua a irmã White, que estava muito aflita por causa do filho. Ele estava praticamente morrendo de tuberculose, mas, mesmo assim, não queria ver nenhum ministro ou pessoa religiosa.

—Por favor, venha comigo agora ver meu Harvey — ela implorou. —Talvez ele ouça você.

Fui até sua casa e encontrei o jovem tão fraco que mal conseguia falar. Tomando sua mão esquelética, eu disse:

—Vejo que você está muito deprimido e fraco. Não quero importuná-lo com conversa, mas, pelo seu aspecto, creio que você tenha pouca esperança de ver sua saúde restaurada.

Ao virar a cabeça no travesseiro, ele disse:

—Eu nunca vou melhorar; *eu não posso mais viver.*

—Então, sua mente já se voltou para o futuro. Que a influência iluminadora do Espírito Santo o conduza ao Grande Médico das almas, que conhece cada desejo do coração e é capaz de salvar até o derradeiro momento; até a última hora.

Ainda segurando sua mão febril, vi uma lágrima brotar enquanto ele me fitava com um olhar intenso.

—Seria demais para você, nesse estado debilitado, que eu lesse algumas palavras de nosso Senhor e Salvador?" — perguntei-lhe.

—Ah, não, gostaria muito de ouvi-las.

Abri em João 14 e, depois de ler uns poucos versículos, notei que lhe causava profunda impressão. Perguntei-lhe se seria muito fatigante para ele se eu orasse por alguns momentos.

—Ah, não, eu gostaria de ouvir sua oração — ele respondeu.

Colocando a mão sobre sua testa, implorei que o auxílio divino conduzisse aquela alma preciosa à fonte da purificação. Pedi que sua fé crescesse e, no exercício dela, ele fosse capaz de encontrar a "pérola de grande valor". Ao levantar-me da beira de sua cama, ele levou as mãos na direção das minhas e segurou-as, pedindo:

—Eu quero que você volte amanhã.

Chorou copiosamente, e eu saí com a responsabilidade por aquela alma no meu coração. A mãe e a irmã, que eram cristãs, choraram de alegria à porta, porque o querido filho e irmão havia consentido em ouvir a leitura e a oração.

No dia seguinte, retornei, e assim que entrei, a mãe exclamou:

—Ah, quão gratas a Deus somos por essa visita ao nosso pobre filho! Ele parece estar constantemente orando, clamando por misericórdia. Essa madrugada, ele falou de sua visita de hoje.

Quando entrei em seu quarto, ele levantou as duas mãos, dizendo:

—Deus vai ter misericórdia de mim, não vai?

—Certamente — respondi. — Sua palavra está *perto* de você, está no seu coração e na sua boca.

—Ore por mim — pediu ele.

Li algumas palavras da Bíblia e fiz uma oração, à qual ele se juntou com algumas exclamações. Deixei-o mais esperançoso do que no dia anterior. Na manhã seguinte, sua irmã veio me procurar muito apressada, dizendo:

—Meu irmão Harvey quer vê-la, *depressa*.

Ainda não havia amanhecido, mas me apressei em obedecer ao recado, pois supunha que ele estava morrendo. Porém, ao abrirmos a porta, ele exclamou:

—Glória a Deus, Sra. Haviland! Venha aqui rápido — eu quero beijá-la, pois Deus me tirou das trevas esta manhã ao alvorecer! Ó, aleluia! Ele derramou Seu sangue por mim, este coitado! Ah, como eu queria ter forças para dizer a todo mundo que eu sou mais feliz neste minuto do que fui durante toda a minha vida!

Ele ficou bastante exausto de bradar e falar, e eu o aconselhei a descansar agora nos braços do amado Salvador.

—Sim, eu estou nos braços dele — ele respondeu.

Cerca de duas horas antes de Harvey morrer, de repente olhou para a mãe, sorrindo, e disse:

—A Mary está aí! Você não a está vendo aos pés da minha cama?

—Não, meu filho, a mamãe não a vê — respondeu ela.

—Que linda, tão linda ela é! Ela se foi outra vez.

E então, logo antes de a alma sair do seu corpo, ele ergueu as mãos e, com um sorriso, disse:

—Aqui está ela, acompanhada de dois anjos. *Eles vieram me buscar.*

As mãos caíram, a respiração parou, mas o sorriso permaneceu em sua face. A irmã, Mary, havia morrido havia bastante tempo, quando tinha 4 anos. Sua mãe me disse que ela não ouvia seu nome mencionado na família fazia meses.

121.

A MORTE HORRENDA DE WILLIAM POPE

*"Antes eu podia e não queria;
agora eu quero e não posso."*

Eis um breve relato da vida e morte de William Pope, de Bolton, Lancashire, Inglaterra. Ele foi membro da Igreja Metodista por um tempo e parecia um homem salvo e feliz. Sua esposa, uma crente devota, morreu triunfalmente. Depois da morte dela, entretanto, seu zelo religioso declinou e, associando-se a hipócritas apóstatas, encaminhou-se para a ruína. Seus companheiros até professavam crer na redenção dos demônios. William tornou-se um admirador de suas ideias, frequentador da taverna com eles e um beberrão como tantos.

Finalmente, tornou-se discípulo de Thomas Paine e associou-se a um número de pessoas deístas em Bolton. Reuniam-se aos domingos para compartilharem sua descrença e, frequentemente, divertiam-se jogando a Palavra de Deus no chão, chutando-a ao redor da sala e pisando sobre ela.

Mas um dia Deus pesou Sua mão sobre William Pope, e ele foi acometido de tuberculose. Pediram ao Sr. Rhodes que o visitasse. Ele foi e declarou:

—Assim que o vi, ele me disse: "Ontem à noite, creio que estive no inferno e sofri os horrores e os tormentos dos perdidos, mas Deus me trouxe de volta e deu-me um pequeno adiamento. O terror da culpa não me parece tão pesado agora como antes, e eu tenho algo como uma pálida esperança de que, mesmo depois de tudo o que fiz, Deus ainda pode salvar-me".

Depois de exortá-lo ao arrependimento e a confiar no Todo-poderoso Salvador, orei com ele e o deixei. Naquela noite, ele mandou me chamar novamente. Eu o encontrei em grande angústia, tomado de aflição e desespero. Empenhei-me em confortá-lo. Falei dos méritos infinitos do grande Redentor e mencionei vários casos em que Deus tinha salvado os maiores pecadores, mas ele respondeu:

—Nenhum dos casos mencionados se compara ao meu. No meu caso, não há contrição; eu não consigo me arrepender. Deus me condenará! Eu sei que perdi o dia da graça. O próprio Deus disse de homens como eu: "*...também eu me rirei na vossa desventura, e, em vindo o vosso terror, eu zombarei*" (Provérbios 1:26).

Perguntei-lhe se em alguma época ele já experimentara de fato algo da misericórdia e do amor de Deus.

—Ó sim! — ele respondeu. — Há muitos anos, eu me arrependi de verdade e busquei ao Senhor e encontrei paz e felicidade.

Orei com ele e tive grande esperança de que pudesse ser salvo, pois me pareceu bastante tocado e me implorou que apresentasse seu caso nas reuniões de oração da nossa igreja. Atendi ao seu pedido, e naquela mesma noite muitas orações fervorosas foram feitas por ele.

O Sr. Barraclough nos relatou o que presenciou. Ele contou:

—Fui ver o Sr. William Pope, e tão logo ele me viu, exclamou: "Você veio ver alguém que está perdido para sempre!". Eu respondi: Espero que não; Cristo pode salvar o pior pecador!" Ele replicou: "Eu o neguei; portanto, Ele me rejeitou para sempre! Sei que o dia da graça passou, passou para sempre e nunca há de retornar!". Supliquei que ele não fosse tão precipitado e orasse. Ele respondeu: "Eu não posso orar, meu coração está muito endurecido. Não desejo receber nenhuma bênção da mão de Deus", e então gritou: "Ó, eternidade, eternidade! Habitar para sempre com demônios e espíritos condenados no lago de fogo deve ser minha porção, e é justo!"

Na quinta-feira, encontrei-o gemendo sob o peso da indignação de Deus. Seus olhos moviam-se de um lado para outro; ele levantou as mãos e com veemência esbravejou:

—Ó, *chama ardente, o inferno, a dor* que eu sinto! Eu fiz por merecer, eu fiz tudo para ser condenado!

Orei com ele, e enquanto orava ele disse com uma fúria inexprimível:

—Eu não receberei das mãos de Deus a salvação! Não, não! Eu não vou lhe pedir! — Depois de uma pequena pausa, ele bradou —: Ó, quanto eu desejo estar no abismo, no lago que queima com fogo e enxofre!

No dia seguinte, eu o vi outra vez. Eu disse:

—William, sua dor é inexprimível.

Ele gemeu e em alta voz gritou:

—A eternidade explicará os meus tormentos. Eu lhe digo outra vez: estou condenado. Não há salvação para mim!

Ele me chamou para si como se quisesse falar comigo, mas logo que me aproximei ele me golpeou na cabeça com toda a força. Então, rangendo os dentes, esbravejou:

—Deus não ouvirá suas orações! — Outra vez, ele disse —: Eu crucifiquei o Filho de Deus novamente e considerei o sangue da aliança como uma coisa impura! Ah, aquela obra iníqua e horrível de blasfêmia contra o Espírito Santo que eu sei que cometi!

Frequentemente, ouvia-se ele exclamar:

—Eu não quero mais nada além do inferno! Vem, Satanás, leva-me contigo!

Em outra ocasião, ele disse:

—Que coisa terrível! Antes eu podia e não queria; *agora eu quero e não posso!*

Ele declarou que ficava mais satisfeito quando praguejava.

No dia em que ele morreu, quando o Sr. Rhodes o visitou e pediu-lhe o privilégio de orar mais uma vez com ele, William gritou com muita força, considerando sua fraqueza:

—*Não!*

Naquela noite, ele faleceu — *sem Deus.*

O que eles DISSERAM

"Há uma linha invisível para nós, que cruza todos os caminhos,
Uma linha que demarca o limite entre a misericórdia de Deus e a sua ira."

De Remarkable Narratives.

122.

PEQUENO SPRINGETT PENN (1696)

"Tudo é misericórdia para mim, querido pai — tudo é misericórdia para mim. Embora eu não possa ir aos cultos, tenho bons cultos, pois o Senhor invade meu espírito. *Nós temos cultos celestiais, somente eu e Ele.*"

Dying Words,
de A. H. Gottschall.

123.

PROFESSORA BEULAH BLACKMAN

*"Ó, mãe, o Senhor está aqui
e eu tenho a vitória!"*

Beulah Blackman era uma jovem de incrível encanto e força de caráter. Como professora, ela mantinha uma vida pura e santa, frequentemente sofrendo perseguição por causa de sua lealdade inflexível aos princípios cristãos e à justiça. Em certa ocasião, quando estava sob a pressão de críticas sérias, com lágrimas escorrendo pelo rosto e um sorriso nos lábios, ela me disse:

—Isso é bom para mim!

Meu filho, Lewis, e ela se casaram em meados de 1897, mas na Páscoa do ano seguinte — dia da ressurreição — seu espírito puro partiu para estar para sempre com o Senhor.

Durante meses, antes de morrer, ela não pôde participar dos cultos na igreja, mas tinha sua própria "Betel" *(casa de Deus)*. Sua pequena Bíblia vermelha estava sempre perto dela, e as meninas que a ajudavam com os serviços da casa recebiam conselhos e admoestações das quais se lembrarão para sempre.

Mandaram-nos chamar à sua casa num sábado à noite, e quando lá entramos, ela levantou as mãos saudando-nos calorosamente e dizendo:

—*Oh, mãe, o Senhor está aqui e eu tenho a vitória!*

O Espírito veio sobre ela, e ela ria e chorava ao louvarmos a Deus juntos.

Quando o médico chegou, ela lhe disse que um Médico melhor do que ele estivera ali e a encorajara sobremaneira. Como ele não era cristão, ela acrescentou:

—Você não entende isso.

Durante toda aquela longa noite, ela se portou pacientemente. Quando perdia as forças, ela dizia novamente:

—Sou *tão feliz* por ter o Senhor!

Assim que o dia amanheceu claro e lindo, ela recebeu seu filhinho no mundo — com tempo somente para um longo beijo, e então o deixou órfão de mãe.

Seu coração, naturalmente fraco, falhou, e ela pareceu ficar paralisada. Fez-se de tudo para fazê-la voltar a si, a fim de que pudesse uma vez mais olhar para seu bebê, mas ela não conseguiu se mexer nem falar. Seu esposo implorou-lhe que falasse, mas não obteve resposta. Então, ele pediu que ela sorrisse, caso ainda o reconhecesse. Ela sorriu, ele beijou seus queridos e pálidos lábios, que se abriram numa tentativa de retribuir aquela demonstração de amor.

Depois disso, como uma criança fatigada se aninha para dormir nos braços da mãe, ela recostou a cabeça no peito de Jesus e suspirou docemente. Quando começamos a chorar, ela olhou para cima fixamente por um instante como se estivesse surpresa; então um sorriso iluminou sua face. Uma atmosfera divina encheu o quarto. Parecia que havia anjos ali, aguardando para conduzi-la ao lar eterno. O "terror" da morte desapareceu, e as nossas lágrimas secaram. Parecia que os portões do Céu estavam entreabertos, e tivemos um vislumbre da glória que espera os fiéis.

Num instante tudo terminou. Paz e vitória estavam estampadas em seu rosto querido. Verdadeiramente, Deus *é* nosso Pai. *Ele é amor.*

Sra. Anna M. Leonard,
Manton, Michigan.

124.

AULD PEGGY

Depois que o evangelho da graça de Deus foi fielmente pregado à idosa "Auld Peggy", ela colocou de lado seu cachimbo e, preocupadamente, ponderou sobre o assunto. Um pouco depois, ela o tomou novamente o cachimbo. Sua expressão era insensível e indiferente ao pronunciar vagarosamente as palavras:

—Não, não! Eu vivi sem Ele durante 70 anos e posso viver sem Ele o resto dos meus dias!

Pouco tempo depois, ela foi encontrada morta em seu leito, o cachimbo caído e partido no chão, os braços esqueléticos jogados para trás da cabeça como se houvesse acontecido um conflito com um inimigo.

Dying Words,
de A. H. Gottschall.

125.

"MAMÃE, VOCÊ NUNCA ME ENSINOU COMO MORRER"

Mais de oito mil estudantes da Universidade da Califórnia, em Berkeley, aglomeraram-se no Teatro Grego, no campus, para ouvir Billy Graham uns meses antes.

Ao falar sobre assuntos como LSD e a revolução sexual, altos vivas vieram dessa plateia de estudantes. Porém, quando ele falou sobre a morte e a eternidade, um profundo e respeitoso silêncio se fez. O Sr. Graham contou-lhes a história verdadeira de uma rainha dos estudantes que foi ferida fatalmente num acidente de carro. Ele citou as últimas palavras da garota para sua mãe: "Mamãe, você me ensinou tudo o que eu precisava saber para sobreviver na faculdade. Você me ensinou como acender meu cigarro, como segurar um copo de coquetel... Mas, mamãe, você nunca me ensinou como morrer.

É melhor que você me ensine rapidamente, mamãe, pois eu estou morrendo".

Sim, caro leitor, nenhuma pessoa está preparada para viver até que esteja preparada para morrer. É impossível ter uma vida realmente feliz sem a certeza de que se está pronto para encontrar com Deus.

The Log of the Good Ship Grace,
vol. 33, no 14, 1967.

126.

SIR THOMAS SCOTT (1821)

Sir Thomas Scott era conselheiro particular de James V da Escócia e um famoso perseguidor dos reformistas. Quando estava morrendo, ele bradou aos sacerdotes que tentavam confortá-lo: "Vão embora, vocês e suas baboseiras; até este momento, eu cria que não havia nem Deus, nem inferno. *Agora eu sinto e sei que os dois existem, e eu estou destinado à perdição por um julgamento justo*".

Dying Words,
de A. H. Gottschall.

127.

ELE VIU O OUTRO MUNDO

Meu pai, William Foster, morreu perto de Chico, Texas, em 2 de abril de 1887, aos 71 anos de idade. Ele foi um dos cristãos mais puros que conheci e viveu feliz no amor do Salvador. Ele morreu louvando a Deus. Suas últimas palavras foram: *"Meu Céu! Céu! Glória!"*.

Eu o ouvi afirmar, muitas vezes, que ele não cria que os cristãos vissem pessoas já falecidas quando estavam morrendo. Eu cria que viam. Então, para satisfazer minha curiosidade, eu lhe fiz um pedido na época em que estava enfermo: se visse alguém perto dele, que ele me dissesse. Se não pudesse falar, que levantasse a mão como sinal de que podia vê-los. Antes de ele ficar inconsciente, aconteceu: *ele levantou a mão direita e apontou para o alto.*

Louvo ao Senhor pelo testemunho de alguém em quem eu tinha tanta confiança, alguém muito querido para mim! Minha mãe também foi para o lar celestial com louvores a Deus em seus lábios.

Dorcas Eskridge,
Blue Grove, Texas,
extraído de Dying Testimonies,
de S. B. Shaw.

128.

SRTA. CATHERINE SEELEY (1838)

"Passaram-se 11 anos desde a última vez em que vi a plena luz do dia e que meus pés suportaram o peso do meu corpo. Mas meu quarto escurecido tem sido alegrado pelos sorrisos de Jesus, o Sol da Justiça, cuja bendita face faz tudo ao meu redor luzir e minha alma encher-se de gratidão e louvor. *Não há terror na morte!*"

Dying Words,
de A. H. Gottschall.

129.

FRANCES RIDLEY HAVERGAL

*"Pronto, agora está tudo acabado.
Bendito descanso!"*

Essa santa mulher de Deus nasceu em Astley, Inglaterra, em 14 de dezembro de 1836. Era a filha mais nova de Jane Havergal e do Rev. William H., um ilustre ministro da Igreja Episcopal. Ela recebeu o nome Ridley em memória do piedoso e erudito bispo Ridley, que foi um nobre mártir. Muitas pessoas foram grandemente ajudadas pelos trabalhos que ela escreveu em prosa e em verso.

Ridley morreu na Baía de Caswell, Inglaterra, em 3 de junho de 1879. Pouco tempo antes de morrer, ela disse a sua irmã Ellen:

—Eu queria que minha morte, como a de Sansão, trouxesse mais glória para Deus do que minha vida. Mas essa não é a Sua vontade.

Ellen respondeu:

—O apóstolo Paulo disse que a vontade do Senhor seja feita, e que Cristo seja exaltado, *seja na minha vida, seja na minha morte*.

Acho que foi então que ela sussurrou:

—Quero que o meu texto seja escrito na minha lápide: *O sangue de Jesus Cristo, Seu Filho, nos limpa de todo pecado*. Se houver espaço, o verso inteiro.

Ela disse a sua irmã:

—Não sei o que Deus quer dizer com isso, mas não tenho inspiração para escrever poemas ou livros agora.

Em outro momento, ela afirmou:

—Apesar das ondas gigantes, Marie, eu estou *tão* feliz porque as promessas de Deus são verdadeiras. *Não há temor!*

Quando o médico despediu-se dela e disse que achava que ela estava indo, ela respondeu:

—Maravilha, é bom demais para ser verdade! É esplêndido estar tão próxima das portas do Céu! Que lindo é ir!

O vigário de Swansea disse-lhe:

—Você falou e escreveu bastante sobre o Rei, e logo você o verá em toda a Sua beleza. Jesus está com você agora?

—Claro! — respondeu ela. — É esplêndido! Eu achava que Ele me deixaria aqui por mais um bom tempo, mas Ele é tão bom em me levar agora.

Em outra ocasião, ela disse:

—Ah, eu quero que todos vocês falem palavras radiantes, radiantes a respeito de Jesus. Por favor, façam isso! Façam isso!

É tudo perfeita paz. Eu só estou esperando que Jesus venha me buscar. —E logo depois ela cantou esta estrofe:

Jesus, confiarei em ti,
Confiarei a ti a minha alma;
Culpada, perdida e desamparada,
Tu me restabeleceste.
Não há ninguém no Céu, ou na Terra como tu;
Morreste por pecadores, morreste por mim.

E com muita emoção ela enfatizou esta última palavra: "mim".

Sua partida foi assim: ela teve uma terrível série de convulsões, e a enfermeira esteve ao seu lado assistindo-a; de repente, cessou. Ela se aninhou nos travesseiros, cruzou as mãos sobre o peito e disse:

—Pronto, agora está tudo acabado. Bendito descanso!

Então, de súbito, ela olhou para cima fixamente como se visse o Senhor — e certamente, nada menos celestial poderia ter refletido um brilho tão glorioso no seu rosto. Por dez minutos, ficamos observando aquele encontro quase visível dela com seu Rei. Seu semblante estava *tão feliz* como se já estivesse falando com Ele.

Ela tentou cantar; mas depois de uma doce nota aguda: "Ele…", sua voz sumiu. Enquanto seu irmão confiava sua alma ao seu Redentor, ela faleceu. Nossa preciosa irmã se foi *satisfeita, glorificada, para o palácio do seu Rei!*

Extraído de The Life
of Frances Havergal.

130.

GIROLAMO SAVONAROLA (1498)

O grande reformador italiano

Quando o bispo proferiu estas palavras: "Eu o desligo da igreja", uma súbita esperança iluminou a face do mártir, e ele exclamou: "Da igreja *militante* sim, mas não da igreja *triunfante!* Meu Senhor morreu por meus pecados — não devo eu alegremente dar minha vida por Ele?".

Dying Words,
de A. H. Gottschall.

131.

SIR THOMAS SMITH (1577)

Secretário de Estado da rainha Elizabeth I

"É uma lástima que os homens não saibam com que finalidade vieram ao mundo, a não ser quando já estão prontos para deixá-lo."

Dying Words,
de A. H. Gottschall.

132.

A VIDA DE UM INCRÉDULO POUPADA POR ALGUNS DIAS

Durante o verão de 1862, conheci o Sr. A., que professava ser incrédulo, e acho que era a pessoa mais próxima do ateísmo que já conheci. Tive várias conversas com ele, mas pareceu que não produziram qualquer impressão sobre sua mente, e sempre que eu acentuava um ponto de vista mais firmemente, ele ficava bravo.

No outono, ele adoeceu e sua saúde começou a decair rapidamente. Outras pessoas e eu tentamos, com bondade e muita oração, fazer com que ele entendesse sua necessidade de um Salvador, mas só conseguimos receber recusas. No entanto, como percebi que o fim se aproximava, um dia insisti na importância de se estar preparado para encontrar-se com Deus. Ele ficou zangado e me disse que eu não precisava mais me preocupar com sua alma, pois não havia Deus, a Bíblia era uma fábula e a morte era o fim de todos nós. Ele não quis que eu orasse por ele, e saí dali muito triste.

Cerca de quatro semanas depois, na manhã de ano-novo, acordei com a clara convicção de que deveria ir visitá-lo. Como eu não podia me livrar daquela convicção, fui vê-lo. Ao me aproximar da casa, vi dois médicos saindo. Toquei a campainha, e quando sua cunhada abriu a porta, exclamou:

—Ah, que bom que o senhor veio, *John está morrendo!* Os médicos dizem que ele não viverá mais que duas horas.

Eu subi para seu quarto e o encontrei apoiado sobre travesseiros numa poltrona. Ele parecia estar cochilando. Sentei-me perto dele, e dois minutos depois, quando abriu os olhos e me viu, ele se ergueu na poltrona com um sobressalto. Havia agonia em sua face e no tom de sua voz, ao exclamar:

—Eu não estou preparado para morrer! *Há* um Deus; a Bíblia *é* verdadeira! Por favor, ore por mim! Peça a Deus que me dê mais uns dias até que eu tenha certeza da minha salvação!

Ele proferiu essas palavras com intensa emoção, enquanto todo o seu corpo estremecia por causa da profunda agonia da sua alma. Eu lhe disse que Jesus é um grande Salvador, capaz e desejoso de salvar todo aquele que vai a Ele, até na hora final, como Ele fez com o ladrão crucificado ao Seu lado.

Quando eu me preparava para orar por ele, uma vez mais ele implorou que eu pedisse especificamente a Deus que o poupasse por mais uns dias, até que pudesse ter convicção da sua salvação. Durante a oração, eu tive a certeza da sua salvação e pedi a Deus que nos desse uma prova disso, concedendo-lhe uns dias a mais neste mundo. Outras pessoas uniram-se em oração a Deus neste sentido.

Eu lhe falei novamente ao entardecer, e ele parecia mais forte do que de manhã e sua mente estava buscando a verdade. No dia seguinte, ao entrar em seu quarto, notei que seu semblante mostrava que a paz e a alegria haviam tomado o lugar do temor e da ansiedade.

Deus concedeu-lhe cinco dias, dando evidência clara de que ele havia passado da morte para a vida. Para os médicos, seu caso era um mistério — eles não entendiam como sua vida tinha se prolongado. Mas nós, que estivemos orando por ele, sabíamos que era uma resposta direta de Deus para nossas orações.

Extraído de
Wonders of Prayer.

133.

ESTÊVÃO (33)

O primeiro mártir cristão — apedrejado até a morte

*"Eis que vejo os céus abertos e
o Filho do homem, em pé à destra de Deus.
Senhor Jesus, recebe o meu espírito! Senhor,
não lhes imputes este pecado!"*
(Atos 7:56,59,60)

134.

"VENDO AQUELE QUE É INVISÍVEL"

O último dia na Terra da minha querida amiga Gertrude Belle Butterfield foi 24 de maio de 1898. Neste dia, ela foi morar naquele país mais belo, onde os habitantes não contam os dias nem os anos. Sua vida terrestre foi de apenas 24 anos, mas *"não são os anos que dizem o quanto vivemos, e sim as ações"*.

Muito cedo em sua juventude, ela aprendeu a beleza da vida de servir a Deus e comprometeu-se a "gastar e ser gasta por Ele". Parte do seu serviço era o evangelismo, e só a grande colheita final nos revelará quantas das "sementes" por ela plantadas "germinaram, amadureceram e foram colhidas". Quando ela viu os campos "brancos para a ceifa", entregou sua vida em favor das missões estrangeiras "se Deus assim o quisesse".

Depois de formar-se no Seminário de Evansville, Wisconsin, pouco menos de um ano antes da sua morte, ela retornou à sua casa perto de Reedsburg, no mesmo estado. Ela estava fraca e desgastada por causa do trabalho e do estudo, mas achava que apenas precisava de descanso. Sentia que a vida estava diante dela e que agora estava pronta para viver. O amor de Deus — o maior presente da vida — ela já havia recebido, e seu coração estava satisfeito.

Mas não demorou muito até que ela descobriu que aquela fraqueza era tuberculose, e seus projetos de vida tinham de ser abandonados. Numa carta escrita em janeiro, ela disse: "Oh, seria fácil ir, tão fácil, se não fosse pelo trabalho inacabado da minha vida. Não posso deixar de sentir que agradaria ao Senhor deixar-me viver e trabalhar em favor das almas que não conhecem meu Jesus".

Mais tarde, entretanto, até a obra inacabada foi entregue a Ele, e tudo ficou em paz. Ela começou a sonhar com o Céu e estava pronta, sim, *feliz* por partir. Os últimos meses da sua vida foram muito sofridos, mas não houve reclamações. "Todos são tão bondosos", frequentemente se ouvia escapar de seus lábios por causa de alguma atenção recebida daqueles que ministravam carinhosamente às suas necessidades.

As memórias de alguns dias que passei com ela, três semanas antes da sua morte, são muito preciosas para mim. Ela era tão pura e meiga, tão atenciosa com os outros, tão parecida com Aquele que havia colocado "a beleza do Senhor" nela. Perto do fim, seu sofrimento tornou-se intenso. No domingo à noite antes de ela partir, todos pensamos que o anjo da morte estava próximo. Ela pediu que seus amigos cantassem um belo hino:

As alegrias terrestres vão se apagando
Jesus é meu!

Fazia dias que ela apenas sussurrava, mas agora o Espírito do Senhor veio sobre ela, abençoando-a — e ela levantou as mãos e, em voz clara e forte, repetiu: *"Onde está, ó morte, o teu aguilhão? Onde está, ó inferno, a tua vitória?... Sim, ainda que eu ande pelo vale da sombra da morte, não temerei mal algum, porque tu estás comigo; a tua vara e o teu cajado me consolam".*

Ela estava tão desejosa de partir e perguntava aos que estavam com ela se eles achavam que o fim chegara e dizia:

—Eu espero não me desapontar.

Mas só na terça-feira à tarde a morte veio e sua alma escapou, como um pássaro, da sua prisão de dor. E nós, que aguardamos esse "alvorecer" que tanto a empolgava, guardamos com carinho a lembrança de alguém que foi "fiel até a morte": a nossa piedosa Gertrude.

Cora A. Niles.

135.

ISAAC SHOEMAKER (1779)

"Ah, se eu pudesse contar-lhes o que eu vi e experimentei! Penetraria no coração mais endurecido entre vocês. Talvez, alguns pensem que não há inferno, mas eu tenho de lhes dizer que *há* um inferno, e é apavorante. E *há* um Céu, onde anjos com vestes brancas sentam-se à destra de Deus, cantando louvores ao Seu grande nome."

Dying Words,
de A. H. Gottschall.

136.

"VOCÊ NÃO ME DEU NADA EM QUE PUDESSE ME FIRMAR"

Numa aldeia no interior da Pensilvânia, um médico deu livros sobre o ateísmo a um jovem e persuadiu-o a negar seu Salvador. Em 1875, quando esse jovem já completara 50 anos, ele faleceu. O mestre ateu também era seu médico e, ao notar que o fim se aproximava, dizia-lhe para que morresse da mesma forma como vivera: rejeitando Deus e Jesus Cristo.

—Fique firme até o fim — conclamou o médico.

—Está bem, doutor — disse o moribundo — só que este é o meu problema: *você não me deu nada em que eu pudesse me firmar.*

O médico nada respondeu.

Dying Testimonies,
de S. B. Shaw.

137.

"OLHEM AS CRIANCINHAS — OH, MAMÃE, EU PRECISO IR!"

Minha irmã mais nova, Minnie Chatham, nasceu em 1861 e faleceu na primavera de 1873, aos 12 anos. Ela sempre demonstrou uma natureza meiga, doce e religiosa e amava muito a escola dominical e suas professoras. Sua oração constante era: "Oh, Deus, dá-me um novo coração". Às vezes, suas colegas mais velhas lhe diziam:

—Ah, Minnie, você é uma *boa* menina, não precisa orar pedindo um novo coração.

Mas ela respondia:

—Eu preciso sim. Não há *ninguém* bom, somos todos pecadores.

Durante sua enfermidade, que durou duas semanas, ela sofreu terrivelmente, e papai e mamãe ficaram ao seu lado noite e dia. Um dia, ela deu um jeito e levantou-se. Ajoelhando-se no chão, aos pés de sua cama, com as mãos entrelaçadas e os olhos voltados para o céu, ela fez a oração mais fervorosa que eu já ouvi. Sua petição era: "Oh, Senhor, dá-me um novo coração". Depois, ela recitou o Pai-Nosso, levantou-se, bateu palmas e disse:

—Eu estou *tão* feliz!

Voltando para a cama, ela se deitou e estava tão calma e quieta que parecia que nunca havia sofrido dor alguma.

Sua mãe havia lhe dito que Jesus poderia aliviar suas dores; por isso, quando ela estava sofrendo, frequentemente víamos suas mãozinhas entrelaçadas em oração. Às vezes, ela cantava alguns versos dos cânticos da escola dominical que ela tanto apreciava. Ela pediu seu Novo Testamento e as lições da escola dominical e colocou-os debaixo de seu travesseiro, e ali eles ficaram até sua morte.

Um pouco antes de dar seu último suspiro, ela se sentou na cama e disse:

—Os anjos vieram me buscar, eu preciso ir! Eles estão à porta esperando por mim. Mamãe, deixe-me ir! Por que você quer me manter aqui neste mundo perverso? Eu não ficaria aqui por nada.

Então, ela ergueu os olhos para o céu e continuou:

—Olhem as criancinhas! Oh, mamãe, eu preciso ir! Eu não gostaria de fazer nada que entristecesse meu querido Salvador.

Depois disso, pediu que o pai se aproximasse da cama e pediu que ele fosse bom e que a encontrasse no Céu; e então acrescentou:

—Eu quero que todos vocês sejam bons.

Na manhã seguinte, ela disse à mãe:

—Mamãe, se você tivesse me deixado ir, *eu estaria com os anjos agora.*

Um dia antes de morrer, ela cantou seu cântico favorito da escola dominical:

Não há na terra, nem no céu
Nome mais doce que o seu,
É o nome do meu Salvador,
Jesus, o Cristo, o Redentor.
Louvamos com prazer o Rei,
Jesus bendito Salvador,
Jamais se ouviu um nome aqui
Mais doce que Jesus.

Pouco depois, ela fechou os olhos e deu o último suspiro, tão tranquilamente como se tivesse adormecido. Sua professora da escola pública veio ao velório e, ao contemplar aquele rostinho silencioso no caixão, chorou copiosamente, como se estivesse com o coração partido. Ela disse que Minnie foi a criança mais querida e inteligente que ela conhecera e que era um exemplo perfeito para todas as suas turmas.

Sra. T. W. Roberts,
Nashville, Tennessee.

138.

MARGARET WILSON

No reinado de Charles II, Margaret Wilson (uma moça de 18 anos) e uma viúva de 63 anos foram condenadas à morte por afogamento pelo fato de serem protestantes. Duas estacas foram cravadas profundamente na areia, mas a que se destinava à viúva foi colocada mais para dentro da água. Os perseguidores esperavam que a coragem da moça fosse abalada ao presenciar o sofrimento da senhora. A maré subiu, e a viúva se debatia na sua agonia de morte. Um rufião, impiedoso, perguntou a Margaret:

—Como você vê sua amiga agora?

A jovem mártir destemida respondeu:

—Eu não vejo ninguém, exceto *Cristo* — em um dos seus seguidores — debatendo-se ali. Vocês acham que somos *nós* as sofredoras? Não, *é Cristo em nós!* Ele não nos manda para a batalha com nossas próprias forças.

Dying Words,
de A. H. Gottschall.

139.

A MORTE TRIUNFANTE DE JERÔNIMO DE PRAGA, O MÁRTIR

Este grande reformador e mártir da Boêmia, cuja família era de Praga, nasceu por volta de 1365. Ele era amigo íntimo de John Huss e foi martirizado na fogueira em Constance, em 30 de maio de 1416, no mesmo lugar onde Huss foi queimado na fogueira.

Chegando ao local de execução, ele se abraçou ao poste no qual estava preso com grande alegria e, quando atearam o fogo atrás dele, disse: "Venham ateá-lo diante dos meus olhos, pois, se eu tivesse medo dele, não teria vindo a este lugar".

O relato a seguir foi retirado da *Enciclopédia de Schaff*.

Jerônimo estudou em Oxford, provavelmente em 1396, e retornou a Praga com as obras teológicas de Wyclif. Em 1398, ele obteve o grau universitário em

Praga e subsequentemente fez o mestrado em Paris. Depois de seu retorno a Praga, em 1407, ele apoiou entusiasticamente os planos de Hus. Em 1410, ele foi, a convite do rei da Polônia, ajudar a colocar a Universidade da Cracóvia em bases firmes; de lá, viajou para a Hungria, para pregar diante do rei Sigismundo. Suspeitas de que ele pregava doutrinas heréticas fizeram com que fugisse para Viena; mesmo assim, ele foi preso e só foi libertado a pedido da Universidade de Praga.

Quando, em outubro de 1414, Huss se aprontava para ir a Constance, Jerônimo veio encorajá-lo a ficar firme e prometeu assisti-lo se necessário fosse. Em 4 de abril de 1415, ele cumpriu sua promessa, mas, aconselhado pelos nobres da Boêmia, fugiu de Constance um dia depois de sua chegada. Ele foi reconhecido em Hirschau por causa de suas denúncias a respeito do concílio, levado preso e enviado acorrentado para Constance.

Depois da morte de Huss, o concílio tentou induzir Jerônimo a retratar-se — e conseguiu, no dia 10 de setembro. No entanto, no dia seguinte, ele voltou atrás. O concílio instituiu um segundo julgamento, mas ele só obteve uma audiência pública em maio de 1416. Todas as tentativas de fazê-lo retratar-se novamente foram em vão. Ele foi condenado pelo concílio como herético em 30 de maio.

Enquanto as chamas espalhavam-se ao seu redor, ele cantava um hino de Páscoa — "Bendito dia de festa" — e repetia as três partes do Credo Apostólico que falam do Deus Pai, Filho e Espírito Santo. As últimas palavras que o ouviram dizer foram: "Esta alma em chamas eu ofereço a Ti, Cristo!".

140.

UMA MÃE AGONIZANTE ALERTA SEUS FILHOS

"Eu os conduzi pelo caminho errado!"

Uma mãe que negava a Cristo e zombava da religião chegara a seu leito de morte. Olhando para o grupo de filhos e filhas, que choravam ao redor de sua cama, ela disse:

—Meus filhos, eu os conduzi pelo caminho errado durante toda a sua vida. *Agora* eu descobri que a "porta larga" leva à perdição — eu não cria nisso antes. *Busquem servir a Deus e encontrar a porta do Céu,* embora seja possível que vocês nunca encontrem sua mãe por lá.

E assim, em meio a nuvens e escuridão, o sol se pôs na vida dela.

Dr. L. B. Balliett,
Allentown, Pensilvânia.

141.

PAZ NA TORMENTA

Há alguns anos, um barco a vapor estava naufragando com centenas de pessoas a bordo. Somente uma parte delas foi salva. Quando um homem se preparava para pular do vapor, uma menina, que não podia ser levada no barco menor, entregou-lhe um bilhete dizendo:

—Entregue à minha mãe.

O homem se salvou; a menina, com centenas de outras pessoas, morreu afogada.

vestou indo para Jesus".

Dr. L. B. Balliett,
Allentown, Pensilvânia.

142.

A ORAÇÃO DO GOVERNADOR DUNCAN

"Ah, se eu soubesse...".

Joseph Duncan nasceu no Kentucky por volta de 1790. Ele serviu na Guerra de 1812 e depois se mudou para Illinois. Como membro do Senado de Illinois, criou uma lei estabelecendo escolas públicas. Foi eleito membro do Congresso em 1827 e governador de Illinois em 1843. Morreu em 15 de janeiro de 1844. Extraímos esta história do livro *The Higher Christian Life*, do Rev. W. E. Boardman.

Por muitos anos, o governador foi reconhecido como um cristão notável — um membro assíduo da sua igreja. Ele foi um marco raro e brilhante, um alvo tanto para o deboche dos políticos ímpios quanto para os alegres comentários de todos os seguidores de Jesus.

É uma coisa muito bonita e extraordinária ver alguém que ocupa a posição de maior honra no estado honrando ao Rei dos reis. Feliz é o povo que exalta tais governantes a uma posição de poder, e feliz é tal governante na sua exaltação — mais ainda, entretanto, na humildade com que ele se prostra diante de Jesus do que na homenagem que o povo lhe presta.

Sua conversão foi clara. Ele renunciou a todos os seus méritos para ser aceito por Deus. O sangue de Jesus, o Cordeiro do Calvário, era toda a sua esperança. Tudo ia bem até que a morte e o juízo se aproximaram. Cerca de três semanas antes da sua morte, ele foi acometido por uma enfermidade tal que sentia que sua vida terminaria. Com as premonições de morte veio a questão de estar ou não apto para o Céu. Ele ficou incomodado. A febre de sua mente era maior do que a febre física — e, infelizmente, ele ainda não havia entendido que Jesus é o Médico dos médicos, capaz de curar todas as enfermidades que acometem o espírito.

Ele sabia muito bem que podia ser livre da condenação da Lei, pois a pena já havia sido cumprida pelo próprio Salvador, e todas as exigências da justiça tinham sido satisfeitas. Mas ele não via que as mesmas mãos que foram cravadas na cruz poderiam quebrar as algemas do pecado, remover suas manchas e ajustar as vestes imaculadas da perfeita justiça de Cristo sobre ele, revestindo-o de toda a graça celestial.

Grande era sua perplexidade. A escuridão tomou conta dele, sua alma estava em agonia e sua luta era em vão. O momento do desespero sempre chega, cedo ou tarde, para toda alma aflita. Mas o momento do desespero para aquele que entrega tudo nas mãos de Jesus torna-se também o momento da esperança.

Finalmente, o governador desistiu e entregou-se, dizendo no seu coração: "É, não adianta. Eu vou morrer. E eu não posso me fazer digno de entrar no Céu. Oh, Senhor Jesus, eu tenho de me lançar nas Tuas misericórdias e morrer *como estou*".

Esse abandono desesperado foi o princípio do descanso de sua alma. De fato, era a chave da vitória, e logo a beleza de Cristo começou a se manifestar para ele. Ele viu que o caminho para a salvação do *poder* do pecado era o mesmo da salvação da *culpa* do pecado: a simples fé no Salvador.

O fogo continuava a arder em suas veias e inexoravelmente consumia todas as forças vitais do seu corpo. Porém, a febre do seu espírito já havia sido completamente mitigada pela copiosa e refrescante corrente de água viva que brota de Jesus, a Rocha ferida — *e sua alegria era sem medida*.

Quando sua sofrida e chorosa família rodeou sua cama para as últimas palavras desse nobre homem, ele lhes disse, com a face irradiando alegria, que ele acabara de encontrar o que valia mais para ele do que riquezas, honras, ou cargos, ou qualquer outra coisa sobre a Terra: "o caminho da salvação pela fé no Senhor Jesus Cristo". Então, ele lhes deu sua ordem final: pelo amor que eles tinham por ele, que não descansassem até que também — quer já fossem cristãos como ele tinha sido por tanto tempo, quer não — encontrassem esse mesmo tesouro bendito.

Eles mencionaram o nome de um ilustre colega oficial, amigo especial do governador, que morava numa parte remota do estado, e lhe perguntaram se ele teria alguma mensagem para ele.

—Digam-lhe que eu encontrei o caminho da salvação pela fé no Senhor Jesus Cristo e, se ele puder também encontrá-lo, será muito melhor do que qualquer alto posto e honras que um homem possa receber na Terra.

E assim ele morreu. "Se ele soubesse disso antes", você poderia dizer... Pois bem, isso foi *exatamente* o que ele disse:

—Ah, se eu soubesse disso no início, quando ingressei no serviço de Deus, quão feliz eu teria sido! E quanto bem eu poderia ter feito!

143.

DR. WINGATE

Nos seus últimos momentos, o Dr. Wingate, da Faculdade Lake Forrest, na Carolina do Norte, conversou desse modo com o Mestre:

—Ah, que maravilha! Eu sabia que estarias comigo quando a hora chegasse. Eu sabia que seria doce — *mas não tão doce assim!*

Dying Words,
de A. H. Gottschall.

144.

"EU ESTOU INDO PARA O INFERNO"

*De um pregador do oeste vem
o triste relato da morte de seu avô.*

Meu avô passou 3 anos nas planícies com o famoso explorador indígena Kit Karson, mas ele sempre foi um homem perdido. Durante seus últimos três meses de vida, quando estava enfermo, frequentemente mandava me chamar para conversar sobre religião. No entanto, quando eu o pressionava a buscar o Senhor imediatamente, ele dizia:

—Eu já vivi assim até aqui, eu acho que posso esperar um pouco mais.

Ele morreu no dia 3 de julho de 1883 e praticamente as últimas palavras que proferiu foram: "Eu estou indo para o inferno!".

Tremendamente triste — terrivelmente verdade. Ele protelou o mais importante dever desta vida, até que foi tarde demais, *eternamente tarde demais.*

*Extraído de um artigo
escrito em Dying Testimonies,
de S. B. Shaw.*

145.

A MORTE TRIUNFAL DE MARTINHO LUTERO

*O grande reformador alemão,
nascido em Eisleben (uma cidade na Saxônia,
não muito longe de Wittenberg), no dia
10 de novembro de 1483, morreu no mesmo
local em 18 de fevereiro de 1546. Retiramos
o seguinte relato da Enciclopédia de Schaff.*

Lutero é considerado um grande herói nacional para o povo alemão e o seu ideal de vida. Possivelmente nenhuma outra nação civilizada tenha um herói que expressou tão completamente o ideal nacional. O rei Artur talvez seja o que mais se aproxima de Lutero entre os de fala inglesa.

Ele foi grande tanto em sua vida particular quanto em sua carreira pública. Sua casa era o ideal de alegria e canção. Ele foi grande em seus pensamentos e ações. Foi um estudioso dedicado e um perito conhecedor do homem. Foi humilde na contemplação do poder e desígnios da pessoa de Satanás, mas intrépido e desafiador em meio aos perigos. Ele podia desafiar o papado e os concílios imperiais e, ao mesmo tempo, prostrar-se com confiança diante da cruz. Ele nunca se sentiu cansado, e parecia não haver limites para sua energia criativa.

Por isso, Lutero se destaca diante do povo alemão como o protótipo do caráter germânico. Goethe, Frederico e outros importantes vultos, nesse aspecto, apagam-se diante do reformador alemão. Ele incorporou à sua pessoa a ousadia do campo de batalha, a canção do músico, a alegria e o cuidado de um pai, a habilidade de um escritor, a força de um orador e a sinceridade de uma masculinidade tosca — mas também a humildade de um cristão.

Suas últimas palavras foram: "Meu Pai celestial, meu eterno Deus! Tu me revelaste Teu Filho, nosso Senhor Jesus Cristo! Eu o preguei! Eu o confessei! Eu o amo e o adoro como meu mais querido Salvador e Redentor! Em Tuas mãos eu entrego meu espírito".

146.

JOHN WILMOT (1680)

Segundo o conde de Rochester

John Wilmot foi salvo de uma vida de profundo pecado e descrença. Quando estava morrendo, colocou a mão sobre a Bíblia e disse de forma solene e fervorosa: "A única objeção contra este Livro é uma vida má. Eu devo morrer agora; mas *que glórias indescritíveis eu vejo!* Que alegrias além do poder do pensamento e da expressão agora percebo! Estou certo da misericórdia de Deus para comigo por meio de Jesus Cristo. *Ah, como eu anseio morrer!*".

Dying Words,
de A. H. Gottschall.

147.

MORRENDO EM DESESPERO

Por volta de 1880, enquanto fazíamos um trabalho evangelístico, certa manhã, bem cedo, um garotinho muito triste veio ao nosso quarto nos chamar dizendo que sua mãe estava morrendo e queria nos ver. Nós corremos até sua casa e nos deparamos com um triste quadro ao abrir a porta: uma mulher em completo desespero. A expressão do seu rosto e a tristeza no seu olhar indicavam sua grande agonia.

Estávamos tão perplexos que não sabíamos o que dizer ou fazer. Nosso coração estava transbordando. Nós lhe dissemos:

—Você está em grande sofrimento.

Com um olhar selvagem, ela replicou:

—Sim, eu estou sofrendo muito; mas isso é nada em comparação com a angústia de ir encontrar Deus despreparada. O que é esse sofrimento físico comparado ao remorso da consciência e ao futuro tenebroso que me aguarda?

Então, ela bradou em agonia:

—Tudo é vaidade! Eu vivi para mim mesma tentando encontrar prazer nos bailes e em outros lugares de divertimento. Negligenciei a salvação da minha alma! Eu não estou preparada para encontrar-me com Deus! Orem por mim — *oh, orem por mim!*

Enquanto orávamos, ela exclamava: "Deus, ajude-me! O que posso fazer? Há alguma esperança para uma pobre pecadora como eu?", e dizia muitas outras expressões semelhantes. Seu marido incrédulo chorava amargamente enquanto ela falava sobre o passado pecaminoso dos dois. O coração dela estava endurecido pelo pecado, seus ouvidos, ensurdecidos, e seus olhos, cegos demais para ver a luz de Deus.

Seus amigos chegavam da aldeia e das fazendas circunvizinhas para vê-la morrer. Ao entrar em seu quarto, ela tomava-lhes as mãos e implorava-lhes que não seguissem seu exemplo e não vivessem como ela viveu. Pegando a mão de um tio, um homem perdido no pecado e que parecia bem longe de Deus, ela disse:

—Tio, prepare-se para encontrar seu Deus. Não espere até o dia da morte, como eu fiz. Quando você estiver arando o solo, *ore*. Quando estiver plantando o milho, *ore*. Quando estiver capinando, *ore*. Seja o que for que estiver fazendo, *ore*!

Muitos de seus amigos choraram e prometeram levar vidas melhores. Porque sua agonia mental ia muito além da dor física, parecia que ela não estava consciente do seu intenso sofrimento físico. Seus pecados pareciam amontoar-se diante dela como uma grande montanha que escondia dela a presença e o amor de Deus.

Enquanto lhe foi possível falar, ela orou e pediu que outros orassem por ela, mas finalmente a voz que havia clamado tão suplicantemente por misericórdia e alertado a todos pelo exemplo de sua vida sem Deus foi calada pelo silêncio da morte.

Logo depois da sua morte, visitamos seu marido e lhe relembramos do testemunho final de sua esposa, insistindo com ele para participar das reuniões evangelísticas que estávamos promovendo na cidade. Mas ele tinha muito preconceito em relação ao cristianismo e não nos deu nenhum sinal encorajador. Ele continuou trilhando o mesmo caminho de pecado de antes.

Dying Testimonies,
de S. B. Shaw.

148.

"EU ESTOU TÃO CONTENTE POR SEMPRE TER AMADO A JESUS"

A Srta. Orphie B. Schaeffer, filha do Rev. G. F. Schaeffer, um ministro luterano que na época era o reitor da Faculdade Luterana da Carolina do Norte, estava nos visitando. Logo nos tornamos amigas íntimas. De repente, no entanto, Orphie ficou doente, e sua doença se desenvolveu em grave caso de febre tifoide que a levou à morte em duas semanas.

Durante sua enfermidade, frequentemente ela falava de seus queridos na distante Easton, Pensilvânia. Não lhes comunicamos a respeito da sua enfermidade porque não percebemos que era de natureza tão grave, a não ser quando já estava no estágio final.

Ela amava seu Salvador e tinha a máxima confiança em Deus. Ela frequentemente dizia: "É tão maravilhoso amar Jesus. Eu sempre o amei".

Eu estava ao lado da sua cama quando ela estava morrendo. Ela pediu que eu me aproximasse e me disse:

—Mollie, eu ouço a música *mais doce*.

Eu lhe perguntei de onde o som da música vinha, e ela respondeu:

—Do outro lado da colina. Você não os ouve cantar: *Paz na terra e boa vontade para com os homens*?

Outra vez, sua fisionomia lívida iluminou-se com a própria luz do Céu, e ela disse:

—Você não consegue ouvi-los cantando? Ouça.

Eu me esforcei para captar o som que eu sabia que ela estava ouvindo, mas a única coisa que eu ouvia era sua respiração difícil.

Logo depois, ela disse: "Adeus, mamãe! Adeus, papai! Adeus, Florence!" — e foi acometida de uma hemorragia que a deixou cada vez mais fraca. Finalmente, um pouco antes de tudo acabar, ouvimos mais uma vez ela dizer: "Eu estou tão contente por sempre ter amado a Jesus".

Adaptado de uma carta escrita por Mollie J. Herring, Clear Run, Carolina do Norte.

149.

CHEFE VARA

Um guerreiro

Nos dias de sua ignorância, Chefe Vara era um poderoso guerreiro e oferecia sacrifícios humanos. Depois de sua conversão, entretanto, ele se tornou um fervoroso cristão. "Eu fui muito perverso, mas o grande Rei do outro lado dos céus mandou seus embaixadores com o acordo de paz. Durante muitos anos, nós não sabíamos o que esses embaixadores queriam, mas finalmente Pomare convidou todos seus súditos a virem se refugiar sob as asas de Jesus. Eu fui um dos primeiros a fazê-lo. O sangue de Jesus é o meu alicerce, e eu lamento que todos os meus filhos não o conheçam. O meu homem *exterior* é diferente do *interior* — deixe que o primeiro apodreça até o soar da trombeta, *mas deixe a minha alma voar até Jesus!*"

Dying Words,
de A. H. Gottschall.

150.

"ASSASSINATO! ASSASSINATO! ASSASSINATO!"

Quando o Sr. R., de Baltimore, foi acometido de cólera, ele mandou me chamar. Quando entrei no quarto, ele disse:
—Minha esposa, que é crente, tem escrito desde que eu vim para cá, insistindo que eu o conheça e frequente sua igreja. Mas eu não fiz o que ela pediu; e pior, eu estou para deixar este mundo sem estar preparado para me encontrar com Deus.

Ele era um homem de aspecto fino, e como eu conhecia muitos de seus amigos em Baltimore, senti muita compaixão por ele. Eu senti amor por ele e me determinei, se possível, a contestar o direito de posse de Satanás sobre ele até o último momento de sua vida.

Mas ele estava muito desanimado e, depois de contender com ele por mais ou menos uma hora, exortando-o a fixar sua mente em alguma preciosa promessa da Bíblia, ele disse:

—Há somente uma passagem da Bíblia da qual consigo me lembrar, e ela me assusta. Eu não posso pensar em mais nada — ela se aplica bem ao meu caso: *Aquele que, sendo muitas vezes repreendido, endurece o coração, será destruído de repente sem que haja cura.* Sr. Taylor — ele continuou —, não adianta ficar falando comigo nem tentar fazer mais nada. Eu sou *aquele* homem e o meu destino está determinado.

No dia seguinte, quando entrei em seu quarto, ele disse a dois jovens que ali estavam:

—Saiam, rapazes, eu quero conversar com o Sr. Taylor.

Então ele disse:

—Eu não tenho esperança, mas, para servir de alerta a outros, quero contar-lhe algo que aconteceu há uns meses, quando ainda tinha saúde e fazia bons negócios. Um homem me disse: "Dick, que tal você se empregar como escriturário?". Eu lhe respondi: Eu não seria um escriturário nem do próprio Jesus Cristo. Veja, senhor, de que maneira eu tratava Jesus Cristo quando eu pensava que não precisava dele. Agora que eu estou morrendo e não posso fazer mais nada de bom nesta vida, é presunção me entregar a Ele. Não adianta; Ele não me receberá.

Nada do que eu dissesse parecia poder fazê-lo mudar de ideia. Algumas horas depois, ele sentiu o aperto gelado da morte sobre seu coração e gritou:

—Rapazes, ajudem-me a sair daqui!

—Não, Dick, você está muito doente — eles responderam—. Não podemos ajudá-lo a se levantar.

—Oh, por favor, ajudem-me a me levantar! Eu não posso ficar deitado aqui!

—Por favor, Dick, não se esforce tanto, você só acelerará sua morte.

—Rapazes — disse ofegante o pobre homem—, se vocês não me ajudarem a me levantar, eu vou gritar *assassinato*! — e gritou o mais alto que podia—: "Assassinato! Assassinato! Assassinato!", até que o sopro de vida sumiu e sua voz foi calada pelo silêncio da morte.

Quão terrível e perigoso é adiar a mais importante decisão da vida para a hora em que o coração e a carne estão enfraquecidos!

*Adaptado de um artigo
de California Life Illustrated.*

151.

"SOU EU, NÃO TENHAM MEDO"

Digam ao justo que tudo estará bem com ele

Assim foi com o devoto bispo Glossbrenner, quando ele atingiu o fim de sua jornada terrestre em 7 de janeiro de 1887.

O Sr. John Dodds, de Dayton, Ohio, um amigo íntimo do bispo, passou um ou dois dias com ele pouco antes de sua morte e encontrou-o num estado mental muito abençoado. Quando se falou em pregação, ele disse:

—Se eu pudesse pregar apenas uma vez mais, eu pregaria *Jesus*. Eu pregaria sobre suas palavras para os discípulos no Mar da Galileia: *Sou eu, não tenham medo.*

Quando o Sr. Dodds estava saindo, ele se voltou e, para sua surpresa, o bispo havia se levantado sem ajuda e estava em pé ao lado da porta. Ele estava visivelmente emocionado e, com a mão levantada e lágrimas no rosto, disse:

—Diga a meus irmãos que está tudo bem. *Meu lar é lá!*

Para outra pessoa, ele disse:

—Minha ficha está limpa, não porque eu preguei o evangelho, mas *somente* pelo amor, misericórdia e graça de nosso Senhor Jesus Cristo. Não confie em *nada* mais, senão em Jesus Cristo e numa experiência consciente de ser aceito por Deus pelos méritos de Jesus.

Pressentindo que seu fim estava muito próximo, ele disse ao seu pastor:

—Eu não vou ficar aqui por muito mais.

Quando lhe perguntaram sobre seu futuro, sua resposta foi: "Tudo está tão brilhante quanto deve ser. Que bênção é ter um Salvador numa hora como esta".

Suas últimas palavras sussurradas foram: "Meu Salvador!".

Extraído de um artigo
em Life to Life.

152.

HUGH LATIMER, MÁRTIR DA REFORMA NA INGLATERRA

"Hoje, nós acenderemos uma chama tal na Inglaterra que jamais se extinguirá."

Hugh Latimer, um dos mais influentes pregadores, heroicos mártires e importantes líderes da Reforma na Inglaterra, nasceu em Thurcaston, Leicestershire, por volta de 1491, e morreu na fogueira, em Oxford, em 16 de outubro de 1555.

No reinado de Maria, Latimer foi mandado para a torre por ser considerado um "sujeito sedicioso". Ridley e Cranmer também foram mandados para a torre, e em março os três foram levados à presença dos comissários da rainha em Oxford, condenados por heresia, e mandados de volta ao confinamento.

Dezoito meses depois, Latimer e Ridley foram levados a Oxford para serem queimados. Quando foi despido para a execução, Latimer vestia uma longa mortalha. Lá estava ele, aquele velho homem magro — bem ereto e perfeitamente feliz — com um saco de pólvora amarrado no pescoço. Eles se abraçaram perto da estaca, ajoelharam-se, oraram e depois beijaram a estaca.

Quando atearam fogo na lenha, Latimer dirigiu-se ao seu companheiro de sofrimento com as memoráveis palavras: "Tenha bom ânimo, irmão Ridley, e seja homem. Hoje, nós acenderemos uma chama tal na Inglaterra que jamais se extinguirá!".

Quando as chamas começaram a subir, ele gritou com veemência: "Oh, Pai do Céu, receba a minha alma!". Ele parecia abraçar as chamas. Tendo passado as mãos no rosto, em seguida ele mergulhou-as no fogo e morreu rapidamente.

A quantia paga pela rainha Mary para que aquele fogo fosse ateado foi de pouco mais de 1 libra. Para a Igreja Católica Romana, foi o fogo mais caro já ateado. Para a Inglaterra — graças a Deus — foi a luz da liberdade religiosa que se acendeu, a chama da Reforma.

*Adaptado de Life Stories
of Remarkable Preachers.*

153.

GILES TOLLEMAN (1544)

Um mártir de Bruxelas

Quando se lhe ofereceu uma oportunidade de fugir da prisão, ele não a aproveitou. "Eu não causaria tal mal aos carcereiros, pois eles teriam de responder pela minha ausência."

Na execução, o carrasco se ofereceu para estrangulá-lo antes de o fogo ser ateado, mas ele não consentiu, dizendo que não temia as chamas. Havia ali uma grande quantidade de lenha, e ele pediu que a maior parte dela fosse entregue aos pobres, dizendo: "Uma pequena quantidade será suficiente para me consumir".

E ele então morreu, com muita tranquilidade.

Dying Words,
de A. H. Gottschall.

154.

ABANDONADO PARA MORRER SOZINHO

P. K. era um homem rico e talentoso, mas odiava tudo o que se relacionava a Deus, ao Senhor Jesus Cristo e à Bíblia Sagrada. Ele falava, pregava e publicava livros e folhetos contra o Salvador e as Sagradas Escrituras, distribuindo-os livremente onde ele podia. Sua influência maligna foi muito grande por muitos anos.

De um vizinho próximo e de membros de sua família, coletamos estes fatos relacionados com sua morte.

> Seu leito de morte era indescritível. Ele trincava os dentes, e o sangue jorrava de suas narinas enquanto ele gritava: "Inferno! Inferno! Inferno!", com um terror que nenhuma pena poderia descrever. Um vizinho declarou que podia ouvi-lo a 400 metros de distância.

Sua família não suportou a agonia daquela cena de seu leito de morte. Eles fugiram para uma mata do outro lado da rua e lá permaneceram entre as árvores até que tudo se aquietasse na casa. Um a um, eles se aventuraram de volta, para encontrar o esposo e pai morto e frio. Ele literalmente foi deixado para morrer *sozinho*, abandonado por Deus e pelos homens.

Milburn Merrill, Denver, Colorado, em Dying Testimonies, de S. B. Shaw.

155.

"ORA ESSA! O CÉU DESCEU À TERRA"

*Preciosa é aos olhos do Senhor
a morte de seus santos*

O Rev. William Kendall trabalhava com o Dr. Redfield e o glorioso grupinho dos primeiros metodistas livres. Ele morreu em 1.º de fevereiro de 1858, e as últimas cenas da sua vida foram tão abençoadas que gostaríamos de registrá-las.

Ele se reanimou num domingo antes da sua morte e estava muito contente, com a face irradiando glória. Ele disse:

—Este foi o domingo mais abençoado que eu já tive.

No dia seguinte, ele teve um conflito severo com Satanás, mas obteve uma gloriosa vitória. Ele disse:

—Jesus, o poderoso Conquistador, reina!

No outro dia, ele exclamou:

—Ora essa! O Céu desceu à Terra! Eu vejo os anjos. Eles estão voando pela casa!

Depois de dormir um pouco, ele acordou e exclamou:

—Eu vi o Rei na Sua beleza — o Rei da glória. Eu dormi no Seu palácio!

Ele delirou por algum tempo e novamente lutou com os poderes da escuridão, mas rapidamente triunfou, exclamando com um sorriso:

—Eu posso me engalfinhar com o monstro sinistro: a *morte!*

Num domingo, pensou-se que ele estava morrendo. Sua esposa colocou o ouvido bem próximo da sua boca enquanto ele, deitado, olhava fixamente para cima e agitava os braços como se quisesse ir embora voando. Ela o ouviu sussurrar: "Salve! Salve!".

—O que você está vendo? — ela perguntou.

—Eu vejo luz! Luz! Luz! Eu vejo... —E ficou em silêncio por um tempo. Então, de repente começou a cantar num claro porém vacilante tom—: *Aleluia ao Cordeiro que comprou nosso perdão. Nós o louvaremos novamente quando passarmos o Jordão!*

—Está tudo bem? — alguém perguntou.

Ele respondeu, com inefável doçura, três vezes:

—Tudo está bem!

O frio da morte veio indicando que o alívio seria rápido, mas uma vez mais ele se reanimou e cantou muito docemente: "Oh, como são felizes aqueles que obedecem ao seu Salvador".

Um pouco depois, continuou:

A UM PASSO DA ETERNIDADE

Minha alma está cheia de glória, que me inspira a língua;
Se eu pudesse encontrar-me com os anjos, cantaria para eles uma canção.

Mais uns minutos de luta, e *o fio de prata se soltou* — e o guerreiro sucumbiu para levantar-se imortal.

Adaptado de um artigo
em Wayside Sketches.

156.

"EU POSSO VER OS ANJOS TODOS NO QUARTO. VOCÊS NÃO OS VEEM?"

A morte de minha piedosa mãe foi triunfante e vitoriosa. Ela foi uma mulher de grande fé e estudava a Bíblia constantemente. Alguns anos antes da sua morte, entendendo que deveria confirmar sua fé, foi a Deus em oração fervorosa e consagrou sua vida 100% a Ele. Pela fé, ela pôde receber Jesus como um *completo* Salvador e ficou convicta de que o sangue de Jesus a purificara de todo pecado. Daquele dia em diante, ela viveu no mar do amor de Deus e foi protegida de todo pecado pelo poder de Deus pela fé.

Num domingo de manhã, enquanto se preparava para ir à igreja, mamãe sentiu um calafrio. Daquele momento em diante, ela soube que morreria. Ela disse à filha mais velha:

—Faz tempo que espero que algo aconteça para trazer seu pai de volta para Jesus, mas eu pensava que Ele levaria o Samuel.

Ela exortava meu pai a entregar seu coração a Deus, dizendo:

—Eu vou para o Céu — encontre-me lá.

Ele tinha muita fé nas orações dela e implorava-lhe que pedisse a Deus que poupasse a sua vida.

—Eu não posso viver sem você e criar nossos filhos sozinho!

Com um sorriso celestial e uma fé inabalável, ela lhe respondeu:

—Deus cuidará de você e das crianças. Não chore por mim, eu vou para a glória! — E acrescentou —: Nunca mais beba!

Ele prometeu-lhe que não beberia mais. Então, ela nos exortou a todos a encontrá-la no Céu.

De repente, ela bradou e louvou a Deus, dizendo:

—Oh, eu posso ver os anjos todos no quarto. Vocês não os veem?

A pedido dela, nós cantamos "Eu vi um peregrino cansado" e "Oh, vem, coro angelical". Ela cantou conosco e, enquanto cantava o último louvor, seu espírito foi para o lar com Deus.

Desde a morte de mamãe, nosso pai manteve sua promessa. Ele levantou um altar na família e ensinou a nós, seus seis filhos, pelo exemplo e pelos ensinamentos, a confiar no Deus de nossa mãe para encontrarmos com ela no Céu. Toda noite e toda manhã ele orava conosco junto ao altar familiar. Cinco anos depois, ele também morreu triunfante na fé e foi para o Céu.

*Adaptado de uma carta
da Sra. Anna Crowson,
de China Spring, Texas,
por volta de 1898.*

157.

"OS ANJOS DIZEM QUE HÁ LUGAR PARA MUITA GENTE LÁ EM CIMA"

*Kate H. Booth, de Buffalo,
Nova Iorque, ofereceu-nos o relato
da morte feliz de sua irmã.*

Minha irmã foi uma cristã fervorosa, e para demonstrar a profundidade de sua devoção, permita-me citar uma parte do seu diário:

"Sexta-feira, 22 de agosto — eu me reconsagrei a Deus. O fogo desceu e consumiu o sacrifício. Tudo foi colocado sobre o altar e permanece lá.

Terça-feira, 26 de agosto — eu recebi um batismo como nunca antes, e hoje eu digo: 'De qualquer forma, Jesus, que Tu sejas glorificado'.

Dá-me alegria ou tristeza, dá-me alívio ou dor,
Tira-me a vida ou meus amigos,
Mas deixa-me a tudo reencontrar,
No celeste lar que vais me dar.

A morte repentina será glória repentina."
Ela estava constantemente louvando ao Senhor por Sua misericórdia e graça e era grata por cada ato de bondade demonstrado. Algumas de suas expressões eram: "Está tudo bem, está tudo claro. A morte perdeu seu aguilhão — e eu estou quase lá".
Num entardecer de outono, quando o sol estava se pondo e as folhas estavam coloridas em tons de dourado, ela disse:
—Sim, *ainda que eu ande pelo vale da sombra da morte, não temerei mal algum, porque Tu estás comigo; a Tua vara e o Teu cajado me consolam.*
Um dia, ela teve uma visão do mundo invisível. Seu rosto resplandeceu com um brilho divino e parecia que ela logo nos deixaria.
Eu a chamei:
—Jennie, quais são suas últimas palavras?
Ela se reanimou e disse:
—Seja fiel. Mas o que fez você me chamar de volta?
—O que você viu? — eu disse
—Está tudo bem lá — ela disse, levantando a mão em sinal de vitória.

Durante sua enfermidade, ela frequentemente manifestava o desejo de manter-se consciente até o último minuto e pedia que todos nós orássemos para que ele fosse cumprido. Seu desejo foi-lhe concedido, e no exercício pleno de suas faculdades mentais ela chegou às margens do rio.

Ao aproximar-se o fim, ela repetia estes versos:

O labor é descanso e a dor é doce
Se Tu, meu Deus, comigo estás.

Certa vez, ela me pediu para ler o hino que começa assim: "Quão bendito é o justo quando morre". Ela o achava tão lindo que pediu que fosse cantado em seu funeral.

Na terça-feira à noite, ela disse:

—Nesta noite, a luta está difícil, mas amanhã haverá uma gloriosa vitória.

Seu último dia na Terra, quarta-feira, foi lindo e glorioso, pois ela sentia que logo entraria na presença do seu Senhor. Era o dia 1.º de outubro, aniversário de seu pai. Ao entardecer, uma ou duas horas antes do fim, o médico entrou no quarto. Ela olhou para ele sorrindo e perguntou-lhe:

—Doutor, como estou? — As lágrimas escorreram pelo rosto do médico quando ela acrescentou—: *Os anjos dizem que há lugar para muita gente lá em cima!*

Dying Testimonies,
de S. B. Shaw.

158.

"ENTÃO EU ESTOU CONDENADO PARA TODA A ETERNIDADE"

*O texto que segue foi adaptado de um
artigo escrito pelo Rev. Thomas Graham,
grande evangelista do século 19.*

Quando eu dirigia uma reunião em Middlesex, Pensilvânia, em 1843, um homem chamado Edwards morreu. Ele havia matado um porco e, enquanto preparava linguiças, pegou um pouco de pimenta-do-reino para fazer alguns amigos espirrar. Um deles conseguiu que Edwards espirrasse duas vezes. Isso fez com que um vaso sanguíneo se rompesse. Mandaram chamar o médico, mas de nada adiantou. A ruptura aconteceu em alguma região da cabeça e nada se pôde fazer por ele. Quando lhe disseram que morreria, ele gritou tão alto que pôde ser ouvido a mais de um quilômetro de distância. Ele clamou: "Então eu estou condenado para toda a eternidade!". Ele continuou gritando e fazendo essa terrível declaração até morrer.

Dying Testimonies,
de S. B. Shaw.

159.

ALBERT E. CLIFF

Famoso escritor canadense

O famoso escritor canadense Albert E. Cliff conta-nos a respeito da morte de seu pai. O homem moribundo entrou em coma e foi considerado morto. E, então, aconteceu um momentâneo ressurgimento da vida. Seus olhos se abriram. Na parede, havia um quadro com um antigo lema: "Eu sei que o meu Redentor vive". O moribundo olhou para aquele versículo e disse:

—Eu *realmente sei* que meu Redentor vive, pois todos estão ao meu redor — mamãe, papai, meus irmãos e irmãs.

Havia muito eles tinham partido deste mundo, mas evidentemente ele os viu. Quem contestaria?

O Poder do Pensamento Positivo,
de Norman Vincent Peale.

160.

DR. T. DEWITT TALMADGE

O conhecido Dr. T. DeWitt Talmadge disse: "Nós nos encaminhamos rapidamente para a hora final em nossa casa terrena. Quando eu vejo o sol se pôr, eu digo: 'Menos um dia para viver'. Quando eu sepulto um amigo, eu digo: 'Mais um laço terreno que se vai para sempre'.

Que lépidos pés os anos têm! De uma década a outra, eles vão saltando velozmente. Há um lugar para nós, marcado ou não, onde dormiremos nosso último sono, e já vivem os homens que nos conduzirão com andar solene até nosso lugar de descanso. Sim, e no Céu, sabe-se se a nossa partida será uma coroação ou um banimento.

Certa vez, quando eu estava em perigo de afogar-me no mar, minha própria vida parecia de repente tremendamente insatisfatória. Eu só podia dizer: 'Eis-me aqui, Senhor, toma-me como sou. Eu não posso consertar as coisas agora. Senhor Jesus, Tu morreste pelo maior dos pecadores. Este sou eu! Parece-me, Senhor, que meu trabalho está terminado e mal terminado, por isso eu me lanço sobre a Tua infinita misericórdia.

Nesta hora de naufrágio e escuridão, eu entrego a mim e a esta que seguro pela mão a Ti, ó Senhor Jesus, e oro para que o sofrimento na água seja breve, e que, no mesmo instante, possamos ambos chegar à glória!'

Ah, eu lhe digo que um homem aprende como orar, acertando bem na mosca, quando tem um ciclone sobre si, um oceano abaixo e a eternidade se aproximando.

E possa Deus conceder-nos que, quando todos nossos dias na Terra terminarem, possamos descobrir que, pela imensa misericórdia de nosso Senhor Jesus Cristo, todos sobrevivemos à tormenta!"

The Gold Star Family Album,
verão de 1967.

161.

SYLVIA MARIE TORRES

9 de janeiro de 1957 — 12 de dezembro de 1966

"Sim, Senhor Jesus… faça-se a tua vontade."

Nossa preciosa, talentosa e linda netinha dormiu no Senhor poucos dias antes do Natal. Foi muito difícil deitar aquele corpinho na terra. Mas ela se levantará naquela manhã, quando o dia raiar e as sombras se dissiparem.

Ela passou muitas semanas sofrendo intensamente. Nem uma dose de morfina para adultos aliviava suas dores. Ela disse que sabia como o Senhor Jesus tinha sofrido por ela. "Só que Ele sofreu mais", ela dizia.

Quando seus joelhos e pulsos estavam terrivelmente inchados e doloridos, ela dizia que sabia o que Jesus havia sentido quando pregaram os cravos em Suas mãos e Seus pés. Na última vez que ela esteve no hospital, disse:

—Se o Senhor quiser que eu volte, eu não vou mais fazer um estardalhaço, mas só pedir que Ele me dê graça para suportar a dor.

Um dia, ela estava muito triste e indisposta, e seu pai inclinava-se sobre ela tentando fazer seu nariz parar de sangrar enquanto cantava suavemente para a filha. De repente, ela disse:

—Papai, não cante, porque você deixa minha música toda confusa.

Quando ele disse que não sabia que ela estava cantando, ela respondeu que não estava cantando em voz alta. Um pouco antes, ela havia pedido a ele que a ajudasse com as palavras do hino "Que segurança, sou de Jesus". Sem dúvida, ela estava cantando essa canção.

Outra vez, ela perguntou ao pai se a sua dor cessaria assim que ela entrasse no Céu. Algumas horas antes de morrer, ela murmurou: "Sim, Senhor Jesus". Um pouco depois, novamente ela disse ao Senhor as mesmas palavras: "Sim, Senhor Jesus". Nós estávamos orando para que o Senhor estivesse bem perto dela, fazendo-a sentir Sua presença preciosa, e sabemos que Ele estava.

Depois do seu falecimento, sua mãe encontrou um papelzinho preso na parede atrás da cortina do seu quarto no qual ela havia escrito com letras de forma as seguintes palavras: *"Faça-se a Tua vontade, Senhor"*.

O médico da menina disse que ela era realmente uma santa. Outro médico afirmou:

—Eu havia ouvido falar do Senhor, mas agora eu o vi numa garotinha.

Outra pessoa declarou:

—Ela me ensinou mais nestes poucos anos do que eu havia aprendido nos últimos 40 anos.

Sra. Ralph F. Becker, Holland,
Nova Iorque.

162.

A ETERNIDADE PODE COMEÇAR AGORA

Escrito por John L. Sherrill,
redator-chefe da revista Guideposts

Eu ainda lembro que assobiava enquanto caminhava na Park Avenue, em Nova Iorque, naquela manhã de primavera há 3 anos. Passei pela porta do consultório de meu médico e inclinei a cabeça cumprimentando sua recepcionista — que agora já se tornara uma velha amiga. Eu estava indo mensalmente lá desde que tinha operado um câncer havia 2 anos, e sempre fora igual: o médico passava seus dedos treinados pelo meu pescoço, dava-me um tapinha nas costas e dizia: "Até daqui a um mês".

Mas naquele dia não foi assim. Dessa vez, seus dedos apalparam e trabalharam longamente. Quando saí, eu tinha uma cirurgia marcada no Hospital Memorial para dois dias depois. Que diferença isso fez naquela bela manhã de primavera!

Voltei pela mesma rua, com o mesmo sol brilhando, mas agora eu andava acompanhado por um medo gelado. Todos os pacientes de câncer conhecem esse medo. Nós tentamos controlá-lo de várias maneiras. Agora, eu não conseguia mais controlá-lo. Ele cresceu e dissipou a razão: *era o medo da morte*.

Eu mergulhei na primeira igreja que encontrei, buscando penumbra e privacidade. Era a Igreja Episcopal St. Thomas, na Quinta Avenida. Mecanicamente, eu me sentei. Poucos minutos depois, um jovem ministro subiu ao púlpito para entregar a meditação do meio-dia. No momento, eu não sabia, mas aquela breve mensagem seria a chave para a minha libertação desse mais básico dos medos.

Naquele momento, parecia tremendamente irrelevante para o meu problema. O texto era: "...para que todo o que nele crê não pereça, mas tenha a vida eterna" (João 3:16). Eu não estava preparado para a vida eterna, eu queria a vida aqui e agora!

Na manhã seguinte, no entanto, eu ouviria essas palavras novamente. Minha esposa, Tib, e eu estávamos tomando café, depois de uma noite sem dormir, quando o telefone tocou. Era uma vizinha, Catherine Marshall LeSourd.

—John, você pode dar uma passada aqui? — perguntou ela —. Eu soube das últimas notícias e queria lhe dizer alguma coisa.

Catherine nos recebeu à porta, sem maquiagem e sem sorrisos, o que falava mais do que as palavras sobre sua preocupação. Ela nos conduziu à sala e, sem rodeios, disse:

—Eu sei que vou parecer presunçosa, mas vou falar-lhe a respeito de sua vida religiosa, e eu não tenho o direito de presumir que lhe falte alguma coisa. Afinal, você escreve para a *Guideposts* por mais de 10 anos, mas muitas vezes as pessoas que estão extremamente ocupadas com coisas religiosas são as que estão mais distantes da verdadeira experiência de mudança de vida, que deve ser o centro da religião".

Eu olhei para a Tib, e ela estava imóvel como uma pedra.

—John — disse Catherine—, você crê que Jesus era Deus?

Essa foi a última pergunta que eu esperava ouvir. Eu pensei que ela fosse falar alguma coisa sobre a capacidade de Deus de curar ou a eficácia da oração, algo relacionado com minha crise. Mas, como ela me fez essa pergunta, resolvi considerá-la. Tib e eu éramos cristãos, no sentido de completarmos formulários com "protestante" no espaço depois da palavra "religião", de irmos à igreja com certa regularidade e de mandarmos nossas crianças para a escola dominical. Mas eu sabia que tudo isso era hábito. Eu nunca realmente havia meditado nesta pergunta: Jesus de Nazaré era realmente Deus?

—Você deve perguntar-se que diferença isso faz — disse Catherine —. Significa a diferença entre a vida e a morte, John. A Bíblia afirma que, quando nós cremos em Cristo, já não temos de morrer, mas recebemos a vida eterna.

E novamente eu me deparava com isso. Era precisamente neste ponto em que eu tinha dificuldade de crer. Eu sabia o que a Bíblia prometia e admirava e invejava as pessoas que o aceitavam sem discutir. Para mim, havia obstáculos de lógica que invariavelmente me detinham. Eu comecei a mencioná-los para Catherine, mas ela me interrompeu.

—Você está tentando se aproximar de Cristo com a sua mente, John — ela disse —. Mas essa é uma das peculiaridades do cristianismo: é necessário experimentá-lo *antes* de entendê-lo. E é exatamente isso o que eu estou querendo para você hoje: que, sem entender, sem mesmo saber por que, você dê um salto de *fé*, por cima de todas as suas dúvidas, *para Cristo.*"

Houve silêncio na sala. Eu tinha uma infinidade de reservas, mas, ao mesmo tempo, de repente eu queria fazer exatamente o que ela estava sugerindo. A maior reserva eu admiti francamente: não me parecia certo ter fugido todos aqueles anos e agora, que eu tinha câncer e estava com medo, voltar correndo.

—Eu me sentiria como um hipócrita — eu disse.

—John — disse Catherine quase sussurrando —, isso é orgulho. Você quer ir a Deus do *seu* jeito: quando quiser, onde quiser, saudável… Talvez Deus queira você agora, sem nada que possa recomendá-lo a Ele.

Quando fomos embora, eu ainda não tinha chegado ao ponto de dar aquele passo. Mas, na metade do caminho para casa, quando passamos por certo poste telefônico na Rua Millwood em Chappaqua — eu ainda posso reconhecê-lo hoje —, eu subitamente me virei para Tib e disse:

—Eu estou dando aquele salto, Tib. *Eu creio em Cristo.*

Foi tudo o que eu disse. Porém, eu agora creio que, de alguma forma misteriosa, naquele momento eu morri. Eu não pensei sobre isso nestes termos naquela hora, mas certamente me "doeu" como a morte. Foi como se eu sacrificasse tudo o que eu considerava lógico a sangue frio, quase sem convicção emocional. E o que era essencialmente o meu "eu" se foi junto. Todo aquele conjunto de autoconsciência que chamamos de ego parecia de alguma forma estar envolvido nessa decisão. Eu estava impressionado com o quanto doía, o quanto essa coisa lutava pela vida, tanto que havia necessidade de uma verdadeira morte. Mas quando ele finalmente estava morto e silencioso, e eu pronunciei minha simples declaração, surgiu espaço em mim para algo novo e totalmente misterioso.

A primeira indicação de que havia algo diferente em mim aconteceu de forma engraçada no hospital. Um pouco antes da operação, uma jovem e vigorosa enfermeira veio aplicar-me uma injeção. Desde os tempos do exército, eu tinha um horror mórbido de agulhas, mas dessa vez foi diferente.

—Muito bem, vamos lá — disse a enfermeira com firmeza.

Mas quando ela terminou, seu tom mudou:

—Nossa, como você é tranquilo! Parece que está tirando férias aqui.

Foi depois que ela saiu que eu percebi que era realmente verdade o que ela tinha dito. Eu *estava* tranquilo — antes, durante e depois da operação. Enquanto esperávamos o resultado da operação, minha atitude era a de um homem que não tem nada a temer. Como isso era possível?

Então, eu tive um pensamento estranho: um homem que já está morto certamente não tem medo da morte. E era assim mesmo que eu me sentia — como se a morte fosse uma coisa do passado. Eu ficava imaginando se havia base bíblica para essa ideia. De volta a casa e ainda sem saber o parecer do médico, peguei a Bíblia e uma concordância. E lá estava nas palavras do próprio Cristo aos Seus discípulos:

"Em verdade, em verdade vos digo: quem ouve a minha palavra e crê naquele que me enviou tem a vida eterna, não entra em juízo, mas passou da morte para a vida" (João 5:24).

Como posso descrever a alegria que aquele texto me proporcionou? Seria possível que, quando eu dei aquele salto de fé, uma nova vida tivesse começado para mim, existindo paralelamente à minha vida terrena, mas ao mesmo tempo estranhamente independente dela? Seria uma vida *nascida do Espírito* que usaria apenas temporariamente meu corpo mortal?

Se assim fosse, eu deveria ver evidências de alguma coisa nova dentro de mim que não tivesse nada a ver com minha existência terrena. E eu a vi. A primeira evidência apareceu quando o laudo do médico veio. O laudo era positivo, mas eu descobri que isso havia deixado de ter tanta importância para mim. Existia algo muito mais urgente: descobrir o que era essa nova vida, de onde ela veio e o que ela significava.

Eu tive uma fome nova e estranha de explorar o Novo Testamento e eu o lia com um senso de entusiasmo e reconhecimento. Será que isso não era a nova vida reconhecendo seu próprio ambiente do espírito, alimentando-se com uma nova espécie de alimento, da qual ela precisava da mesma forma que meu corpo físico precisava de comida?

Com relação à igreja, algo novo também aconteceu. De repente, eu *queria* ir à igreja: não era mais um simples hábito, mas uma experiência que aliviava minha profunda sede. E — talvez a mais importante evidência de todas — Cristo, que antes fora um problema de lógica para mim, havia se transformado numa Pessoa viva. Agora sinto que era Cristo, que eu busquei e encontrei na Bíblia, nos sacramentos e na companhia dos cristãos.

Passaram-se 3 anos desde o dia em que Tib e eu passamos por aquele poste telefônico na Rua Millwood. Foram anos fabulosos, cheios de significado, alegria e maravilha. Eu descobri, com o passar dos meses, e a *o descer do topo da montanha* — e quando caí nos velhos padrões de comportamento que eu desejava ter deixado para trás —, que a porta sempre estava aberta para que eu pudesse retornar. Sempre me senti atraído a voltar. Era como se a nova vida que havia começado naquele dia não dependesse da minha fidelidade, mas da fidelidade de Cristo. E é isso o que me dá a convicção de que é uma vida imortal, uma parte da eternidade de Deus.

Extraído da revista Guideposts,
Carmel, Nova Iorque, 1963.

163.

MARIA, A ESPOSA DE J. HUDSON TAYLOR

"Nos últimos 10 anos não houve uma nuvem entre meu Salvador e eu."

No nascimento de seu último filho, Noel, a devota e piedosa esposa e companheira de trabalho do príncipe dos missionários, J. Hudson Taylor, faleceu. Nós citamos, da conhecida biografia do Sr. Hudson Taylor, escrita por seu filho e nora, que também foram dedicados missionários na China, o que segue.

No dia 7 de julho, nasceu o pequenino, que era seu quinto filho, o qual suscitou todo o amor contido no coração de seus pais.

"Quão gracioso tem sido Deus comigo e com os meus", o Sr. Taylor escreveu mais tarde.

Quão carinhosamente ele conduziu minha amada na hora da provação e nos deu nosso último filho, Noel. Como agradeci a Deus ao tocar aquele cabelinho macio e sedoso e ao aconchegar aquele pequenino em meus braços! E como ela o amou quando eu, com aquele orgulho e alegria de pai, o trouxe para que ela lhe desse o primeiro beijo, e então juntos o consagramos ao Senhor.

Mas um ataque de cólera, que já havia deixado a mãe muito prostrada, privou o menino de seu alimento natural. Quando uma ama de leite chinesa finalmente pôde ser encontrada, já era tarde demais para salvá-lo. Depois de uma curta semana na Terra, ele voltou para o Lar Celestial, e logo depois sua mãe foi juntar-se a ele.

"Embora excessivamente prostrada fisicamente", escreveu o Sr. Taylor na mesma carta, "palavras não podem descrever a profunda paz de sua alma, a consciência da própria presença do Senhor e a alegria na santa vontade de Deus que enchiam o seu coração, das quais pude partilhar."

Ela mesma escolheu os hinos que deveriam ser cantados no enterro do filhinho, um dos quais, "O Holy Saviour, Friend unseen" (Ó Salvador santo, Amigo invisível), parecia especialmente ocupar suas meditações. Mesmo estando muito fraca, não lhe tinha ocorrido ainda que o seu fim também estava próximo. Os laços de amor profundo que uniam os dois pareciam impedir os pensamentos sobre separação. E ela só tinha 33 anos. Não houve dor até o momento final, embora ela estivesse muito, muito fraca.

Uma carta da Sra. Berger, da Inglaterra, chegou dois dias antes, contando sobre a chegada em segurança da Srta. Blatchley e dos filhos dos Taylor em Saint Hill. Todos os detalhes de sua recepção e da acomodação encheram seu coração de contentamento. Ela não sabia como ser suficientemente grata e parecia não ter outro desejo senão louvar a Deus por Sua bondade.

Muitas e muitas vezes, as cartas da Sra. Berger chegaram ao seu destino no momento exato; muitas e muitas vezes seu coração antecipava as circunstâncias nas quais elas seriam recebidas — mas nunca como nesta carta: "E agora adeus, querida amiga", ela escreveu. "Que o Senhor te envolva em Seus eternos braços." E era naqueles braços que ela estava descansando.

Ao amanhecer do dia 23 de julho, ela dormia calmamente, e o Sr. Taylor retirou-se por uns instantes para preparar alguma comida. Enquanto ele estava na cozinha, ela acordou com sintomas graves que o trouxeram de volta para junto dela.

Ele escreveu:

Já estava claro e a luz do sol revelava o que a vela havia escondido: a "cor de morte" do seu semblante. Mesmo meu amor não podia mais negar, ela estava realmente morrendo. Tão logo consegui me recompor, eu disse:

—Querida, você sabe que está morrendo?

—Morrendo?! Você acha? Por quê? — ela replicou.

—Eu posso ver, querida. Suas forças estão se esvaindo.

—Será que é verdade? Eu não sinto dor, só me sinto cansada.

—Sim, você está indo para Casa. Brevemente estará com Jesus.

Minha amada esposa se preocupou em me deixar sozinho num tempo de tanta provação, sem alguém como ela, com quem eu estava acostumado a levar cada dificuldade ao Trono de Graça.

—Sinto muito — disse ela, e fez uma pausa como se quisesse se corrigir por ter tal sentimento.

—Você sente muito por ir ter com Jesus?

Eu nunca esquecerei o olhar dela ao me responder:

—Ah, não! Não é por isso. Você sabe, querido, que nos últimos 10 anos não houve uma nuvem entre meu Salvador e eu. Eu não posso estar triste por ir ter com Ele, mas me entristece deixá-lo para trás em tais circunstâncias. Entretanto, Ele vai estar com você e suprirá todas as suas necessidades.

Muito pouco foi dito depois disso. Umas breves mensagens carinhosas para os parentes, algumas últimas palavras sobre as crianças, e aparentemente ela adormeceu ou ficou inconsciente das coisas terrenas. O sol de verão foi tomando conta da cidade, das colinas e do rio. O burburinho da agitação da vida espalhou-se por todas as ruas e becos ao redor deles. Mas, dentro de uma moradia chinesa, num aposento no andar de cima, de onde se podia contemplar o azul do céu de Deus, havia a quietude de uma paz maravilhosa.

"Eu nunca presenciei nada igual", escreveu a Sra. Duncan alguns dias depois. "Enquanto a querida Sra. Taylor dava seu último suspiro, o Sr. Taylor se ajoelhou — com o coração tão cheio de emoção — e a entregou ao Senhor, agradecendo-Lhe por tê-la dado, pelos 12 anos e meio que viveram juntos, pela felicidade que experimentaram e também por levá-la à Sua bendita presença. *Então, solenemente se rededicou ao Seu serviço.*"

Foi logo depois das 9 horas que a fraca respiração cessou, e eles souberam que ela estava "com Cristo, o que é muito melhor".

Hudson Taylor and
The China Inland Mission,
de Dr. Howard Taylor e
Sra. Howard Taylor

164.

PEDRO (cerca de 251)

Jovem mártir de Lâmpsaco

Ele foi acusado de ser cristão diante do procônsul Olímpio, que ordenou que ele sacrificasse a Vênus, ao que ele respondeu: "Eu me admiro muito de ouvir essa sua ordem para adorar uma mulher que, de acordo com a sua própria história, tinha um caráter desprezível e licencioso e era culpada por crimes que sua própria lei agora pune com morte. *Não. Em vez de fazer isso, eu oferecerei ao único e verdadeiro Deus o sacrifício de louvor e oração!*".

Por causa dessa declaração, seus ossos foram deslocados na roda, sua cabeça, decepada, e seu corpo, dado aos cães.

Dying Words,
de A. H. Gottschall.

165.

DAVID BRAINERD

Esse famoso missionário entre os indígenas da América do Norte nasceu em Haddam, Connecticut, em 20 de abril de 1718. Seus pais eram conhecidos por sua piedade e eram parentes de pessoas do alto escalão da Igreja e do Estado.

Em 1739, ele entrou na Universidade de Yale e foi o primeiro da sua classe. Ele foi agraciado por Deus com o privilégio de assistir ao grande avivamento liderado por George Whitefield, Jonathan Edwards e Tenent.

Edwards diz em seu livro de memórias sobre Brainerd:

> A sua maior obra foi seu inestimável exemplo de piedade, zelo e devoção pessoal. Pois, desde os dias dos apóstolos, ninguém o superou. Seus notáveis talentos intelectuais, suas requintadas qualidades pessoais, sua melancolia e sua morte prematura, tanto quanto sua extraordinária santidade e trabalho

evangelístico, tramaram para revestir sua memória com uma auréola.

A história da sua vida foi uma potente força na moderna era missionária. Conta-se até que Henry Martyn, ao ler cuidadosamente sobre a vida de David Brainerd, sentiu em sua alma uma forte ambição de ser como aquele homem formidável, e depois de profunda reflexão e fervente oração, finalmente resolveu imitar seu exemplo.

Brainerd foi um homem representativo, formado tanto pela natureza quanto pela graça para deixar uma marca duradoura na devoção da igreja. Morreu em Northampton, no dia 9 de outubro de 1747, e suas últimas palavras foram: "Estou quase na eternidade, anseio por estar lá. Minha obra está terminada. Não tenho mais laço algum com meus amigos — todo o mundo é nada para mim. Oh, como anseio por estar no Céu para louvar e glorificar a Deus com seus santos anjos!".

166.

A MORTE TRIUNFANTE DE MARGARETTA KLOPPSTOCK

Kloppstock, o grande poeta alemão, autor do famoso poema épico *O Messias,* nasceu em 1724 e morreu em 1803. Sua esposa, Margaretta, era uma cristã fervorosa.

Nos seus últimos momentos, ao dizerem a Margaretta que Deus a ajudaria, esta respondeu: "Sim — a entrar no Céu!". As últimas palavras que ela sussurrou foram: "O sangue de Jesus Cristo limpa de todo o pecado!". Doces palavras de vida eterna!

Dying Testimonies,
de S. B. Shaw.

167.

DESESPERO DE UM MORIBUNDO SOLDADO GALÊS

Uma vez, fui visitar um soldado que voltava do serviço militar. Ele estava morrendo, mas não sabia. Sentei-me ao seu lado e disse:

—Eu vou ler um trecho da Bíblia para você.

—Ah, você não precisa se preocupar; eu não estou tão doente assim — ele replicou.

Pobre rapaz. Ele achava que era necessário estar muito doente para que alguém lesse a Bíblia para ele.

Na manhã seguinte, eu o encontrei bem pior. Eu soube que ele era galês e que sua mãe era cristã. Ele subitamente jogou-se para trás e, contorcendo as mãos, gritou:

—Ai, o que eu posso fazer? O que posso fazer? Estou como um homem morto. A marca da morte está sobre mim, e eu não sou salvo!

Há um tempo em que Deus fala e em que Cristo pode ser achado, mas há também um tempo em que Ele não pode ser achado. Esse jovem soldado moribundo buscou e buscou a Cristo, mas foi em vão — Jesus já havia passado por ele. Finalmente, começou a delirar e morreu em agonia.

"Buscai ao Senhor enquanto se pode achar, invocai-o enquanto está perto" (Isaías 55.6).

Extraído de Crown of Glory,
de autor desconhecido.

168.

UMA GAROTINHA VISLUMBRA A ETERNIDADE

A Sra. William Barnes teve uma conversão maravilhosa por causa da morte de sua filhinha. Segue-se o relato dela a respeito do falecimento da criança.

Minha filhinha, May, quando tinha apenas 8 anos, foi atacada pela febre escarlatina e em quatro dias morreu. Durante sua curta enfermidade, quando lhe perguntavam se estava sofrendo, ela respondia que nada lhe doía, mas não queria ficar mais tempo entre nós — *ela queria ir para o Céu.* Ela repetia isso durante toda a noite.

Aproximando-se o fim, ela repetiu o Pai-Nosso e carinhosamente agradeceu a todos tudo o que havíamos feito por ela, e insistiu que não deveríamos preocupar-nos com ela. De repente, ela olhou para cima e disse:

—Eu te agradeço, Jesus querido. *Jesus querido,* eu te agradeço!

Depois ela cantou alguns lindos cânticos.

Pouco antes de morrer, ela levantou os olhos para o céu e disse:

—Oh, Senhor, minha força e meu Redentor.

Então, com um semblante tranquilo, ela se ergueu e, com uma expressão alegre, disse: "Oh!", e se foi. Foi evidente que ela viu algo que nossos olhos não puderam ver.

Eu acho que esta mensagem, prezado leitor, é para *você,* tanto quanto foi para mim. A Bíblia diz: "Uma pequena criança os guiará" (Isaías 11:6).

Kate H. Booth,
Buffalo, Nova Iorque (1898).

169.

"AI, O DIABO VEM VINDO PARA ARRASTAR MINHA ALMA PARA BAIXO, AO INFERNO!"

A Srta. A. foi acometida por uma grave enfermidade e foi informada de que morreria. Seus pais haviam-na educado para que seguisse os caminhos e as modas do mundo e afastaram-na da verdade de Deus. Agora, ela estava de cama, morrendo, rodeada pelas amigas jovens com quem havia gozado os prazeres mundanos.

A desventurada garota chamou seu pai para perto dela e disse na frente de todos:

—Seu coração está negro como o inferno. Se você tivesse me ensinado a viver para Deus, em vez de gastar o tempo discutindo com a mamãe, eu poderia ter sido salva.

Voltando-se para os outros, ela implorou-lhes:

—Não sigam o meu exemplo ímpio. Não façam o que eu fiz. Não se deliciem nos prazeres infernais do mundo! Ah, se ao menos eu tivesse atendido às admoestações...

Então, de repente, ela gritou:

—Ai, o diabo vem vindo para arrastar minha alma para baixo, ao inferno! Estou perdida, *perdida para sempre!* Logo depois, ela morreu.

N. M. Kopperl, Texas.

170.

AS ÚLTIMAS PALAVRAS DE MERRITT CALDWELL

"Jesus vive; eu também viverei!"

O grande e bondoso Caldwell, diretor da Academia Wesleyana no Maine e vice-reitor da Faculdade Dickinson na Pensilvânia, era um escritor talentoso. Ele nasceu em 1806 e morreu em 1848. Pouco antes de falecer, ele disse à esposa:

—Eu estou certo de que você não vai ficar chorando a minha morte no seu leito quando eu me for. Você não me lamentará, pois Deus tem sido tão bom para mim! Quando for visitar meu túmulo, não vá ao entardecer ou na calada da noite — não são horas adequadas para visitar o túmulo de um cristão —, mas vá de manhã, quando brilha o sol e os passarinhos cantam.

Suas últimas expressões: "Glória a *Jesus!* Ele é a minha confiança — Ele é a minha força! Jesus vive; *eu também viverei!*".

Dying Testimonies,
de S. B. Shaw.

171.

CONDE ZINZENDORF

Este santo homem disse triunfalmente à família e aos amigos:
—Eu vou para o meu Salvador. Estou pronto. Não há nada que me impeça agora. Eu não posso dizer o quanto eu amo cada um de vocês. Quem poderia acreditar que a oração de Cristo — "para que todos sejam *um*" — se cumpriria tão extraordinariamente entre nós! Eu pedi apenas os primeiros frutos entre os pagãos, e milhares me têm sido dados. Não nos sentimos como se estivéssemos no Céu? Não vivemos juntos como os anjos? O Senhor e Seus servos se entendem. *Eu estou pronto.*

Poucas horas depois, enquanto seu genro pronunciava a bênção do Antigo Testamento: "O Senhor te abençoe e te guarde; o Senhor faça resplandecer o rosto sobre ti e tenha misericórdia de ti; o Senhor sobre ti levante o rosto e te dê a paz" (Números 6:24-26), esse querido homem de Deus dormiu em Jesus e ausentou-se do corpo para apresentar-se ao seu Senhor no lar eterno.

172.

"EU VEJO DOIS ANJOS VINDO ME BUSCAR"

Com relação ao seu livro, *Voices from the Edge of Eternity* (Vozes à Beira da Eternidade), eu tenho comigo uma carta de minha avó, escrita em 1873. Ela escreveu sobre a esposa do pastor Bernard, que pastoreava a Igreja Francesa em Berna, Suíça. Foi ele quem ensinou minha mãe. Ele foi um verdadeiro crente, e muitas pessoas se converteram ao cristianismo por intermédio dele. Eu cito o seguinte trecho da carta:

> "Madame Bernard faleceu depois de muito sofrimento com asma nevrálgica e finalmente de hidropisia. Que tristeza para as pobres meninas, sem falar no próprio pastor. O fim foi muito tranquilo, e praticamente suas

últimas palavras foram: 'Eu vejo dois anjos vindo me buscar'".

Sr. Y. Courvoisier, Suíça.

173.

"EU NÃO POSSO SER PERDOADA; É TARDE DEMAIS! TARDE DEMAIS!"

*"Mas, porque clamei, e vós recusastes;
porque estendi a minha mão, e não houve
quem atendesse; [...] também eu me rirei
no dia da vossa desventura; e, em vindo
o vosso terror, eu zombarei [...] Então,
me invocarão, mas eu não responderei;
procura-me-ão, porém não me hão de achar.
Porquanto aborreceram o conhecimento
e não preferiram o temor do* S<small>ENHOR</small>*...".*
(Provérbios 1:24,26,28,29)

A Srta. R. era uma jovem simpática que morreu aos 16 anos. Ela era filha de pais piedosos e respeitáveis num dos estados da Nova Inglaterra (uma região dos EUA). Tinham dado considerável atenção em cultivar o intelecto da menina, mas até que ponto ela foi imbuída com as verdades cristãs na sua infância, eu não posso dizer. No entanto, é certo que, desde a mais tenra idade, ela tratava a religião com respeito e esperava tornar-se crente antes de morrer.

Numa manhã em particular, a primeira impressão que ela teve ao despertar foi a de que deveria receber a Cristo *naquele momento,* pois sua alma estava no iminente perigo de se perder se ela deixasse para depois. Ela ponderou e refletiu. Finalmente, orou e tomou uma resolução de que se arrependeria e aceitaria a salvação que Deus estava lhe oferecendo antes de o dia terminar. No entanto, o dia teve seus cuidados e prazeres, atividades e companhias encheram suas horas, e a noite a encontrou quase tão descuidada quanto ela tinha estado nos últimos meses.

Na manhã seguinte, aquela impressão espiritual foi renovada e aprofundada. Os votos não cumpridos do dia anterior lhe trouxeram certa inquietude, mas ela agora deliberadamente resolveu que cumpriria seu propósito e ficou tão firme na sua decisão que sentiu que tudo ficaria bem. A agonia da sua alma foi substituída pela confortante reflexão de que *em breve* ela seria crente. Ela agora tinha dado — assim imaginou ela — "um passo". Tinha firmado um propósito solene e jurou que se arrependeria *naquele dia.* Ela se sentia, como ela mesma expressou, "comprometida" e praticamente não tinha dúvida de que dessa vez cumpriria seu propósito.

Mas também aquele dia passou como o anterior. É certo que várias vezes durante o dia ela pensou em seu propósito, mas não com o mesmo interesse forte que sentira de manhã — e nada decisivo foi feito.

No outro dia, Deus falou novamente ao seu coração, e ela mais uma vez renovou sua resolução apenas para vê-la dissipada como antes. Assim ela foi vivendo, fazendo propósitos e os quebrando, até que finalmente sua ansiedade se acalmou completamente, e ela voltou ao seu estado anterior de desinteresse.

Não que ela tenha ficado totalmente indiferente. Ela ainda esperava e estava decidida a tornar-se cristã; mas suas resoluções agora estavam relegadas para um futuro mais distante, e ela retornou aos cuidados e prazeres do mundo com o mesmo interesse de antes.

Mais ou menos por esse tempo, ela foi residir em uma aldeia próxima, e por uns três meses eu não a vi. De repente, numa manhã bem cedo, fui chamado para visitá-la em seu leito de morte. Ao amanhecer do dia em que morreu, ela foi informada de que seus sintomas haviam tomado proporções alarmantes e sua doença provavelmente seria fatal. Sua inteligência era surpreendente, mas, embora ela buscasse desesperadamente "encontrar Deus", sua agonia tornou-se tão intensa e suas energias se exauriram a tal ponto, que ela finalmente foi forçada a concluir que sua alma estava perdida e que agora nada poderia ser feito. Por um momento, parecia que ela estava numa luta horrível para conciliar sua mente com seu terrível destino. Ah, aquela palavra "perdida" — todo seu corpo estremecia ao pensar nela.

Era quase meio-dia. A maior parte da manhã havia sido usada ou em oração junto dela, ou em tentativas para conduzi-la ao Salvador. Mas nada parecia adiantar. Ela estava quase sem forças. Sinais vitais eram imperceptíveis nas suas extremidades, o suor frio da morte acumulava-se em sua testa, e o desespero horripilante parecia pronto para tomar conta da sua alma.

Ela via, e nós todos víamos, que o momento fatal estava próximo e que seu futuro seria de puro horror. Ela se esquivava dele e, voltando os olhos para mim, pediu a todos que estavam ao seu redor para uma vez mais rogar ao Deus de misericórdia em seu favor.

Todos se ajoelharam ao lado da sua cama; uma vez mais nós a entregamos a Deus, e eu tentei de novo guiá-la ao Salvador. Eu estava começando a repetir algumas promessas que eu achava apropriadas, quando ela me interrompeu, dizendo enfaticamente:

—Eu não posso ser perdoada; é tarde demais — tarde demais!

Aludindo às suas resoluções vãs e fatais, ela me implorou que alertasse a todos os jovens de minha congregação que não negligenciassem a salvação como ela tinha feito — que não sufocassem sua convicção com uma mera resolução de arrepender-se.

—Alerte-os, *alerte-os* usando o meu exemplo—ela disse.

Depois disso, ela tentou orar novamente, mas desmaiou. Continuou assim, lutando e desmaiando alternadamente e, a cada esforço, ficando mais débil, até que uma última luta convulsiva pôs fim à cena, e seu espírito partiu para sempre.

A Bíblia diz que "o homem olha para o que está diante dos olhos", mas que "Deus olha para o *coração*". "Sobre tudo o que se deve guardar, guarda o coração, porque dele procedem as fontes da vida" (Provérbios 4:23).

"Buscai ao Senhor enquanto se pode achar, invocai-o enquanto está perto" (Isaías 55:6).

Rev. E. Phelps, D. D.,
em Dying Testimonies.

174.

VIVENDO CADA DIA

Os pais nunca estão preparados para o dia em que seus filhos se tornam homens e mulheres, mas, inevitavelmente, aqueles rostos sujos de gema de ovo e geleia um dia vêm até nós, limpos e sérios, para uma conversa de adulto.

Com nosso filho, Bob, foi a decisão de pagar sua própria faculdade. Ele disse que seus estudos teriam outro significado se ele tivesse de sustentá-los. Quando ele me disse isso, subitamente compreendi que não estava mais falando com um menino de calças curtas.

Experiência semelhante ocorreu nesta primavera quando minha única filha, Billie Kay, de 15 anos, que cursa o segundo ano do ensino médio na Escola Mississinewa, surpreendeu a mim e a meu esposo com sua percepção espiritual. Isso se manifestou primeiramente por meio de alguns temas de redações que ela teve de escrever para a aula de inglês. Um deles se intitulava "A Última Semana da Minha Vida". Billie Kay escreveu:

> Hoje estou viva e daqui a uma semana estarei morta. Se essa situação acontecesse comigo, provavelmente eu choraria. Mas tão logo eu compreendesse que havia muita coisa que eu gostaria de fazer, eu tentaria me recompor.
>
> No primeiro dia da minha vida subitamente reduzida, eu gostaria de ver todos os meus queridos e de lhes assegurar o meu amor por eles. Eu não demonstraria que algo não estava bem, pois eu não gostaria de me lembrar deles tristes, mas alegres. Eu pediria a Deus que me desse força para aguentar o restante dos meus poucos e preciosos dias e que Ele me estendesse Sua mão para que eu pudesse andar com Ele.
>
> No segundo dia, eu despertaria para ver o sol nascer em toda a sua beleza, coisa que eu sempre troquei por uns minutos a mais de sono. Eu juntaria todas as minhas coisas e daria aos necessitados, tentando consolá-los ao máximo e insistindo com eles para buscar coragem em Deus.
>
> Eu passaria o terceiro dia sozinha numa mata, junto da criação de Deus e com Sua bondade a me rodear. Junto da bela natureza, eu me sentaria e relembraria as coisas mais especiais da minha vida.
>
> No quarto dia, eu prepararia meu testamento. As pequenas coisas de valor sentimental eu deixaria para minha família e amigos. Feito isso, eu passaria o

resto do dia com minha mãe. Nós sempre fomos tão amigas, e eu gostaria especialmente de reassegurar-lhe meu amor.

Sexta-feira, eu passaria com meu pastor; eu lhe falaria sobre a minha vida espiritual. Gostaria de ir visitar os doentes com ele e silenciosamente eu seria grata por não sentir dor.

Sábado, eu visitaria as pessoas que não podem mais sair de casa, coisa que eu sempre adiava. Nesta noite, antes da minha morte, eu provavelmente não dormiria, temendo minha morte iminente e, ao mesmo tempo, preparando-me para ela, sabendo que Deus estaria ao meu lado.

Ao acordar no domingo, eu cuidaria dos últimos detalhes. Pegaria minha Bíblia e iria para a igreja a fim de dedicar minhas últimas horas à oração. Eu pediria a Deus que me desse coragem para enfrentar as horas que faltavam e que eu morresse graciosamente. Eu desejaria que minha vida tivesse tocado alguém e houvesse glorificado Seu santo nome. Minhas últimas horas seriam passadas em perfeita harmonia com meu Deus...

Assim terminou a redação de Billie Kay, mas a história não acabou aqui. O trabalho de inglês, datado de 15 de março de 1963, foi concluído exatamente sete dias antes de sua vida ser ceifada num acidente de carro.

No dia 22 de março, às 23 horas, o carro em que Billie Kay estava como passageira foi abalroado por trás, capotou duas ou três vezes e depois pegou fogo.

As três amigas de minha filha foram tiradas das ferragens com ferimentos, mas já se recuperaram. Billie Kay, que morreu instantaneamente, ficou presa nas ferragens.

Eu vi Billie Kay pela última vez no princípio da noite, quando meu marido e eu a levamos para uma reunião na igreja. Ela se juntou às suas amigas rindo e conversando.

Os eventos que se sucederam nas horas seguintes ainda me causam vertigem. Meu marido, Joe, estava no trabalho. Eu estava deitada, lendo, quando a campainha tocou. Quando abri a porta, estava diante de um policial. Eu não me lembro de muita coisa que aconteceu nas horas que se seguiram. Eu nunca havia sentido uma dor tão grande. Fazíamos constantemente a nós mesmos a pergunta que acompanha tragédias como essa: "Por quê? Por quê?".

No momento, não podíamos entender como a morte de Billie Kay poderia estar nos planos de Deus. Parecia um grande desperdício tomar uma vida tão jovem — uma vida que prometia ser tão produtiva como a de Billie Kay. Ela era uma excelente aluna, planejava ir à faculdade como seu irmão; uma cristã maravilhosa, ativa em nossa igreja. Como um Deus amoroso poderia permitir que uma coisa assim acontecesse?

Se eu lhe dissesse que agora aceito essa tragédia com completa resignação, eu não estaria dizendo toda a verdade. É muito difícil aceitar. Mas agora, uns meses depois da perda, consigo louvar a Deus por Seu amor permanente. Consigo louvá-lo por ter-nos compreendido quando estávamos prontos para abandoná-lo por tamanha decepção; agradecer-lhe por nos ter emprestado um anjo durante aquela curta temporada.

Bem, agora sei que nossos filhos são de Deus, não nossos. Deus os manda para que cuidemos deles, mas eles não nos pertencem. Muitas vezes, penso, contamos todos os bens materiais que acumulamos e nos orgulhamos daquilo que é nosso, quando, na realidade, nem o próximo respirar nos pertence sem a graça de Deus. Depois que Billie Kay se foi, tenho tido bastante tempo para pensar. Compreendi quão importante é ouvir o chamado de Deus e de obedecer-lhe imediatamente. O tempo é tão precioso! Ninguém sabe exatamente quando nosso dia de juízo pessoal chegará. Cada momento fugaz desperdiçado é um minuto a menos para fazer a vontade de Cristo.

Joe e eu sabemos que a vida de Billie Kay não foi em vão, mas, *sim*, uma grande inspiração — para nós e para muitas outras pessoas. Foi uma vida que cumpriu os propósitos de Deus. Para os nossos padrões, 15 anos não significam uma vida completa, mas nós, com a nossa mente finita, não podemos compreender a ampulheta de Deus. Ele não mede a vida por sua duração somente, disso eu tenho certeza.

Embora eu duvide que Billie Kay tenha tido uma premonição de sua morte, como dizem alguns, eu sinto — sem reserva alguma — que ela estava preparada para isso, pois em janeiro ela havia escrito outra redação, intitulada "Uma Visitação". Ela também me assegura que Billie Kay estava no centro da vontade de Deus. Aqui está uma parte do que ela escreveu:

> Estou andando na floresta para escapar do barulho da cidade quando, de repente, o caminho ao meu redor começa a ficar obscuro, até que uma névoa pesada me envolve. E, finalmente, nada mais do que uma profunda e duradoura escuridão enche todo o meu ser.

Porém, eu me sinto estranhamente tranquila, como se estivesse na presença de Alguém poderoso e grande...

Paz, uma paz maravilhosa agora inunda todo o meu ser e não sinto nem dor, nem necessidade... Então, dois olhos brilhantes, mas muito bondosos, aproximam-se de mim no caminho, chegando cada vez mais perto...

Dentro daqueles olhos bondosos, encontro paz que excede o entendimento. Não me sinto mais dominada por desejos e deveres. Sinto-me segura, contente. Prostro-me de joelhos e oro — pedindo não sei o quê. Os olhos me dizem para me levantar. Ele não me disse nada, mas, de repente, entendi que aquilo era a morte. Ele parecia me dizer para não ter medo, pois era um lugar eterno, permanente, uma parte de tudo...

Enquanto andava de volta para casa, pensei naquela frase muitas vezes: "É uma parte de tudo", e quando se pensa nisso, a morte é realmente uma parte de tudo. Não temo mais a morte e sinto que tenho um propósito na vida. O grande poder que senti e vi deve ter sido o próprio Todo-poderoso. Eu não falarei disso até a hora certa, pois foi muito maravilhoso. É, guardarei isso em meu coração até o tempo certo, talvez mesmo até a morte.

Ao reler os ensaios de Billie Kay, encontro direção para minha vida. Vejo claramente que preciso viver cada dia, não como se eu tivesse somente mais sete dias, mas como se eu fosse morrer hoje. Venha o que vier, encontro grande conforto na promessa de Jesus: "Não se turbe o vosso coração; credes em Deus, crede também em mim. Na casa de meu Pai há muitas moradas. Se assim não fora, eu vo-lo teria dito. Pois vou preparar-vos lugar. E, quando eu for e vos preparar lugar, voltarei e vos receberei para mim mesmo, para que, onde eu estou, estejais vós também" (João 14.1-3).

Eu descanso segura de que Billie Kay já está residindo na Casa de meu Pai.

Betty Bothwell,
Marion, Indiana.
Extraído da revista Guideposts,
Carmel, Nova Iorque, 1963.

175.

TERRÍVEL FIM DE UM ESCARNECEDOR

Em 1880, fizemos uma pequena reunião ao ar livre na rua Brightside, em Sheffield, Inglaterra, com o objetivo de convidar os transeuntes para os cultos na pequena Capela Metodista Primitiva que ficava ali perto.

Paramos na rua, perto da casa do protagonista deste relato, e começamos a cantar e a falar com as pessoas. De repente, esse homem saiu de sua casa muito irado, dizendo que nós estávamos perturbando a paz e deveríamos ser processados. Ele conseguiu chamar a atenção de algumas pessoas e lhes disse que a Bíblia era uma farsa, que o cristianismo era uma fraude e as igrejas e os ministros não passavam de um peso na sociedade, a qual deveria livrar-se deles todos. Tentamos dialogar com ele, mas foi em vão.

Na semana seguinte, alguns irmãos foram até sua casa e se ofereceram para orar com ele e dar-lhe alguma literatura, mas ele, zombando, não quis receber nada deles. Abusando de suas boas intenções, ele criticou as limitações impostas pelo cristianismo e gabou-se da grande liberdade da descrença.

Várias vezes depois, ele fez questão de nos encontrar na rua e tentava confundir as pessoas e acabar com nossas reuniões. Sua presença era tão irritante e tão prejudicial para as nossas reuniões que ficava difícil dar sequência a elas.

A última vez que ele tentou interferir foi num domingo de manhã. Ele veio descendo a rua com um pau em uma mão e um machado na outra. Nós estávamos cantando, e assim que ele chegou perto, começou a cortar a madeira. É claro que ele queria distrair as pessoas, chamando sua atenção para si. Aparas de madeira começaram a voar em todas as direções, e nós achamos melhor ir embora.

Desde aquele dia, começamos a orar especificamente por sua conversão. No entanto, Deus não respondeu às nossas orações como pensamos que Ele o faria. No domingo seguinte, fomos para nossa reunião na rua, sentindo que de alguma forma Deus nos daria a vitória sobre aquele homem, mas, para nossa surpresa, ele não apareceu. Eu perguntei por ele e soube que, subitamente, ele caíra muito enfermo.

Na outra semana, fui chamado para ir ao seu quarto e o encontrei numa condição muito perigosa. Sua atitude estava bastante mudada, ele estava muito manso, sensível e pronto para aprender. Mas ele não conseguia se arrepender. Muitos cristãos o visitaram e tentaram levá-lo a Jesus, mas todos os seus esforços foram em vão. Ele disse que sabia que estava perdido e condenado para sempre.

Dias depois, fui chamado novamente e o encontrei próximo do fim. Eu lhe disse que a misericórdia de Deus não tem limite, como ela tinha alcançado até Nabucodonosor e Manassés[8] e que Deus havia dado Seu Filho por ele também. Como resposta, ele simplesmente insistiu que agora era tarde demais, pois havia pecado contra a luz e a sabedoria, quando sabia que não deveria fazê-lo. O fato de ter perturbado nossas reuniões lhe pesava na consciência, e ele me disse que eu deveria sempre alertar todos os escarnecedores desse tipo do perigo que correm. Ele chorou amargamente quando lhe falamos da sua condição de perdido e disse que, se ele pudesse começar de novo, viveria para Deus. Mas essa era uma esperança vã — a vida estava terminando, e sua *última* chance havia passado. Ao aproximar-se o fim, sua mente foi ficando cada vez mais angustiada, até que ele morreu em horrível aflição de alma.

Viver sem Cristo é simplesmente existir, *perdendo-se completamente o propósito da vida*. Estar no leito de morte sem Cristo é terrível. Ir para a eternidade sem Cristo é como estar para sempre na escuridão da meia-noite! Que horror pensar sobre uma *eternidade* sem Cristo!

Rev. Fredrick Scott,
Dying Testimonies,
de S. B. Shaw.

---

[8]Veja Daniel 4 e 2 Crônicas 33.

176.

REV. HIRAM CASE

*"Escutem esta música!
Não há música assim na terra."*

Poucas semanas antes da sua morte, meu marido, o Rev. Hiram Case, disse:

—Parecia que eu estava pisando num riacho gélido, que fez todo o meu ser arrepiar-se. Num piscar de olhos, entretanto, o lugar ficou iluminado com uma glória que excedia em muito a luz do sol do meio-dia. O que vi e senti foi indescritível. Palavras não podem expressar o que vi e senti da presença do Senhor comigo.

Meu marido tinha uns parentes que eram adventistas. Ele disse que gostaria que eles soubessem como ele se sentiu quando pensou que estava morrendo. Eles não mais pensariam que o espírito dos mortos dormiria na sepultura até o dia da ressurreição, mas saberiam, sem dúvida alguma, que, imediatamente após deixar o corpo, o espírito se junta ao exército dos remidos, numa existência consciente, na presença do Grande Redentor dos homens.

Ele falava tranquilamente sobre a morte, dizendo que, mesmo sendo difícil partir—por nossa causa, sua família—, o Senhor sabia o que era melhor. Em outra ocasião, ele ouviu a música celestial. Ele disse:

—Escutem esta música! Não há música assim na Terra.

A presença do Senhor esteve com ele durante todos aqueles dias difíceis, e quando a capacidade de falar e ver se foi, pelo aperto na mão e o beijo de adeus, ele nos indicou que "tudo estava bem!".

Escrito pela
Sra.Gertrude M. Case,
de Clyde, Nova Iorque,
Dying Testimonies,
de S. B. Shaw.

177.

EDWARD GIBBON

"Tudo é escuro e duvidoso."

Edward Gibbon, famoso historiador e escritor descrente, nasceu em Putney, Inglaterra, em 1737. O bispo J. F. Hurst, em sua obra *History of Rationalism* (História do Racionalismo), diz:

> Por um capricho repentino, ele se tornou um católico romano e depois, da mesma forma, sem cerimônia alguma, negou o credo que adotara... Depois de um tempo, ele estava em Paris publicando um livro em francês. Lá, ele se alinhou à corrente ateísta da moda e de tal forma se rendeu às bajulações de Helvetius e de todos os frequentadores da casa de Holbach que

caçoavam do cristianismo e atacavam o seu caráter divino.

Ele deixou menos registros contra o cristianismo do que Hume, mas eles devem ser classificados juntos como os últimos dos deístas ingleses.

O Rev. E. P. Goodwin, em *Christianity and Infidelity* (Cristianismo e Infidelidade), apresenta Gibbon como um dos descrentes mais equilibrados e capazes. Ele ressalta que Gibbon deixou-nos um relato autobiográfico no qual, em meio a todo o esplendor e polidez da retórica da qual era mestre, não há uma linha ou palavra que sugira reverência a Deus; nenhuma palavra com relação ao bem-estar da raça humana; mas somente sórdido egocentrismo, vanglória, desejo de admiração, adulação dos ricos e poderosos, desprezo pelos pobres e uma devoção suprema à sua própria autogratificação.

Ele morreu em Londres em 1794. Suas últimas palavras foram: "Agora, tudo está perdido — terminantemente, irrecuperavelmente perdido. Tudo é escuro e duvidoso".

Dying Testimonies,
de S. B. Shaw.

178.

"OH GLÓRIA! OH GLÓRIA!! OH GLÓRIA!!!"

*Preciosa é aos olhos do Senhor
a morte de seus santos*

Ainda bem jovem, a Sra. Susan C. Kirtland entregou o coração a Deus. Embora sua vida parecesse cheia de privações e desapontamentos, ela era uma cristã fervorosa e alegre e costumava repetir um lema que a descreve bem: "É melhor sofrer o mal do que praticar o mal".

Enquanto nos visitava em Burr Oak, Michigan, ela repentinamente ficou doente e, após uma semana de sofrimento, foi habitar com o Senhor no dia 3 de abril de 1864. Naquela época, eu tinha menos de 4 anos de idade, mas me lembro claramente dela ensinando-me, deitada na cama e em grande sofrimento, o belo versículo: "Eu amo aos que me amam; os que me procuram me acham" (Provérbios 8:17). Ela me explicava cuidadosamente o significado das palavras e carinhosamente enfatizava a lição para que ficasse gravada no meu coração.

Quando se soube que ela estava gravemente enferma, seu irmão, que era um médico muito capaz, foi chamado. Mas já era muito tarde. Poucas horas antes de ela morrer, sentiu pelo jeito de mamãe que algo não estava bem e perguntou-lhe o que estava acontecendo. Muito emocionada, mamãe respondeu:

—Susan, tememos que você não ficará mais muito tempo entre nós.

Calmamente ela respondeu:

—Bem, se é assim, não sei quando teria uma ocasião melhor para partir!

Dois de seus quatro filhos estavam com ela. Enquanto ladeavam sua cama, chorando, ela carinhosa e fervorosamente os exortava a viverem para Deus e a encontrá-la no Céu. Ela também mandou mensagens amorosas aos outros dois filhos ausentes. Depois, despediu-se de todos os amigos que estavam presentes. Não houve necessidade de outros preparativos; ela estava pronta para ir.

De repente, enquanto os que a amavam tanto velavam ao redor de sua cama, seu rosto foi iluminado por uma indescritível alegria (pelo fato de evidentemente ver coisas que os outros olhos não podiam ver). Ela ergueu os braços com ansiedade, enquanto ainda olhava para cima, e exclamou com uma voz de santo triunfo que palavra alguma pode descrever:

—Oh glória! Oh glória!! Oh glória!!! — e se foi.

Para ela, não houve vale escuro — nem tristeza. Cristo foi suficiente quando ela entrou naquela "herança incorruptível, incontaminável e que se não pode murchar"!

*Adaptado de um artigo
da Sra. Etta E. Sadler Shaw,
Dying Testimonies,
de S. B. Shaw.*

179.

"VENHA, EU ESTOU PRONTA PARA IR!"

Durante uma conferência maravilhosa, minha irmã, Filura Clark, na época com 19 anos, e eu, dois anos mais nova, fomos salvas e alcançamos grande paz com Deus. Que bons tempos tivemos juntas depois disso, vivendo para o Senhor, enquanto outros jovens corriam atrás das coisas do mundo.

Mas, depois, minha querida irmã ficou doente e viveu apenas uns poucos dias. Como foi difícil separar-me dela! Parecia que meu coração partiria de tanto que doía. Apesar disso, sua morte foi abençoada e feliz. Na verdade, para ela, não era morte. Ela não pensava na morte, pois o Céu e a vida eterna com Jesus ocupavam completamente seus pensamentos à medida que o fim se aproximava.

Ela nos chamou, um a um, tomou nossas mãos, despediu-se e implorou que a encontrássemos no Céu. Depois de despedir-se de toda a família, ela disse ao seu médico:

—Agora, doutor, *venha você* — e se despediu dele, pedindo-lhe que também a encontrasse no Céu. Ele ficou muito emocionado com essa cena tocante.

Estávamos todos ali chorando, e ela nos disse:

—Não chorem por mim. Jesus está comigo. Eu não terei de ir sozinha!

Depois de dizer isso, de repente ela olhou para cima, como se tivesse visto alguém esperando por ela, e disse:

—Venha, eu estou pronta para ir!

Ela realmente queria ir; seu trabalho na Terra estava terminado. Sua morte influenciou maravilhosamente a comunidade, sobretudo os jovens. Muitos se converteram ao Senhor e declararam: "Eu quero uma morte como a dela". Eu também não consigo dizer o quanto essa experiência tem abençoado minha vida durante todos esses anos. Ela tem me fortalecido e ajudado a viver de acordo com as benditas verdades da Bíblia! Quando provações e tentações surgem, o testemunho dela, ao morrer, tem sido o meio de trazer minha alma para mais perto do Senhor do que nunca. Deus seja louvado!

Sra. Wealthy L. Harter,
Fort Wayne, Indiana.

180.

"AI, AGORA É TARDE DEMAIS! NÃO HÁ ESPERANÇA PARA MIM!"

Há alguns anos, durante uma conferência, experimentamos uma bendita visitação do Espírito Santo. Dentre muitos dos que foram tocados por Deus, estava uma moça de mais ou menos 17 anos. Durante todas as reuniões, o Espírito Santo lutava com ela, e eu lhe falei em várias ocasiões, mas ela sempre resistia.

Na última noite, eu me pus ao seu lado. Novamente, ela estava ali em pé no seu lugar, tremendo e chorando. Insisti com ela que buscasse a Deus. Ela disse:

—Eu não posso, eu não posso!

Eu respondi:

—Sim, você pode. Deixe suas amigas e venha.

Mais uma vez ela respondeu:

—Eu não posso, eu não posso!

Depois, ela disse que as jovens ririam dela se ela fosse à frente.

Ela saiu da igreja e foi para o internato, onde morava. Entrando lá, comentou que havia ido para aquela instituição para receber instrução, não religião, e que poderia dar atenção à religião depois *a qualquer hora*.

Naquela mesma noite ela ficou gravemente doente e continuou piorando durante uma semana. Ela disse às colegas que foram vê-la:

—Ai, eu deveria ter buscado ao Senhor naquele culto!

Eu estive com ela um dia antes de falecer e tentei levá-la ao Cordeiro de Deus. Mas ela repetia, agonizando:

—Agora é tarde demais! Ai, agora é tarde demais! Não há esperança para mim!

Nessa condição deplorável ela passou para a eternidade.

Julia E. Strail,
Portlandville, Nova Iorque,
Dying Testimonies,
de S. B. Shaw.

181.

CARDEAL JULIUS MAZARIN (1661)

Julius Mazarin, um famoso cardeal e primeiro-ministro da França, nasceu no reino de Nápoles, no ano de 1602. Seus talentos extraordinários eram notórios desde tenra idade, quando estudava os interesses de vários estados na Itália e dos reinos da França e da Espanha. Tornando-se um perito em política, foi levado ao governo da França por influência do cardeal Richelieu.

O cardeal fez dele um dos administradores do seu testamento, e, durante a menoridade de Luís XVI, ele tomou conta do governo. Porém, sua posição e grande capacidade provocaram inveja nos nobres franceses, o que suscitou uma guerra civil que durou vários anos. Finalmente, Mazarin foi obrigado a fugir. Estabeleceu-se um prêmio por sua cabeça, e sua magnífica biblioteca foi vendida.

Entretanto, essa situação degradante não continuou por muito tempo, e ele retornou para a corte com mais prestígio do que tinha anteriormente. Ele conduzia os negócios do reino com tal capacidade e sucesso que obteve total confiança do rei da França.

Embora Mazarin fosse um homem muito ambicioso e buscasse com ardor as honras do mundo, um pouco antes de morrer, ele reconheceu a vaidade de tudo o que buscara e lamentou o mau uso de seu tempo e talentos. Ele ficou muito aflito diante da iminência da morte e da incerteza de seu destino final. Certa vez, ele exclamou: "Ai, minha pobre alma! O que será de ti? Para onde irás?".

Ele disse à rainha viúva da França, que foi visitá-lo durante sua enfermidade e que fora sua amiga na corte: "Madame, seus favores me destruíram. Se eu pudesse viver outra vez, eu seria um humilde monge, e não um cortesão".

Adaptado de um artigo escrito em Power of Religion.

182.

O ANJO DA MORTE SE PÔS DIANTE DELA

Este testemunho vem de Bob Bucher, um amigo pessoal do editor. Bob é fotógrafo profissional e industrial.

Quando eu tinha apenas alguns meses, minha mãe, que era uma mulher muito piedosa, foi despertada uma noite por um anjo que estava aos pés de sua cama. O anjo lhe disse que ele me levaria, mas mamãe disse:

—Não, não o levará!

Na manhã seguinte, ela foi até meu berço e me encontrou muito fraco e debilitado. Ela levantou minha mãozinha, que caiu de volta para o lugar onde estava. Ela ficou muito atemorizada.

Naquela época, meu pai trabalhava para a *American Express* numa cidadezinha chamada Bucyrus, Ohio. Ele tinha uma chamada para o ministério, mas não atendera a ela. Quando veio almoçar em casa ao meio-dia, mamãe lhe falou sobre o que acontecera e que eu estava morrendo.

Imediatamente, papai jogou-se de joelhos junto ao meu berço e pediu a Deus que lhe perdoasse, prometendo que ele obedeceria à chamada para servir a Cristo. Deus ouviu aquela oração, e mamãe *realmente sentiu o anjo da morte deixando a casa*. Ela foi ver que mudança acontecera com seu bebê. Para a sua alegria, a vida havia retornado ao meu corpo, meu rosto estava corado, e eu começava a chorar de fome.

Daquele dia até sua morte, meu pai pregou o evangelho e serviu ao Senhor com o coração alegre. Eu sou um leigo, mas também estou servindo a Cristo.

Sou grato por meu pai ter dito "sim". Aquele "sim" não significou somente uma vida de ministério para ele, mas também para mim e agora para os meus filhos. Eles também conhecem a Cristo, e um deles está servindo ao Senhor no Exército dos Estados Unidos agora.

Sim, eu sei que Cristo tem as chaves da vida e da morte!

Bob Bucher,
Reseda, Califórnia, 1968.

183.

O GLORIOSO TRASLADO DE HELEN CARPENTER

*"Ela fala como se estivesse partindo
para uma agradável jornada."*

Helen A. Carpenter nasceu em Hamlin, Nova Iorque. Mesmo sendo sensível a Deus e muito escrupulosa desde criança, ela não se entregou completamente a Deus até os seus 17 anos. Depois disso, entretanto, sua vida toda foi caracterizada por uma firme devoção à causa de Cristo.

Aos 19 anos, quando lecionava, contraiu uma gripe muito forte, que se transformou em tuberculose — o que lhe tirou a vida aos 20 anos. Durante sua enfermidade, Helen em pouco tempo estava pronta a ir para os Céus. Suas jovens amigas que a visitaram, mais tarde, disseram:

—Não dava para imaginar que Helen estava para morrer. *Ela falava como se estivesse partindo para uma agradável jornada!*

Mais ou menos uma semana antes da sua morte, sua mãe estava sentada perto do sofá onde ela estava deitada e de repente sentiu uma influência celestial muito forte envolvendo todo o quarto. Era tão poderosa que ela quase não conseguia se controlar para não gritar. Ela se perguntava se Helen, cuja face refletia uma expressão de contentamento, também a sentia.

No dia seguinte, Helen disse à sua mãe:

—Mãe, ontem você pensou que eu estivesse dormindo quando estava sentada aqui perto de mim, não é? Pois eu não estava, e dois anjos entraram no quarto. As paredes não impediram a entrada deles. Foi exatamente como as palavras do hino, que dizem:

Meu espírito canta em alta voz,
Os anjos — eis que vêm,
O rufar de asas eu posso ouvir...

Foi isso mesmo o que eu senti, só que eu não ouvi barulho algum.

Uns dias depois, ao entardecer, sua mãe observou que ela estava mais inquieta que de costume. Ela colocou a mão sobre a testa e percebeu que o suor da morte a banhava. Ela disse à sua filha:

—Helen, eu acho que logo você irá para casa. Você está com medo?

—Nem um pouco —respondeu Helen—. Chame a família para que eu possa me despedir deles.

À medida que se aproximavam dela, ela se despedia carinhosamente de cada um, dizendo que estava indo para o Céu, por causa do sangue do Cordeiro, e ordenando-lhes que a encontrassem lá. Então, ela disse:

—Eu tenho pensado num versículo: "Aquele que não poupou seu próprio Filho...".

Sua voz começou a falhar quando ela chegou a esse ponto, e sua mãe repetiu o resto por ela. Eles lhe perguntaram se ela queria que cantassem, e ela respondeu:

—Cantem até eu morrer — *cantem até que minha alma se vá!*

Por algum tempo, uma de suas irmãs cantou os doces hinos de Sião. Então, quando os olhos da jovem moribunda começaram a se fechar, sua irmã Mary debruçou-se para observar sua última expressão. De repente, Helen teve um sobressalto de maravilhosa admiração, como se tivesse visto algo glorioso demais — e seu espírito feliz foi estar com o Senhor para sempre. Mas aquela expressão de gozo inexprimível permaneceu na sua bela face.

Ela era uma pessoa tão meiga e tímida que suas amigas temiam que ela pudesse sentir medo quando chegasse "às águas turbulentas do Jordão", mas a graça do seu Pai celestial a capacitou para passar alegremente, em santo triunfo, para os Céus.

Mais tarde, sua irmã, Mary Carpenter, foi para Monróvia, na África, como missionária, e lá morreu. Quando ela estava morrendo, disse:

—Vivendo ou morrendo, *tudo está bem.*

Assim, ela também se submeteu à vontade do seu Pai celestial, que em Sua sabedoria achou melhor levá-la para o Céu em vez de deixá-la trabalhando na África.

L. M. F. Baird,
Alabama, Nova Iorque,
Dying Testimonies,
de S. B. Shaw.

184.

TESTEMUNHO DE RUFUS JONES

Rufus Jones (1863-1948), um dos mais famosos líderes espirituais do nosso tempo, conta-nos a respeito de seu filho Lowell, que morreu aos 12 anos de idade. Ele era "a menina dos olhos" de seu pai.

O menino ficou doente enquanto o Dr. Jones viajava para a Europa de navio. Na noite anterior à chegada em Liverpool, deitado em seu beliche, ele foi acometido de uma indefinível e inexplicável tristeza. Depois, parecia que Deus o havia envolvido em Seus braços. Uma grande paz e um sentimento de proximidade com seu filho desceram sobre ele.

Ao desembarcar em Liverpool, ele foi avisado da morte do menino na hora exata em que ele sentiu a presença de Deus e a intimidade eterna com o filho.

O Poder do Pensamento Positivo,
de Norman Vincent Peale.

185.

ELE CONTEMPLOU O CÉU

Em 1924, eu fui para o Brasil como missionária. Durante os primeiros nove meses no país, estudei português no Rio de Janeiro. Meu professor era um ministro presbiteriano chamado Menezes, que morreu durante aqueles primeiros meses de estudos.

Sua esposa me disse que, na hora final, ele a chamou e disse: "Querida, eu preguei muitas vezes sobre o Céu, mas jamais imaginei que o Céu fosse tão lindo quanto o que eu *contemplo agora!*".

Rosalee M. Appleby,
Canton, Mississippi,
missionária aposentada da
Missão Batista do Sul, Brasil.

186.

SOPHIA RUBETI (1861)

Sophia era uma jovem senhora que morava em Highland, Kansas, EUA. Após sua morte, estes versos, que ela escreveu de próprio punho, foram encontrados na contracapa da sua Bíblia:

Mundo algum poderia me subornar a voltar a trilhar novamente
O deserto enfastiado da vida;
Meus dias sombrios do passado,
Não quero revê-los jamais.
Doravante, meu lar é o Céu;
Terra, mar e sol, adeus!
Não tenho mais olhos para vocês,
Pois o Céu se abre diante de mim.

Pouco antes de morrer, ela exclamou: "Eu ouço uma música maravilhosa. *Oh, que linda!* Ouçam, eu acho que vocês podem ouvi-la. Jesus está vindo — eles estão vindo — levantem-me!".

Dying Words,
de A. H. Gottschall.

187.

"JESUS, TEM MISERICÓRDIA DO PAPAI"

Num barraco na Primeira Avenida, na cidade de Nova Iorque, jazia a pequena moribunda Mary. De repente, ela se voltou para sua mãe e disse:

—Mãe, eu estou morrendo, *mas não estou com medo*.

—Não está com medo de morrer? — disse sua mãe, que era incrédula.

A pequena Mary replicou:

—Não, porque tenho Jesus ao meu lado, mãe. *Ah, mamãe, você precisa amar meu Salvador!*

Logo depois, seu pai, bêbado, veio ajoelhar-se ao lado de sua cama. A pequena colocou a mão sobre a cabeça dele e repetiu três vezes, dando intervalos a cada vez: "Jesus, tem misericórdia do papai!".

Momentos depois, ela estava no meio do coro angelical no Céu, e, três meses após sua morte, seus pais se converteram. Desde então, passaram a viver a vida cristã.

Rev. L. B. Balliett, médico
em Allentown, Pensilvânia,
Dying Testimonies,
de S. B. Shaw.

188.

CARDEAL BÓRGIA

*"Eu vou morrer, embora esteja
totalmente despreparado."*

César Bórgia, filho natural do papa Alexandre VI, era um homem de tal caráter e conduta que Maquiavel, no seu famoso livro *O Príncipe*, referiu-se a ele como um modelo para todos os príncipes que quisessem desempenhar o papel de tiranos sábios e políticos.

Ele foi elevado a cardeal, mas, como esse posto lhe impunha algumas restrições, decidiu logo resignar o cargo para que tivesse maior liberdade para praticar os excessos que sua ambição e crueldade naturais o incitavam a fazer. Depois disso, Luís XII da França o fez duque de Valentinois.

Ele era um homem de extrema habilidade e astúcia e sempre parecia estar preparado para qualquer evento. No entanto, as reflexões que ele fez um pouco antes de morrer, em 1507, revelam que usou sua engenhosidade somente para cuidar das preocupações terrenas. Ele obviamente não agiu com a sabedoria e a visão ampla da vida próprias a um ser que é destinado à imortalidade.

—No curso de minha vida —ele disse— eu me preparei para tudo, *exceto para a morte*. Agora, ai de mim! Eu vou morrer, embora esteja totalmente despreparado!".

Power of Religion.

189.

"OH, JESUS! VEM E LEVA-ME AGORA — EU ESTOU PRONTA!"

Nannie Belle Gilkey morreu de tuberculose aos 20 anos. Durante o intenso sofrimento que veio sobre ela no final da sua doença, ela manifestou um doce espírito de paciência e provou ser verdadeira a promessa de Deus: "E dure a sua força como os seus dias" (Deuteronômio 33:25 NVI).

Quando Jesus veio buscar Nannie, encontrou-a esperando e desejosa de partir com Ele. Três dias antes da sua morte, ela sabia que seu tempo estava terminando, e no dia em que morreu, estava muito feliz e cantou várias vezes durante a tarde: "Eu posso ir em segurança a qualquer lugar com Jesus" e "Sou tão feliz com Jesus — do pecado e da tristeza me libertou".

Uma vez, ela disse:

—Jesus está *tão* perto. Você não sente que Ele está perto, mamãe?

Às vezes, seu sofrimento era muito intenso. Numa ocasião, ela gritou:

—Ai, o que eu posso fazer?

Quando lhe disseram que olhasse para Jesus — que Ele era o único capaz de ajudá-la —, ela olhou para cima e disse:

—Sim, Senhor!

Então Jesus veio, e Ele chegou tão perto que ela exclamou:

—Ah, Ele está vindo, Ele está vindo! Oh, Jesus! Vem e leva-me agora — eu estou pronta!

Alguns minutos antes de nos deixar, ela abanou a mão e disse apenas:

—Adeus para todos.

E assim partiu para estar para sempre com o Senhor.

Sadie A. Cryer
de Rockford, Illinois.

190.

A VITORIOSA MORTE DE JANE

A rainha protestante de Navarra

Essa excelente rainha era filha de Henrique II, rei de Navarra, e de Margaret Orleans, irmã de Francisco I, rei da França. Ela nasceu em 1528.

Desde criança, ela foi cuidadosamente educada na fé cristã, à qual ela se apegou com firmeza durante todos os seus dias. O bispo Burnet comentou: "Ela se submeteu à Reforma e trouxe seus súditos junto; ela não apenas reformou sua corte, mas também todo o principado, de tal forma que parecia que a Idade de Ouro havia retornado — isto é, o cristianismo aparecia novamente com sua pureza e lustro primitivos".

Sendo convidada para o casamento de seu filho com a irmã do rei da França, essa ilustre rainha foi vítima de tramas cruéis armadas pela corte francesa contra a religião protestante. Contudo, sua força e fé genuínas não a abandonaram nesse grande conflito e ao aproximar-se sua morte.

Ela disse às pessoas que estavam próximas dela em seus últimos dias:

—Recebo tudo isso como se fosse das mãos de Deus, meu Pai misericordioso — nem tenho temido a morte nesses momentos finais, muito menos murmurado contra Deus por me infligir tal castigo. Sei que, seja o que for que Ele faça, no final fará com que isso contribua para o meu bem eternamente.

Ela expressou alguma preocupação com as crianças, que ficariam privadas da mãe em tenra idade, mas acrescentou:

—Não tenho dúvida de que o próprio Deus será seu Pai e protetor, como Ele sempre foi para mim nas minhas maiores aflições. Portanto, eu os entrego ao Seu controle e cuidado paternal.

Quando ela viu que suas damas e servas choravam ao redor de sua cama, acalmou-as dizendo:

—Não chorem por mim, eu lhes imploro. Deus, por meio dessa doença, me chama daqui para gozar uma vida melhor. Eu creio que Cristo seja meu único Mediador e Salvador, e eu não espero salvação de nenhum outro. Eu agora entrarei no desejado porto seguro, para o qual essa frágil nau está se dirigindo há muito tempo.

Então ela orou: "Ó meu Deus! No Teu tempo, livra-me das dificuldades desta vida presente, para que eu possa alcançar a felicidade que o Senhor prometeu me conceder".

*Adaptado de um artigo
em Power of Religion.*

191.

UMA MENINA VENCE A DOR E O MEDO DA MORTE

"Tchau! Eu vou descansar."

No final do século 19, em Milan, Tennessee, EUA, Ella Bledsoe, a jovem filha do Dr. Bledsoe, estava morrendo. Por serem vizinhas e ambas crentes, Ella e minha irmã passavam muito tempo juntas e tinham muito carinho uma pela outra.

Ella estava doente fazia nove dias. Seu pai, um cristão, a havia mantido sob medicamentos à base de ópio para aliviar suas dores, mas, não desejando que ela deixasse este mundo entorpecida, ele parou de administrá-los.

Quando minha irmã, Dorrie, e eu soubemos que Ella estava morrendo, oramos pedindo a Deus que ela não morresse sem deixar um último testemunho. Nós nos dirigimos apressadamente à sua casa e a encontramos se debatendo de um lado para o outro, na profunda agonia da "última inimiga", a morte.

Minha irmã aproximou-se dela e, sentando-se ao lado da cama, tomou uma de suas mãos entre as dela e perguntou:

—Ella, você está com medo de morrer?

Por um instante, parecia que tudo o que a vida oferece para uma jovem estava passando diante de seu olhar juvenil, e ela respondeu:

—Eu detesto ter de morrer.

E voltou a face para a parede, como Ezequias, por alguns minutos. Sem dúvida, ela estava em comunhão com seu Pai celestial, pois virou para Dorrie e disse:

—Tchau! Eu vou descansar.

Depois, estendeu a mão para mim dizendo:

—Tchau. Encontre-me no descanso.

Em seguida, ela chamou toda a família e despediu-se de todos, um por um, beijando-os, dizendo "adeus", pedindo e exortando-os a encontrá-la naquele lugar "onde os cansados descansam".

Essa impressionante cena tocou a todos os presentes com a realidade da alegria da experiência cristã. Quando tudo ao nosso redor desvanece, Cristo nos capacita a nos regozijar até mesmo diante da morte. Graças a Deus!

Adaptado de um artigo
de T. L. Adams, de Magdalena,
Novo México, EUA.

192.

"QUEM ERAM AQUELES DOIS SERES RESPLANDECENTES?"

Há muitos anos, um missionário foi trabalhar com uma tribo de canibais nas Ilhas dos Mares do Sul. Depois de muitos meses de trabalho, o chefe se converteu ao cristianismo. Um dia, o velho chefe disse ao missionário:

—Tu te lembras do tempo em que chegaste aqui?

—Claro que me lembro —respondeu o missionário—. Quando eu andava pela floresta, eu sentia a presença de forças hostis ao meu redor.

—Elas realmente te cercavam —disse o chefe—, pois nós te seguíamos para matar-te, mas alguma coisa nos impediu de fazê-lo.

—E o que era essa coisa? —perguntou o missionário.

—Agora que nós somos amigos, conta—persuadiu o chefe—: quem eram aqueles dois seres resplandecentes que te ladeavam?

O Poder do Pensamento Positivo,
de Norman Vincent Peale.

193.

ELES MORRERAM AO AMANHECER

Este relato verdadeiro conta como sete soldados do Exército Vermelho foram para o Céu durante a Guerra Russo-Finlandesa. Foi escrito por um eminente engenheiro da Finlândia chamado Nordenberg.

Apresentei-me ao governo e fui designado oficial do Exército do General Mannerheim. Foi um tempo terrível. Nós sitiamos uma cidade que havia sido tomada pelo Exército Vermelho e a retomamos. Um grupo de prisioneiros vermelhos ficou sob a minha guarda, e sete deles deveriam ser fuzilados ao amanhecer de segunda-feira. Eu nunca me esquecerei do domingo que antecedeu à execução.

Os sete homens estavam presos no porão da prefeitura, e no corredor meus homens os vigiavam atentos com os seus rifles. A atmosfera estava carregada de ódio. Meus soldados, inebriados com o sucesso, escarneciam de seus prisioneiros. Alguns praguejavam e batiam nas paredes com os punhos sangrando; outros gritavam por suas esposas e filhos que estavam distantes. Ao amanhecer, todos morreriam.

Havíamos obtido a vitória; isso era verdade, mas, à medida que a noite avançava, o valor dessa conquista parecia diminuir. Então, algo aconteceu. Um dos homens condenados à morte começou a cantar.

"Ele está louco", foi o que todos pensaram inicialmente. Mas eu notei que esse homem, Koskinen, não havia se exasperado nem blasfemado. Silenciosamente, ele ficara sentado no seu banco; era a personificação da total desesperança. Ninguém dissera nada para ele; cada um carregava seu fardo do seu jeito.

Koskinen cantou meio vacilante no início, mas depois sua voz foi se fortalecendo até que ficou natural e livre. Todos os prisioneiros se voltaram para ele enquanto cantava...

Seguro nos braços de Jesus, seguro em Seu peito gentil,
Ali coberto pelo Seu amor, docemente minha alma descansará.
Ouça! É a voz de anjos, trazida numa canção para mim,
Sobre os campos de jaspe, sobre o mar de cristal.

Vez após vez, ele cantou essa estrofe e, quando parou, todos ficaram quietos por alguns minutos. Então, um homem, de aparência selvagem, quebrou o silêncio dizendo:

—De onde você tirou isso, seu imbecil? Está tentando nos converter?

Koskinen olhou para seus companheiros com os olhos rasos d'água e disse calmamente:

—Camaradas, vocês me dariam um minuto de atenção? Você me perguntou de onde eu tirei essa canção. Foi do Exército de Salvação — eu a ouvi há três semanas. Minha mãe cantava sobre Jesus e orava a Ele.

Ele parou por um instante como que para recuperar as forças. Então, ergueu-se e, como um bom soldado que era, olhou firmemente para frente.

—É covardia esconder suas crenças —ele continuou—. O Deus em quem minha mãe cria é o *meu* Deus agora. Eu não sei como isso aconteceu, mas, na noite passada, enquanto eu estava deitado sem conseguir dormir, de repente vi o rosto da minha mãe diante de mim e me lembrei da canção que havia ouvido. Senti que precisava encontrar o Salvador e me refugiar nele. Eu pedi a Cristo que me perdoasse e limpasse a minha alma pecadora, para que eu pudesse estar pronto para apresentar-me diante dele, pois logo o encontrarei. Foi uma noite estranha — às vezes, parecia que tudo ao meu redor resplandecia. Versos da Bíblia e canções do hinário começaram a vir à minha mente trazendo mensagens sobre o Salvador crucificado e o sangue que limpa todo o pecado — e sobre o Lar que Ele preparou para nós. Eu lhe agradeci, e desde então esses versos estão ressoando dentro de mim. *Eles são a resposta de Deus para a minha oração.* Eu não pude mais guardá-los só para mim; dentro de poucas horas, eu estarei com o Senhor — *salvo pela graça.*"

O rosto de Koskinen brilhou como se houvesse uma luz dentro dele. Seus camaradas estavam sentados, calados. Ele mesmo permaneceu de pé como que petrificado. Meus soldados também estavam ouvindo o que esse revolucionário vermelho tinha a dizer.

—Você está certo, Koskinen —disse um de seus companheiros finalmente—. Se pelo menos eu soubesse que há misericórdia para mim também... Mas estas mãos derramaram sangue — eu tenho ultrajado a Deus e espezinhado tudo o que é santo. Agora, eu entendo que há um inferno e que este é o lugar apropriado para mim.

Ele caiu lentamente no chão, o desespero estampado na face.

—Ore por mim, Koskinen —ele gemeu—. Amanhã morrerei, e minha alma estará nas mãos do diabo.

Aqueles dois soldados vermelhos se ajoelharam e oraram um pelo outro. Não era uma oração comprida, mas chegou ao Céu, e nós, que os ouvíamos, esquecemos nosso ódio, que se derreteu diante da luz celestial, pois ali estavam dois homens que logo morreriam reconciliando-se com seu Deus.

A porta que conduzia ao Invisível estava entreaberta, e nós todos estávamos extasiados com a visão. Deixem-me apenas contar-lhes resumidamente que, por volta das 4 horas, em plena madrugada, todos os camaradas de Koskinen seguiram seu exemplo e começaram a orar. A mudança na atmosfera foi indescritível. Alguns deles sentaram-se no chão, outros nos bancos, alguns choravam baixinho, outros falavam sobre coisas espirituais. Nenhum de nós tinha uma Bíblia, mas o Espírito de Deus falou a todos. Então, alguém se lembrou dos queridos distantes, e seguiu-se uma hora em que todos se empenharam em escrever cartas. Confissões e lágrimas estavam contidas nelas.

Estava quase amanhecendo, e ninguém havia dormido um minuto sequer.

—Cante para nós mais uma vez, Koskinen —pediu um deles.

Se você pudesse ter ouvido como eles cantaram — não somente aquela canção, mas também versos e refrões há muito esquecidos. Os soldados de guarda uniram-se a eles, pois o poder de Deus tinha tocado a todos. Tudo havia mudado, e o respeitável porão da prefeitura ecoava, naquela hora da madrugada, hinos sobre o sangue do Cordeiro.

O relógio bateu 6 horas. Como eu desejava que fosse concedida graça àqueles homens! Mas eu sabia que era impossível. Entre duas fileiras de soldados, eles marcharam para o local da execução. Um deles pediu permissão para cantarem uma vez mais o hino de Koskinen, e a permissão foi concedida. Depois, pediram permissão para morrer com o rosto descoberto. Então, com as mãos erguidas para o céu, eles cantaram com toda a força: "Seguro nos braços de Jesus". Quando a última frase terminou, o tenente deu a ordem: "Fogo!". Nós inclinamos nossa fronte em oração silenciosa.

O que aconteceu no coração dos outros, eu não sei, mas quanto a mim, fui um novo homem a partir daquele momento. Encontrei Cristo em um de Seus discípulos mais novos e humildes; e eu vi o suficiente para ter certeza de que eu também poderia ser dele.

Extraído de Youth's Living Ideals, agosto de 1967.

194.

LEGRANT D'ALLERAY

Esse idoso francês e sua esposa foram acusados diante do tribunal no Reinado do Terror. O juiz sugeriu uma contestação evasiva para a acusação, à qual o velho corajoso declinou.

"Eu agradeço o vosso empenho em tentar salvar-me, mas seria necessário que a nossa vida fosse comprada com uma mentira. Minha esposa e eu preferimos morrer. Nós envelhecemos juntos sem nunca ter mentido, e não vai ser agora que vamos fazê-lo para salvar um resto de vida."

Dying Words,
de A. H. Gottschall.

195.

"TUDO PARECE TÃO LINDO"

Quando eu era soldado em Memphis, Missouri, um colega me disse:

—Gostaria que você fosse passar a noite naquela casa. Eles estão em péssimas condições.

Ao anoitecer, eu fui até lá, e de fato encontrei tudo em terríveis condições. A casa estava dilapidada, prestes a cair, e o porão estava cheio de água lamacenta. Subi por uma escada velha pelo lado de fora da casa e entrei num pequeno quarto sem mobília — não havia cadeiras nem estrados, apenas um velho baú.

Sobre esse baú, estava sentada uma velha senhora com uma criança pequena no colo. A criança estava quase morta, e no chão havia outra criança, que morrera minutos antes. Uma terceira estava muito fraca.

A senhora apontou para uma pilha de colchas sujas no chão num canto do quarto dizendo:

—Ali está mamãe, e eu não creio que ela passará desta noite. E o que é pior... — e eu pensei: "O que pode ser pior?" — nós estamos esperando que papai volte para casa bêbado hoje à noite.

Por volta de meia-noite, ele chegou; mas a terrível cena de morte não afetou o coração do pobre bêbado. Ele estendeu sua garrafa de uísque e implorou que eu bebesse com ele!

Mas havia uma pessoa naquela casa que estava profundamente penitente, desejando ardentemente "fugir da ira vindoura" — era a alquebrada mãe. A pedido dela, voltei para visitá-la muitas vezes depois daquela noite. Durante as visitas, eu lhe falava do Salvador e cantava sobre o Céu.

Um dia, quando a visitei, encontrei-a fria e sucumbindo rapidamente. A morte estava colocando seus braços frios ao redor dela, mas, justamente no momento em que aquelas vagas escuras começaram a rolar sobre ela, transformaram-se em brilhantes ondas de glória. Ela de repente olhou para cima e disse:

—Tudo parece tão lindo!

Uma senhora que estava presente lhe disse:

—Eu não vejo nada bonito aqui.

—Não — replicou a moribunda —, nesta casa só há sujeira e trapos, mas eu vejo tudo bonito e agradável.

Sua face então se iluminou com um ar de felicidade, e, com o abrir de um sorriso, seu espírito partiu para as mansões da glória. Eu fiquei parado contemplando seu corpo sem vida, com aquela expressão de paz estampada no rosto e pensei no fato de a morte ser, para um filho de Deus, nada mais do que a porta para o Céu.

Samuel G. Bingaman, Williams, Oregon,
Dying Testimonies, de S. B. Shaw.

196.

"ESTOU EM PAZ COM DEUS! ESTOU CHEIO DE AMOR!"

"Observa o homem íntegro e atenta no que reto; porquanto o homem de paz terá posteridade." (Salmo 37:37)

Meu querido pai, William H. Whitford, foi subitamente acometido de uma grave hemorragia nos pulmões e morreu poucos dias depois. Ele era um cristão fervoroso e, enquanto pôde falar, saudava-nos com um animado "Deus seja louvado!".

Ele havia sofrido uma série de complicações que frequentemente lhe causavam muita dor. Quando estava sofrendo, muitas vezes ele se dirigia a Deus em oração e obtinha alívio, e sua alma era ricamente abençoada.

Numa manhã, sua face se iluminou com a luz celestial, e ele começou a gritar:

—Aleluia! Glória a Deus!

Uma irmã, que estava no quarto ao lado, disse que também sentiu o poder do Espírito Santo e começou a regozijar-se em Deus. Ah, como o Espírito veio sobre nós naqueles últimos dias! Verdadeiramente, aquele lugar era celestial — toda a melancolia tinha se dissipado. Não havia ali nada parecido com a morte.

Embora meu pai tivesse 82 anos quando morreu, ele esteve lúcido o tempo todo e pensou em tudo o que era preciso fazer. Ele queria viver só por minha causa, pois morávamos juntos. Mas ele também entregou a Deus essa preocupação.

Ele falou calmamente a respeito de seu funeral, escolheu o texto — Salmo 37:37 — e pediu que fossem cantados os hinos antigos. Eu lhe perguntei se ele queria flores, ao que ele respondeu:

—Ah, não. Eu quero tudo muito simples — revestido de justiça.

Ele estava cantando conosco um pouco antes de partir, e foi maravilhoso ver seu rosto resplandecendo de alegria enquanto cantava. "Aleluia! Glória a Deus!", ele bradava. Então, bateu palmas e disse:

—Se eu pudesse me levantar, pularia e gritaria de alegria. Paz, paz — estou em paz com Deus! Estou cheio do Seu amor! Somente Jesus surge no horizonte!

Parecia que ele verdadeiramente via o Céu. Suas últimas palavras foram: "Oh, bendito seja o Senhor! Louvado seja o

Senhor!", e assim adormeceu docemente, seguro nos braços de Jesus.

Escrito por sua filha,
Sra. S. A. Slade, de Portland,
Nova Iorque, 1898.

197.

"EU ESTOU TÃO PERDIDO COMO SE JÁ ESTIVESSE NO INFERNO!"

Outra senhora e eu fomos requisitadas para visitar um vizinho que estava doente e com a alma terrivelmente aflita. Nós fomos à sua casa e encontramos o pobre homem gemendo e caminhando de um lado para o outro. Eu lhe disse:

—Sr. C., viemos para ajudá-lo, se o senhor quiser.

—Eu sei —ele respondeu—. Vocês são muito boas, mas é tarde demais. Eu frequentei suas reuniões há 2 anos. O Espírito me disse: "Depressa! Vá até o altar! Implore pela misericórdia de Deus!". Eu quase não conseguia ficar no banco. Mas não fui. Depois vim a Marengo e estava sob forte convicção do Espírito, mas continuei resistindo. Finalmente, o Espírito me deixou, e eu estou tão perdido como se já estivesse no inferno!

Ele bateu no peito e disse:

—Eu já sinto o fogo ardendo aqui. É tarde demais; eu estou indo para o inferno — e meus filhos, comigo!

Ele viveu apenas mais duas semanas. Sua casa foi um lugar de escuridão e demônios até a sua morte.

Sra. H. A. Coon,
Dying Testimonies,
de S. B. Shaw.

198.

"MEUS FILHOS, ISSO É A MORTE? QUE BELEZA, QUE BELEZA"

Penso que seria para a glória de Deus contar-lhe sobre a morte de minha mãe. Ela morreu no dia 28 de julho de 1888, no município de Winnebago City, condado de Faribault, Minnesota, EUA. Cerca de seis meses antes da sua morte, saí de casa para trabalhar na obra do Senhor. Naquele tempo, como também durante vários anos antes, mamãe sofria do que frequentemente chamamos de experiência de "altos e baixos". Dia 1.º de julho, recebi um recado para ir para casa e ver mamãe morrer.

Chegando, encontrei mamãe muito doente, mas com uma imensa fé em Deus. Eu disse:

—Mamãe, essa é a melhor experiência que a senhora já teve!

—Sim, Johnnie — ela disse —, cerca de três meses atrás, alcancei o que eu desejei por anos.

A doença de mamãe era de natureza hidrópica. Os membros inchavam e faziam-na sofrer intensamente, mas sua fé em Jesus nunca oscilou. Ela costumava falar das gloriosas perspectivas em vista. Na manhã em que ela morreu, mais ou menos às 4 horas da manhã, minha irmã e eu estávamos ao lado de sua cama abanando-a, quando, de repente, ela abriu os olhos e disse:

—Meus filhos, *isso* é a morte? Que beleza — que beleza!

Eu disse:

—Mamãe, em breve você estará descansando. Logo você atravessará para o outro lado e estará em casa.

Mamãe nunca cantou bem, mas nessa ocasião ela cantou como se fosse com inspiração celestial:

Eu anseio por estar lá,
De sua glória partilhar,
Nos braços de Jesus
Eu quero descansar.

Quatro horas depois, nós nos reunimos ao redor de sua cama para o culto doméstico, quando, sem nenhuma luta, ela partiu para estar para sempre com o Senhor.

Rev. J. T. Leise.

199.

A JANELA DO CÉU

Passaram-se 30 anos desde que esta experiência que vou relatar aconteceu, trinta anos de vida ativa como esposa de pastor e como mãe. Mas permanece até hoje como o mais vívido e extraordinário acontecimento de toda a minha existência.

Quando nosso filho mais velho, "Phipsy", estava com 4 anos, tive uma doença glandular e me disseram que eu deveria fazer uma cirurgia da tireoide para que minha vida fosse poupada. Acostumada a entregar todos os meus cuidados a Deus, não temia a operação. Era bem mais difícil ficar em paz com relação ao futuro de nosso filho caso eu não estivesse aqui. Depois de uma noite de luta interior, a paz veio sobre mim, quando entendi que o Criador do Phipsy o amava muito mais do que eu e guiaria o futuro dele. Eu também sabia que ele seria feliz com seu pai terreno e assim pude me desprender dele e arrumei minha mala para ir ao hospital.

Meu marido, Harold, levou-me à Clínica Crile. O próprio Dr. Crile me operaria. Como só usaram anestésico local, os médicos me faziam ficar falando e cantando para que pudessem localizar mais rapidamente as cordas vocais.

Eu estava me congratulando por conseguir pensar em coisas para falar e cantar em vez de me aborrecer com os procedimentos desagradáveis, quando, de repente, para minha surpresa, eu parecia estar olhando de cima para mim e para aqueles que estavam ao redor da mesa de operação, um pouco acima da cabeça deles. A enfermeira estava dizendo ao cirurgião com uma expressão assustada:

—Doutor, o pulso dela está caindo.

Então eu comecei a trilhar o que parecia ser um longo e escuro corredor e pensei calmamente: "Isso deve ser o que chamam de morte".

Essa jornada continuou monotonamente por algum tempo, e eu estava começando a me perguntar quanto tempo duraria, quando eu emergi num gigantesco espaço de luz — uma luz cintilante, viva, que não pode ser descrita com palavras. Ali meu corpo sentia-se livre e leve, e por um pouco de tempo vagueei sem um destino aparente. Finalmente, para meu grande alívio e prazer, encontrei-me sentada em algo que parecia uma nuvem, ou alguma espécie de ilha celestial, olhando através de uma enorme janela convexa que se assemelhava à metade de uma imensa bola de cristal. Eu sabia que não era vidro, pois poderia facilmente passar para o outro lado; ao mesmo tempo, ocorreu-me o pensamento de que eu estaria olhando através de uma "janela" para uma parte brilhante do Céu.

O que vi ali tornou insignificantes todas as alegrias terrenas. Eu desejava me unir à alegre multidão de crianças cantando e brincando num pomar de maçãs. O ar tinha uma brilhante claridade que realçava os pequenos detalhes, dando-lhes nova luz: o pomar em branco e rosa translúcidos, espantosos tons de verde, vermelho e amarelo — pois havia tanto flores perfumadas quanto frutos vermelhos maduros nas árvores.

Sentada ali, bebendo toda aquela beleza, gradualmente eu me tornei ciente de uma Presença: uma Presença de gozo, harmonia e compaixão. Meu coração anelava tornar-se parte daquela beleza. Mas, por algum motivo, eu não conseguia me convencer a passar pela janela. Uma restrição invisível e tenaz puxava-me de volta cada vez que eu me inclinava para ir. Eu me lembro de pensar que tinha perdido a consciência da minha identidade, que meu nome não tinha mais importância. Tudo o que eu precisava fazer era manter meus olhos bem abertos e dar um passo através da janela para tornar-me parte de tudo o que eu via. Notando minha impossibilidade de me mover, franzi o cenho, e aos poucos, incapazes de suportar a luz e a vida vibrante desse pequeno canto do Céu, meus olhos se fecharam. À medida que eu os fechava com mais força, parecia que mais eu me afastava daquela janela convexa.

Depois de outra longa jornada pelo corredor, voltei para a mesa cirúrgica, na qual meu corpo estava deitado, inerte e imóvel, e os médicos e enfermeiras estavam trabalhando nele. Relutantemente eu entrei nele pelo que parecia ser a porta natural, a *moleira* (o ponto no crânio que é mole em nenês e crianças), ao mesmo tempo me perguntando: "Por que tenho de voltar? Tenho de voltar? Será que consigo colocar meu pobre corpo em ação outra vez?". Experimentalmente, eu mexi um dedo ao mesmo tempo que me perguntava quem era "eu".

Uma das enfermeiras exclamou:

—Glória! Ela está voltando. Foram 15 minutos.

Eu tentei lembrar meu nome novamente, sem sucesso, mas outro nome veio à minha mente — "Harold", e depois "Phipsy". Esses foram os laços que me trouxeram de volta, e eu precisava deles agora se eu fosse ficar. Com grande esforço, sussurrei o nome do meu esposo. E subitamente eu me lembrei — eu era a Julia.

"Eu sou a Julia? *Esta* pode ser a Julia? Esta figura prostrada com o pescoço enfaixado?" Eu não queria que esta fosse a Julia, ao mesmo tempo que queria se houvesse um Harold e um Phipsy esperando por ela. Mas ter de deixar toda aquela glória para voltar de modo tão sofrido era uma coisa quase inaceitável. Então, uma voz muito querida falou comigo — uma mão segurou a minha —, agora eu *queria* ficar.

No restante daquele dia e no seguinte, aquele outro mundo era muito mais real para mim do que este para o qual eu havia retornado. Eu insisti para que meu esposo segurasse minha mão dia e noite; quando ele teve de ausentar-se por pura exaustão, minha irmã veio para fazer o mesmo. Eu percebi que havia uma misteriosa ligação entre a palma da minha mão e a minha alma e sentia que, para ficar nesta vida, eu precisava da pressão amorosa de outra mão segurando a minha. O fascínio daquele lugar celestial que eu havia vislumbrado ainda era muito forte em mim, mas aquele aperto de mão seguro, embora eles não entendessem completamente, foi o que impediu que eu escapasse outra vez para aquele lugar de liberdade.

Durante as 24 horas que se seguiram, enquanto eu oscilava entre as duas dimensões da vida, todos os significados da vida e da morte desfilavam diante dos olhos da minha alma. Senti fortemente que a morte física não era uma calamidade, mas uma transformação natural em outro tipo de vida, na qual podemos gradativamente e com alegria prosseguir se estivermos preparados para isso. Seria como ser promovido desta esfera de aprendizagem para outra tão importante e real quanto esta.

Eu creio que podemos fazer uma comparação entre o nascimento carnal e o espiritual. Nós sabemos que um recém-nascido precisa ter o aparelho respiratório pronto — nariz, vias respiratórias e pulmões — para viver neste mundo de ar. Se o desenvolvimento fetal for incompleto ou defeituoso, ele estará despreparado para viver num mundo onde respirar é uma necessidade.

Da mesma forma, nesta vida, se o espírito, ou a alma, de alguém permanece desnutrido, atrofiado e desvinculado, não pode passar para a esfera de vida mais alta que poderia atingir, nem funcionar livremente nela. Ficou claro para mim que alguém começa lá no outro mundo no ponto em que parou aqui nesta vida.

Isso me pareceu dar um significado mais profundo ao sofrimento, a todas as experiências e aos relacionamentos de cada dia. A morte real do indivíduo — pareceu-me e ainda me parece — é não crescer espiritualmente.

Portanto, eu creio que aquele breve vislumbre que eu tive através da janela do Céu foi um lampejo de revelação que serviu para que eu entendesse o próprio sentido da vida. Agora vivo esperando ansiosamente pelas lições e bênçãos que cada novo dia traz e estou em paz na crença — não, na convicção — de que, aos olhos de Deus, o mundo em que agora vivemos e o mundo que eu vislumbrei são na realidade um só.

Julia Phillips Ruopp,
Minneapolis, Minnesota,
extraído da revista Guideposts,
Carmel, Nova Iorque, 1963.

200.

"AH, VOCÊS ESCUTAM A MÚSICA?"

May Wilcox, de Marengo, Illinois, EUA, morreu quando tinha apenas 21 anos. Ela foi uma cristã abnegada, devota. Logo após sua conversão, sentiu o chamado de Deus para trabalhar pelas almas e entregou sua vida em benefício de outros. Ela foi fiel ao seu ministério e um exemplo digno de uma filha de Deus em todas as esferas da vida.

> *Ela batalhava o bom combate*
> *em pleno meio-dia da vida,*
> *Quando o Senhor em misericórdia*
> *para si a chamou;*
> *Surpresa, ela disse: "Por que agora?*
> *Minha obra mal começou!".*
> *E sorrindo, Ele lhe respondeu:*
> *"Vem, serva fiel,*
> *Cumpriste tua missão!".*

Ela via os campos brancos,
a colheita por fazer,
Estendeu suas mãos
para os frutos recolher,
Quando das mãos do Senhor
a coroa veio a receber.

Depois de uma série de conferências em Bradford, Illinois, May foi para casa a fim de se restabelecer para a próxima batalha, mas, em vez disso, foi acometida de febre tifoide. Ela sobreviveu ao seu calor e sofrimento por um pouco mais de um mês; então Jesus veio buscá-la.

Uma vez, durante sua enfermidade, sua mãe veio vê-la, mas ela estava inconsciente de tudo ao seu redor e não a reconheceu. Sua mãe então disse:

—May, você conhece Jesus?

—Jesus? Oh, sim, eu conheço Jesus!

A simples menção do nome dele trouxe-lhe a consciência. Ela conhecia muito bem aquele nome. Um pouco antes de morrer, aqueles entes queridos que ainda não tinham a salvação foram chamados para junto de sua cama. Ela tentou exortá-los a se prepararem para o encontro com Deus, mas sua língua estava muito inchada, e eles não conseguiram entendê-la. No entanto, Deus permitiu que May falasse — de um modo mais elegante do que com palavras — sobre as glórias que encheram sua alma naquela hora maravilhosa, pois ela subitamente lançou os braços para o alto e exclamou com clareza:

—Ah, vocês ouvem a música?

Os não salvos, em pé ao redor de sua cama, viram a luz que veio do Céu até aquele pequeno quarto e sentiram sua influência divina. Deus havia falado!

Sua alma, então, tomou o rumo do Céu, e a carreira de alguém que triunfou na vida, e agora também na morte, findou.

Sadie A. Cryer, Rockford, Illinois.

201.

O ARTISTA E A JOVEM CIGANA

Há muitos anos, na antiga cidade de Dusseldorf, no noroeste da Alemanha, vivia um artista chamado Stenburg. Ele era católico romano e havia aprendido a doutrina e o cerimonial, mas não sabia nada sobre Jesus como seu Salvador pessoal que pudesse livrá-lo do poder e da culpa do pecado.

Ele havia sido contratado para pintar um grande quadro com a cena da crucificação, e estava fazendo isso não por causa de um amor real por Cristo ou de uma fé nele, mas só por dinheiro e fama.

Numa bela manhã de primavera, quando passeava por uma floresta perto de Dusseldorf, ele se deparou com uma jovem cigana chamada Pepita, que fazia cestos de palha trançada. Ela era de rara beleza, e Stenburg empenhou-se em convencê-la a ser sua modelo. Ele queria pintar um quadro de uma dançarina espanhola. Depois de alguma negociação, ela concordou em ir ao seu estúdio três vezes por semana.

No horário combinado, Pepita apareceu. Seus olhos grandes percorreram o estúdio cheios de admiração até que pararam diante do grande quadro da crucificação. Olhando fixamente para ele e apontando para a figura sobre a cruz, ela perguntou num tom estupefato:

—Quem é ele?

—Cristo — respondeu Stenburg desatentamente.

—O que estão fazendo com ele?

—Eles o estão crucificando.

—Quem são aqueles com cara de maus perto dele?

—Olha aqui — disse o artista —, eu não posso falar. E você só tem de ficar parada como eu mandar.

A menina não ousou dizer mais nada, mas continuou fitando o quadro.

Cada vez que ela ia ao estúdio, crescia sua fascinação pelo quadro. Finalmente, ela se aventurou a fazer outra pergunta.

—Por que eles o crucificaram? Ele era mau — *muito mau?*

—Não, muito bom.

Isso foi tudo o que ela aprendeu naquela ocasião, mas acrescentou um pouco ao seu conhecimento a respeito daquela cena maravilhosa.

Por fim, vendo que a jovem estava ansiosa para saber o significado daquela pintura, Stenburg disse um dia:

—Olhe, eu vou lhe contar tudo de uma vez e depois não me faça mais perguntas!

Assim, ele lhe contou a história da crucificação — nova para Pepita, mas tão antiga para o artista que já não o tocava mais. Ele podia pintar a agonia daquela morte sem o estremecimento de um nervo sequer — mas a menção de tudo aquilo mexeu profundamente com o coração dela. Seus olhos se encheram de lágrimas.

Chegou o dia da última visita de Pepita ao estúdio. Ela parou diante da grande tela, chateada por ter de deixá-la.

—Venha — disse o artista —, aqui está o seu dinheiro, e mais uma moeda de ouro.

—Obrigada, mestre — ela murmurou. E então, olhando para a tela novamente, comentou —: Você deve amá-lo *muito* por tudo o que ele fez por você, não é mesmo?

Stenburg não pôde responder.

Pepita voltou para o seu povo, mas o Espírito de Deus fez as palavras da jovem cigana tocarem o coração do artista. Ele não conseguia esquecê-las. "Tudo o que ele fez por você" permaneceu ecoando nos seus ouvidos. Ele ficou inquieto e triste. Sabia que não amava o Crucificado.

Algum tempo depois, Stenburg foi movido a seguir uns pobres que se reuniam para ouvir alguém ler a Bíblia. Foi então que, pela primeira vez, ele encontrou pessoas que tinham uma fé viva. Ouvindo a simples mensagem do evangelho, ele entendeu por que Cristo foi pendurado na cruz pelos pecadores. Ele compreendeu que *ele* era um pecador, e, portanto, Cristo esteve lá por *ele*, levando sobre Si os seus pecados.

Ele começou a conhecer o amor de Cristo e logo pôde dizer: "Ele *me* amou e se entregou por *mim*". Imediatamente, ele queria fazer alguma coisa para que outros conhecessem esse amor maravilhoso, mas o que poderia fazer? Subitamente lhe veio uma ideia: ele poderia pintar. Seu pincel poderia descrever o amor de Cristo! Pedindo a ajuda de Deus, ele retomou sua tela sobre a crucificação e pintou como nunca. Depois de pronta, ela foi colocada entre outras na famosa galeria de arte de Dusseldorf. Abaixo dela, o artista escreveu: "Tudo isso Eu fiz por ti, o que fazes tu por Mim?".

Só a eternidade poderá dizer quantas pessoas foram levadas a Cristo por meio daquela pintura e daquelas palavras.

Um dia, Stenburg viu uma menina malvestida chorando amargamente, parada diante da pintura. Era Pepita.

—Ah, mestre, se pelo menos Ele tivesse *me* amado dessa maneira — ela disse chorando.

Então o artista pôde dizer que Ele havia morrido por ela, mesmo sendo uma pobre cigana, assim como por ricos e grandes. Dessa vez, ele não ficou cansado de responder às suas perguntas ansiosas, pois estava tão desejoso de contar-lhe quanto ela estava de ouvi-lo sobre o amor de Cristo.

À medida que Pepita ouvia, ela recebia, e o velho milagre do novo nascimento espiritual aconteceu. Ela saiu daquela sala uma "nova criatura" no maravilhoso amor de Deus. Assim, o Senhor usou as palavras de Pepita para trazer o artista a Ele, depois usou as palavras do artista para revelar-se a ela.

Meses depois, Stenburg foi procurado por um estranho de tez escura, que lhe pediu que fosse visitar uma pessoa que estava morrendo. Seguindo o seu guia pelas ruas até a zona rural, e depois pela floresta, eles chegaram a um acampamento. Numa das tendas pobres, ele encontrou Pepita. Ela estava morrendo na miséria, mas estava feliz no precioso amor de Cristo.

Ele a viu morrer, enquanto ela louvava ao seu Salvador por Seu amor, *conhecendo* Seu amor, *sabendo* que Ele tinha tirado todos os seus pecados e que ela iria à Sua bendita presença para estar para sempre com Ele.

Tempos depois, quando o artista também já havia partido para estar com o Senhor, um fidalgo jovem e rico entrou naquela galeria de Dusseldorf. Ao olhar atentamente para a pintura e para as palavras escritas nela, Deus falou naquele momento e naquele lugar ao seu coração. Horas depois, quando o guarda veio avisá-lo que fecharia a galeria, ele ainda estava de joelhos, chorando diante daquela cena.

Aquele jovem era o famoso conde Zinzendorf, que, daquele dia em diante, tornou-se um zeloso cristão e, mais tarde, o pai das renomadas missões moravianas, por meio das quais Deus atraiu para Si milhares de homens e mulheres de muitos países.

Anônimo

202.

"EU ESTOU ENTRE DOIS MUNDOS"

Quando minha mãe, Eleanor Herrick, morreu de câncer em dezembro de 1964, foi um tempo de alegria e triunfo, e não de tristeza e derrota. Mamãe era uma cristã que havia "nascido de novo" e tinha uma fé profunda.

No final da sua enfermidade, ela passou cerca de duas semanas no hospital. Meu irmão, Don, e eu estivemos com ela todos os dias. Nos últimos três dias, ela começou a entrar em coma e pouco falava conosco.

Uma das últimas coisas que ela me disse foi:

— Arline, eu me sinto envolta em amor — tanto deste lado da vida como do outro.

No dia seguinte, ela pronunciou suas últimas palavras. Quando entrei em seu quarto, a paciente próxima a ela me chamou e perguntou:

—Quem é Margaret? Sua mãe falou com ela a manhã toda.

Eu lhe disse que Margaret era a irmã de mamãe que tinha morrido havia anos.

Eu me aproximei de mamãe, tomei sua mão e me identifiquei. Ela disse, então, suas últimas palavras neste mundo: "Arline, tudo é tão estranho aqui. Eu estou na 'terra do nunca'. Eu estou entre dois mundos. Mamãe e papai estão aqui e eu posso vê-los, mas não consigo mais ver você".

Arline Sexauer,
Northridge, Califórnia.

203.

A MORTE DE
SIR FRANCIS NEWPORT

Muito cedo em sua vida, Sir Francis Newport aprendeu as grandes verdades do evangelho. Em sua juventude, esperava-se que ele se tornasse uma honra e uma bênção para sua família e para a nação, mas aconteceu o contrário. Ele se envolveu com más companhias, que corromperam seus princípios e sua moral, e se tornou um descrente confesso. Sua vida dissoluta logo lhe trouxe uma doença incurável.

Quando ele entendeu que morreria, atirou-se na cama e, depois de uma breve pausa, exclamou:

—Por que essa guerra em meu coração? Que argumentos há para me ajudar contra o óbvio? Como posso afirmar que não há inferno se eu o sinto em meu próprio peito? Será que estou certo de que não há uma retribuição após a morte se eu sinto que sou julgado agora? Como posso afirmar que minha alma é tão mortal quanto o meu corpo, quando este está definhando e a alma está mais vigorosa do que nunca? Ah, se alguém pudesse me restaurar aquela antiga inocência e devoção! Sou um miserável, para onde fugirei deste peito? O que será de mim?

Um companheiro descrente tentou dissipar seus pensamentos, mas ele respondeu:

—Há um Deus sim, pois eu sinto continuamente os efeitos da Sua ira. Que há um inferno, disso eu estou certo também, pois as primícias da minha herança lá eu já tenho em meu peito. Que há uma consciência natural, eu agora sinto com horror e assombro, pois ela continuamente me censura, trazendo à minha memória todas as minhas impiedades e iniquidades.

Para desalento do seu antigo amigo, ele continuou:

—Por que Deus me marcou para ser exemplo da Sua vingança, em vez de você, ou qualquer outro dos meus conhecidos? Eu presumo que seja porque eu recebi uma educação religiosa e, portanto, causei mais injúrias ao Espírito da Graça. Ah, se eu pudesse me deitar sobre o fogo que nunca se extingue, por mil anos, para alcançar o favor de Deus! Mas este é um anseio vão. Milhões e milhões de anos não me trarão mais perto do fim do meu tormento do que uma mísera hora. Ah, eternidade, eternidade! Quem pode descobrir o abismo da eternidade? Quem pode parafrasear as palavras *para sempre e sempre?*

Quando alguns de seus amigos pensavam que ele estava louco, ele dizia:

—Vocês acham que eu estou melancólico ou perturbado. Eu gostaria de estar, mas é parte do meu terrível julgamento que eu não esteja. Não, minha percepção acerca das pessoas e das coisas é mais rápida e vigorosa agora do que era quando eu gozava perfeita saúde — e esta é a minha maldição, pois assim eu tenho mais consciência da minha condição. Vocês sabem por que eu me tornei um esqueleto em três ou quatro dias? Foi porque eu desprezei meu Criador e neguei meu Redentor. Eu me associei ao ateu e ao profano e continuei nessa direção apesar das muitas convicções, até que minha iniquidade ficou no ponto de receber sua recompensa. O justo julgamento de Deus me surpreendeu quando meu senso de segurança estava no auge, e os freios na minha consciência, praticamente inexistentes.

Quando seu sofrimento mental e a fraqueza de seu corpo começaram a empurrá-lo para a eternidade, perguntaram-lhe se queria que orassem por ele. Virando o rosto, ele exclamou:

—Tigres e monstros! Vocês também viraram demônios para vir me atormentar? Vocês vão me falar do Céu para tornar o meu inferno mais intolerável?

Em seguida, sua voz falhou e, soltando um grunhido de inexprimível horror, gritou: "Ai, as insuportáveis dores do inferno!" — e partiu.

Adaptado de um artigo em The Contrast.

204.

EU VI O MUNDO ESPIRITUAL

Você já pensou na morte? O que acontece quando você perde de vista o conhecido e entra no desconhecido? Eu nunca pensei muito nesse assunto até 1948, quando um grave acontecimento em minha vida forçou-me a refletir nisso seriamente.

Antes de relatar-lhe essa experiência extraordinária, permita-me dizer-lhe que eu achava que minha vida era interessante e sensacional. Mas minha vida realmente começou depois desse evento.

No meio do inverno, uma explosão de gás natural fez nossa casa consumir-se em chamas. O encanamento de gás estourou, e o interior de nossa casa transformou-se num inferno, como uma bola de fogo sob pressão. Na hora, eu estava no porão. Para sair de lá, tive de correr através das chamas. Minha esposa estava lá fora, na neve, com um dos nossos filhos, que ela havia conseguido resgatar.

—A Maureen está no quarto — ela gritou.

O calor era insuportável, mas eu voltei para dentro. As chamas me lambiam, chamuscando meu corpo. Eu tateei meu caminho através do fogo com nosso bebê de 6 semanas nos braços. Fui levado rapidamente ao hospital com queimaduras de terceiro grau cobrindo 65% do meu corpo. Naquela época, as estatísticas mostravam que o corpo humano não era capaz de sobreviver se estivesse mais de 40% queimado.

Para a filosofia humana, o fim da jornada da vida é como um fim na escuridão da noite. O que aconteceu depois pode parecer mais fantasia que realidade. Mas viajei para o mundo que fica além da morte e retornei. Relatarei algumas coisas para você, exatamente como as vi.

Uma das primeiras coisas de que a alma tem consciência no mundo da ressurreição é a ausência de peso após deixar o corpo físico. É o corpo terreno que dá à alma a sensação de peso, a suscetibilidade à gravidade. É uma experiência incrível olhar para o próprio corpo deitado na cama do hospital. Quando me recuperei do choque da separação do meu corpo terreno e compreendi que estava no mundo espiritual, fiquei espantado com a enorme diferença entre os dois mundos.

Primeiramente, há a clara separação entre luz e trevas. A luz é suave, leve e constante, ao passo que as trevas são profundas, pesadas e muito deprimentes. Parece não haver o fator tempo no mundo espiritual; também não há o sentido de distância ou espaço como temos aqui. Mas há leis e regulamentos com relação aos lugares reservados para os seres que se qualificam para eles. Um conceito popular é que, no mundo além da morte, as pessoas ficam adejando como borboletas, indo para onde quiserem e fazendo o que lhes apraz. Nada poderia ser mais longe da verdade. Há um sistema de ordem no mundo da ressurreição.

Há dois lugares distintos de habitação, com um vasto abismo separando-os. Existe um Poder ali que proíbe que uma alma viaje de um lugar para o outro. Fiquei boquiaberto quando vi que todas as classes de pessoas iam para ambos os lugares: ricos e pobres, bons e maus, inclusive os mais desprezíveis da humanidade. Alguns entravam no lugar de maravilhosa paz e contentamento, enquanto outros iam para a mais profunda escuridão, na qual a agonia é algo nunca experimentado aqui na Terra.

Eu fiquei meditando: por que o rio da humanidade se dividia e alguns iam para o lugar de segurança e paz, enquanto os restantes iam para o lugar de aflição? O que qualificava alguns a terem permissão para entrar no lugar de contentamento?

Depois de retornar e fazer morada novamente neste corpo, o Espírito de Deus guiou-me até a Bíblia, que me mostrou que Cristo é a única maneira de entrar na área do gozo eterno após a morte deste corpo. Somente depois que aceitei a Jesus como meu Salvador pessoal, tive a certeza de uma vida eterna de paz e alegria.

*Geo. Godkin, da Geo. Godkin
and Sons Contractors, Ltd.,
Turner Valley, Alberta, Canadá.*

205.

SIR JOHN MASON

*"Se eu fosse viver novamente,
trocaria toda a vida que vivi no palácio
por uma hora de gozo
na presença de Deus na capela."*

Sir John Mason deu um poderoso testemunho sobre a importância da vida espiritual. Embora tenha morrido aos 63 anos, ele prosperou nos reinados de quatro soberanos (Henrique VIII, Eduardo VI, Maria e Elizabeth I), sendo conselheiro particular de todos eles e observador minucioso das várias revoluções e vicissitudes daqueles tempos.

Perto do fim, no seu leito de morte, ele disse aos que estavam perto dele:

—Eu vi cinco soberanos durante minha vida e fui conselheiro particular de quatro deles. Eu vi as coisas mais extraordinárias no estrangeiro [fora do meu país] e presenciei a maioria das transações do Estado nos últimos 30 anos. Aprendi, com essa experiência de tantos anos, que *a seriedade é a melhor sabedoria, a temperança é o melhor remédio, e uma boa consciência, o melhor patrimônio.* Se eu fosse viver novamente, trocaria a corte por uma clausura, a azáfama da minha posição de conselheiro particular pelo refúgio de um ermitão e a vida inteira que vivi no palácio por uma hora de gozo na presença de Deus na capela. *Todas as coisas me abandonaram agora, exceto meu Deus, meu dever e minhas orações.*

O arrependimento expresso por Sir John Mason parece mostrar que seu erro não foi ter servido ao seu rei e ao seu país nas ilustres posições em que foi colocado, mas ter sobrecarregado sua mente com tantos negócios, a tal ponto que, de certa forma, negligenciou sua vida espiritual e seus deveres fundamentais com relação ao seu Criador.

*Adaptado de um artigo
em Power of Religion.*

206.

"É JESUS, PAPAI, QUEM VEIO ME BUSCAR"

Uma garotinha chamada Naglie morava em Jerusalém. Sua mãe também era crente e havia aprendido a amar a Jesus na escola da Srta. Arnott, em Jaffa.

Um pouco antes de Naglie morrer, ela disse: "É Jesus, papai, quem veio me buscar. Ele está ali, aos pés da minha cama, e está me chamando para ir com Ele".

Dying Words,
de A. H. Gottschall.

207.

HOJE À NOITE OU NUNCA!

Depois de uma reunião realizada numa região de mineração, um robusto mineiro, em profunda aflição de alma, foi até o pregador para perguntar o que ele tinha de fazer para se livrar da culpa por seus pecados. O servo de Cristo lhe disse como Deus, em Seu infinito amor e compaixão, havia dado Seu Filho para sofrer a punição pelo pecado no lugar do pecador. Nas Escrituras, ele lhe mostrou que o Senhor Jesus veio ao mundo "buscar e salvar o que estava perdido!"

Tudo isso parecia obscuro para o mineiro. O fardo dos pecados não perdoados lhe pesava muito, e à medida que as horas passavam, o pregador o desafiava a abandonar o pecado e a si mesmo e a olhar para "o Cordeiro de Deus que tira o pecado do mundo".

Às 11 horas, o pregador disse ao mineiro que era hora de ir para casa. Sugeriu que ele voltasse à capela na noite seguinte. Com um olhar aflito, o pobre homem respondeu:

—Não, eu *não* vou embora — isso precisa ser resolvido hoje à noite ou nunca!

Eles ficaram juntos, conversando e orando. As horas passavam, e o mineiro ainda não conseguia apropriar-se da verdade salvadora. O pregador começou a perder as esperanças, mas, quando o relógio soou 3 horas, a luz do glorioso evangelho de repente se acendeu diante daquele homem sedento. Ele viu e creu que o sacrifício de Cristo na cruz havia satisfeito a justiça de Deus com relação aos seus pecados. Seu coração encheu-se de gozo e paz. Levantando-se do banco e entrelaçando as mãos, exclamou:

—Está resolvido agora. *Cristo é meu!*

Juntos, os dois homens agradeceram a Deus, e logo depois o mineiro seguiu para o seu trabalho na mina de carvão, regozijando-se e feliz. Durante aquele dia, ouviu-se um súbito estrondo vindo da mina. Rapidamente se espalhou a notícia de que parte do teto da mina havia ruído, soterrando vários mineiros. Imediatamente foram designados homens para cavar na direção daqueles que estavam lá embaixo.

Depois de trabalhar por algum tempo, eles escutaram um som abafado. Cavaram com energias redobradas na direção do som e logo encontraram o mineiro recém-convertido. Ele ainda tinha um resquício de vida e falava. Ansiosamente, eles o ouviram e o que puderam captar foi:

—Graças a Deus, foi resolvido ontem à noite.

Essas foram suas últimas palavras. Quando seu corpo atingiu a superfície, a vida já se havia extinguido. Seu espírito feliz e redimido partira "para estar com Cristo, o que é muito melhor". O mineiro não podia imaginar que as palavras memoráveis proferidas por ele na noite anterior se aplicariam tão adequadamente ao seu caso — "Isso precisa ser resolvido hoje à noite ou nunca".

Bible Truth Publishers,
Oak Park, Illinois.

208.

MANDADO DE VOLTA DOS CÉUS POR SETE ANOS

Se Jewel Rose pudesse se inclinar sobre os parapeitos do Céu e de lá gritar uma mensagem aos seus companheiros de labor aqui na Terra, certamente ele levantaria a mão, abriria aquele sorriso que fazia todos sentirem que o sol estava brilhando e que tudo estava bem com o mundo e bradaria: "Tenham fé! Nunca temam! Meu Deus pode tudo!".

Ao seu lado, cheia de alegria, estaria sua querida esposa, Florence, que sorriria concordando plenamente — pois Deus, em sua infinita bondade, chamou-os juntos no dia 16 de fevereiro de 1968. Nos anos que se seguiram à cura miraculosa de Jewel, os dois se dedicaram ao ministério do evangelho lado a lado, e foi muito apropriado que ambos passassem pelos portões do Céu juntos.

Em 1953, o Sr. Rose foi eleito membro da diretoria internacional da Adhonep (Associação de Homens de Negócios do Evangelho Pleno) e, de 1958 a 1967, ele também serviu como secretário-tesoureiro internacional. Por 2 anos (1965-1967), ele também serviu como administrador no escritório internacional em Los Angeles. Entretanto, em 1967, sentiu que era necessário entregar todos os seus cargos para dedicar-se de tempo integral à pregação do evangelho. De fato, o Sr. Rose e D. Florence estavam a caminho de uma conferência quando Deus os chamou.

Havia alguns meses, Jewel disse que pressentia que em breve estaria "indo para casa". Sua esposa rapidamente respondeu:

—Então, eu também quero ir.

Ele replicou:

—Bem, mamãe, o Senhor pode cuidar disso.

—Eu visitei o lindo portão —testificou o Sr. Rose —. Eu quis entrar então, mas o Senhor me mandou de volta para pregar o evangelho e testemunhar da Sua glória.

Ele estava se referindo a 7 anos antes, quando Deus, respondendo à oração de vários homens de sua igreja, trouxe-o de volta à vida, ocasião na qual os médicos já o consideravam morto. Depois dessa cura miraculosa, ele sentiu que o Senhor lhe daria mais 7 anos, e assim começou a antecipar o fim, à medida que esse tempo se completava.

Uma semana antes de morrer, sem nenhuma razão aparente, ele disse ao Sr. Cecil Poole, superintendente distrital da Igreja Pentecostal de Deus, que ele sentia que seu tempo havia chegado. Sua esposa, Florence, então disse que ela sempre quis que os dois "partissem" juntos. Disse que ela achava que

Deus o havia trazido de volta em parte por essa razão, assim como para continuar seu ministério.

No dia 16 de fevereiro, esses dois preciosos apaixonados estavam juntos, de braços dados, indo para mais uma reunião de pregação do evangelho. O Sr. Rose deve ter pegado a saída errada da estrada e decidido voltar de ré para a estrada principal. De repente, um carro apareceu e os abalroou por trás. Quando o policial rodoviário chegou ao local, ele os encontrou mortos, ainda sentados de braços dados, olhando para frente. Eles não tiveram um arranhão, embora seu carro estivesse totalmente destruído. Dessa vez, não haverá retorno, pelo menos até que Jesus volte, pois Jewel e Florence "foram para casa" extremamente preparados e cheios de frutos do seu trabalho.

Uma cadeira vazia na mesa do conselho; a voz de um poderoso guerreiro da oração silenciada; a ausência de sua incansável força espiritual para ajudar a carregar a responsabilidade do trabalho do Senhor — todas essas coisas a Adhonep sente intensamente e considera uma grande perda. No entanto, a perda é compensada pela nossa última lembrança de Jewel, em pé na plataforma de uma convenção, com a cabeça jogada para trás e para cima, como se estivesse olhando para o Céu, e a voz retumbando no hino: "Sim, há de ser glória para mim... Quando seu rosto puder eu mirar, oh, há de ser grande glória para mim!".

Adaptado pelo editor
de um artigo em F.G.B.M.F.I.,
Voice, março de 1968.

209.

PATRICK HAMILTON, O MÁRTIR ESCOCÊS

No dia 1.º de março de 1528, mais ou menos 8 anos após Tyndale ser traído e executado, o arcebispo Beaton condenou Patrick Hamilton à morte na fogueira por ter advogado as doutrinas da Reforma.

As principais acusações afirmavam que ele ensinava ser correto que os pobres lessem a Palavra de Deus e que de nada adiantava rezar missas pelas almas dos mortos. Hamilton admitiu que as acusações eram verdadeiras e corajosamente defendeu suas doutrinas. Portanto, ele foi rapidamente condenado e, para evitar qualquer possibilidade de ser resgatado por seus amigos influentes, em poucas horas sua execução foi preparada na frente dos portões da Faculdade São Salvador.

Quando o mártir foi levado para ser executado, ele tirou suas vestimentas e deu-as ao servo com estas palavras:

—Não será de proveito algum tê-las queimadas no fogo, mas elas serão de proveito para você. Doravante, o único lucro que você poderá receber de mim é o exemplo da minha morte, que eu lhe rogo que grave na sua memória; pois, apesar de ser amarga para a carne e terrível para o homem, é a porta que conduz à vida eterna. E todo aquele que nega a Cristo Jesus diante desta geração perversa não chegará até ela.

Sua agonia foi prolongada por um fogo lento, tanto que sua execução durou em torno de seis horas. Porém, durante todo o tempo, ele demonstrou verdadeiro heroísmo e uma fé inabalável. Suas últimas palavras foram:

—Até quando, ó Senhor, pairará a escuridão sobre este reino? Até quando tolerarás esta tirania do homem? Senhor Jesus, recebe o meu espírito!

Assim, no vigor da varonilidade jovem, morreu o primeiro mártir escocês da Reforma, e sua morte não foi em vão. Mais tarde, um católico romano disse: "A fumaça de Patrick Hamilton contagiou tudo por onde passou". E foi verdade, pois, embora houvessem calado a sua boca, a história de sua morte foi repetida por milhares de línguas. Ela encorajou outros a serem mártires e incitou muitos mais a defender as verdades pelas quais ele morreu e a repudiar a hierarquia que achou ser necessário defender-se utilizando medidas tão extremas.

O autor de *The Champions of the Reformation* (Os Campeões da Reforma), que foi nossa fonte principal para os fatos deste relato diz:

> Humanamente falando poderia haver um apóstolo mais adequado aos ignorantes, incultos escoceses

do que este homem eloquente, ardoroso e piedoso? Dotado de todos os talentos necessários para influenciar a mente das multidões — um zeloso e piedoso trabalhador, em tempo e fora de tempo —, que obras grandiosas poderia ter realizado! Assim podem raciocinar os homens, *mas Deus julgou de outra forma*. Uma curta estreia, um breve ensaio sobre o trabalho que ele amava e desejava ardentemente fazer lhe foram permitidos, e então aquela boa nau, ainda visível da terra, foi partida em pedaços.

Heroes and Heroines.

210.

"LOUVEM-NO — TODOS VOCÊS, LOUVEM-NO!"

Ethel, uma garota que conhecíamos, era inteligente e bonita. Sua mãe era crente e empenhou-se em colocar na cabeça da filha a importância de ser "nascida de novo" — não da água, *mas do Espírito Santo*. Mas, por meio da influência de suas companheiras de quarto e colegas do colégio interno, Ethel foi levada a crer que a profissão pública de fé em Cristo e o batismo por imersão eram mais do que suficientes.

A mãe de Ethel sabia, por experiência própria, que Deus era fiel. Então, com fé persistente e orações diárias, clamava ao Senhor que revelasse à filha o erro de confiar nas ordenanças da igreja para sua segurança espiritual. Ela pacientemente mostrou que somente o sangue de Cristo e uma fé salvadora em Seus méritos redentores poderiam assegurar vida eterna à sua alma e um lar no Céu.

Um dia, depois de muita oração, a mãe sentiu-se grandemente confortada ao receber do Espírito Santo a certeza de que Deus finalmente convenceria Ethel de seu erro de fundamentar suas esperanças num alicerce de areia.

Não muito depois, embora estivesse com apenas 22 anos, Ethel sentiu que as gigantescas ondas da morte estavam batendo bem perto de seus pés. Ela então começou a entender que o batismo nas águas não adiantaria para resgatar sua alma dos perigos do pecado e do juízo iminente. "O apuro do homem é sempre a oportunidade de Deus", e o Espírito Santo começou a convencê-la da sua necessidade de Jesus como seu Salvador *pessoal*.

O conflito de sua alma com dúvidas e temores foi curto, mas grave. Finalmente, a fé triunfou. Apenas cinco dias antes de sua morte, depois de ficar deitada sem falar nada por horas a fio, sua mãe — que estava perto de sua cama — ouviu Ethel dizer com grande esforço:

—Seja quem for — se quiser — *pode vir.*

Naquele momento, o poder salvador do Espírito desceu sobre o coração dela, e um sorriso brilhante estampou-se no belo rosto da jovem. Ela exclamou:

—Louvem-no — todos vocês, *louvem-no!*

Estas foram as últimas palavras de Ethel na Terra.

Sra. V. E. Markin,
Litchfield, Kentucky.

211.

"MÃE, EU SEREI O PRIMEIRO DE NOSSA FAMÍLIA A IR PARA O LADO DE LÁ"

Asa Hart Alling, filho mais velho do Rev. J. H. Alling e de D. Jennie Alling, morreu aos 14 anos, em Chicago, no dia 19 de abril de 1881. Ele se converteu e uniu-se à igreja aos 11 anos. Enquanto a maioria dos garotos dedicava seu tempo livre aos esportes e divertimentos, ele se aplicava às obras de amor. Numerosos idosos e pessoas enfermas que viviam próximos da igreja de Simpson foram testemunhas das boas obras realizadas por suas jovens mãos. Na escola, ele era um dos melhores alunos e liderava sua turma. Ele era muito maduro para sua idade.

Na sexta-feira, 15 de abril, ele se queixou de estar doente, mas insistiu em ir à escola. Entretanto, logo retornou agoniado, foi para cama e dela não saiu mais. Ele foi acometido de meningite cérebro-espinhal.

Às vezes, ele sofria grande agonia, mas em tudo ele foi um herói e um vencedor cristão. Ele entendeu que sua doença era fatal e falava sobre a morte com serenidade. Colocou os braços ao redor do pescoço de sua mãe e, puxando delicadamente seu rosto para perto do dele, disse:

—Mamãe, eu serei o primeiro de nossa família a ir para o lado de lá, mas eu estarei na margem esperando por todos vocês.

Ele pediu então que sua mãe cantasse para ele "Eu quero ir". Ela, completamente tomada pela dor, não conseguiu cantar. Ele disse:

—Não faz mal, mamãe; você cantará esse hino depois que eu me for, não é?

Ele disse a uma senhora cristã que foi vê-lo:

—Você cantaria para mim? Cante "Firme!" — Ela cantou —. Agora, cante "Aleluia! Está consumado".

Ele tinha completa certeza de que a sua salvação já estava garantida e estava "aguentando firme" até que fosse chamado ao Céu.

Ele distribuiu seus bens entre seus irmãos e irmãs. Ele deu sua Bíblia para seu irmão Treat e, enquanto a entregava, disse a seu pai:

—Pai, diga à titia que eu morri cristão.

Suas últimas horas de consciência estavam se acabando rapidamente. Ele afirmou:

—Mamãe, eu não viverei até amanhã; eu estou tão cansado, eu quero dormir. Se eu não acordar, adeus — *adeus a todos!*

Pouco tempo depois, ele dormiu no Senhor. "…e já não era, porque Deus o tomou para si" (Gênesis 5:24).

Ele alcançou as margens da vida eterna para as quais havia remado com tanta dedicação e sucesso. Muitas pessoas compareceram ao seu funeral e lotaram a igreja. Todos nós sentimos que havíamos perdido um tesouro e que o Céu havia ganhado uma joia.

G. R. Vanhorne.

212.

AS ÚLTIMAS PALAVRAS DE JOHN WESLEY

Esse grande servo de Cristo foi para o Céu no dia 2 de março de 1791, aos 88 anos de idade, tendo pregado o evangelho por 65 anos. Um pouco antes de morrer, Wesley disse:

—Eu me levantarei.

Enquanto ajeitavam suas roupas, ele começou a cantar de uma maneira tal que surpreendeu todos os presentes:

Eu louvarei meu Criador enquanto viver
E quando a morte minha voz emudecer,
O louvor ocupará as habilidades mais nobres do meu ser
Enquanto durar vida, mente e coração
Ou mesmo a vida imortal,
Meus dias de louvor nunca cessarão.
Feliz é o homem cuja confiança

No Deus de Israel está,
Ele fez o céu, a terra e o mar,
E tudo o que neles há.
Sua verdade para sempre permanece firme,
Ele salva o oprimido, o pobre sustenta
E suas promessas não são vãs.

Ao assentar-se outra vez em sua poltrona, ele disse com a voz débil:

—Fala, Senhor, a todos os corações, e faz com que saibam que Tu soltas as línguas.

E então, cantou mais uns versos:

Ao Pai, ao Filho e ao Espírito Santo,
Que docemente concordam juntos...

Sua voz falhou, mas, depois de descansar um pouco, ele chamou os que estavam com ele para "orar e louvar". Ele tomou cada um pela mão e, depois de saudá-los carinhosamente, despediu-se deles. Depois de tentar dizer alguma coisa que eles não puderam entender, ele fez uma pequena pausa e, reunindo todas as forças que lhe restavam, disse:

—O melhor de tudo é que Deus está conosco!

E novamente, levantando a mão, repetiu as mesmas palavras em santo triunfo: "O melhor de tudo é que Deus está conosco!".

Durante a maior parte da noite que se seguiu, ele várias vezes tentou cantar o hino que havia cantado anteriormente, mas só conseguiu dizer: "Eu louvarei, eu louvarei". Na quarta-feira de manhã, o fim se aproximou. Joseph Bradford orou com ele por volta das 10 horas, enquanto onze amigos ajoelhavam-se ao redor de sua cama.

—Adeus — disse o moribundo. E essa foi a última palavra que ele pronunciou.

Imediatamente depois, sem um gemido ou suspiro, ele faleceu. Seus amigos silenciosamente se levantaram e, em pé ao redor de sua cama, cantaram:

Às portas do céu espera o Salvador
Seu espírito a receber está.
E de suas mãos nós vamos obter
Coroa de amor divinal!

Adaptado da obra de Kenyon,
Life of John Wesley.

213.

PALAVRAS MILAGROSAS NUM CAMPO DE BATALHA VIETNAMITA

...e o sargento John McElhannon
começou sua busca de Deus.

George era diferente. Alguns dos outros fuzileiros navais diziam-se cristãos, mas ele vivia o cristianismo. Seu sargento, John McElhannon, um índio navajo, não professava fé alguma. No entanto, ele viu em George um homem admirável e respeitável, e logo eles se tornaram bons amigos.

Um dia, a companhia deles foi atacada durante uma batalha com vietcongues, e George foi gravemente ferido. John correu para onde George estava e o encorajou:

—Você vai ficar bom; acalme-se e poupe suas forças.

Passando muito mal, George só pôde dizer umas poucas palavras:

—John, você precisa de Deus. — *Mas ele disse isso na língua do povo navajo!*[9]

O sargento McElhannon ficou atônito. Ele havia tentado muitas vezes ensinar-lhe algumas palavras em navajo, mas sem sucesso. Agora, em navajo perfeito, ele pronunciou essas surpreendentes palavras — que acabaram sendo as últimas que George articularia nesta vida.

Logo depois, John também foi ferido numa batalha e teve de retornar aos Estados Unidos para se recuperar. Deitado no leito do hospital, as últimas palavras de seu companheiro falecido ressoavam na sua mente, e ele não conseguia esquecê-las: "John, você precisa de Deus". Ele determinou-se a encontrar o "Deus de George".

Depois de uma visita inútil a uma igreja em São Francisco, John foi para Fresno visitar sua mãe. Lá, ele retomou sua busca do Deus que George conhecia e amava tão ardentemente. Tentou mais uma igreja, mas não encontrou nada que satisfizesse o anseio do seu coração. Então, justamente quando planejava deixar a cidade, ele resolveu tentar mais uma vez. Pegou a lista telefônica, e ao passar os olhos por ela, o nome "Bethel Temple" chamou sua atenção. Um telefonema para o pastor finalmente o levou a uma reunião de jovens num lar no sábado à noite.

Bastaram poucos minutos no calor e amor daquela reunião caseira para convencerem John de que aqueles jovens

---

[9] O jovem fuzileiro — capacitado pelo Espírito Santo — empregou o dom de "línguas" na sua mais extraordinária forma de expressão, que permite que o crente fale numa língua conhecida, mas desconhecida para ele (veja Marcos 16:17,18; 1 Coríntios 12:7-11; Atos 2:4-6).

conheciam o Deus de George. Ele ficou tão entusiasmado a princípio que o grupo ficou alarmado. No entanto, à medida que ele desabafou e lhes falou sobre George, as suspeitas se transformaram em alegria. Com as orações fervorosas e a ajuda do grupo, o jovem soldado logo colocou sua fé em Jesus Cristo e descobriu que o Deus de George era agora o *seu* Deus também. A busca havia terminado, e hoje o primeiro-tenente dos fuzileiros navais americanos, John McElhannon, pode dar seu próprio testemunho inspirador.

*Adaptado de fontes
originais pelo editor.*

214.

A HUMILDADE DE WILLIAM CAREY

*"Eu, verme miserável, pobre e incapaz,
caio em Teus braços carinhosos."*

No dia 16 de dezembro de 1831, Carey escreveu às suas amadas irmãs na Inglaterra:

Os ataques repetidos que tenho sofrido, que foram oito ou nove nos últimos doze meses, enfraqueceram-me muito e me advertem de que devo prever uma mudança. Dessa mudança, pela misericórdia de Deus, não tenho medo... O sacrifício propiciatório que nosso Senhor ofereceu na cruz é a base para minha esperança de aceitação, perdão, justificação, santificação e glória sem fim.

Dois anos mais tarde, ele ainda estava vivo, apesar de cada vez mais fraco. Às suas irmãs, ele escreveu de novo o que retratou como "a última carta que vocês provavelmente receberão de mim... Que a vontade do Senhor seja feita. Adeus, até que nos encontremos num mundo melhor".

Em 1832, Carey terminou a oitava revisão do seu Novo Testamento bengali e declarou que sua obra estava concluída. Ele nada mais tinha a fazer a não ser esperar a vontade do Senhor. Carey passou o último mês da sua vida escrevendo, pregando (até onde podia), recebendo visitas e passeando por seu jardim maravilhoso. Certa ocasião, ele lamentou, piscando um olho: "Depois de eu ter partido, o irmão Marshman vai soltar as vacas no meu jardim!". O jardim era seu lugar de oração favorito. Ali ele também podia contemplar as flores lindas que amigos e admiradores do mundo todo lhe enviavam.

Quando o fim se aproximou, seus filhos reuniram-se em volta da sua cama. Carey ainda sofria com a morte de Félix, doze anos antes. Mas Jabez e Williams, ambos também missionários, estavam presentes, junto com Jonathan, por cuja conversão Carey havia orado tanto tempo até poder testemunhá-la.

Ao raiar da aurora, às 5h30 do dia 9 de junho de 1834, Carey morreu aos 73 anos de idade. Durante toda a sua longa vida, ele recebera grande conforto dos hinos de Isaac Watts. Um dos seus últimos pedidos foi que um verso de um dos seus hinos favoritos de Watts, e nada mais, fosse inscrito na lápide que identificaria seu túmulo:

O que eles DISSERAM

"Eu, verme miserável, pobre e incapaz,
Caio em Teus braços carinhosos".

Extraído do livro
Fiel Testemunha: Vida e
Obra de William Carey.

215.

"ALEGRAI-VOS... PORQUE O VOSSO NOME ESTÁ ARROLADO NOS CÉUS"
(Lucas 10:20)

Um soldado, ferido gravemente durante a Guerra Civil, estava estendido sobre uma maca, na enfermaria, aguardando intervenção cirúrgica. De repente, a quietude da enfermaria foi quebrada por um grito: "Presente! Presente!". Enfermeiros, médicos e feridos em convalescença acorreram ao local do soldado e perguntaram o que ele queria.

—Ouçam! — disse ele —. Eles estão chamando a lista do Céu, e estou respondendo o meu nome.

Em poucos segundos, ele sussurrou "Presente!" uma vez mais e, em instantes, chegou à presença do Rei.

Extraído do livro Daily Gems,
The D. L. Moody Year Book.

216.

"A QUE DEUS CLAMAVA GANDHI?"

A caminho de uma reunião de orações hindu, o magro, baixo e fraco velhinho, debilitado por um longo jejum, foi reverenciado por uma multidão e juntou as mãos num cumprimento tradicional hindu. Um homem de jaqueta cáqui e calças azuis o baleou à queima-roupa, três vezes: no peito, no estômago e na virilha. Apoiado nos ombros de suas duas sobrinhas, Abha e Manu, Gandhi caiu mortalmente ferido no solo. Suas últimas palavras foram: "Hey Hama" — "Oh Deus!".

Mas qual era o Deus a quem Gandhi clamava? Ele foi poderosamente influenciado por Jesus Cristo. Interpelado por um evangelista, que insistia para que ele cresse em Cristo, Gandhi afirmou que em Cristo ele cria, não acreditava no cristianismo de muitos missionários. Deve-se lembrar que o movimento missionário britânico contemporâneo a Gandhi era profundamente envolvido com o imperialismo inglês. Alguns autores chegam a afirmar que Gandhi era cristão e que não se batizou apenas para não satisfazer o sensacionalismo de certos clérigos.

Não que Gandhi, alguma vez, tenha dito isso. Pelo contrário, fez questão de enfatizar sempre o que chamaríamos hoje de uma postura ecumênica: deixava claro que era primeiramente humano e indiano, e só depois religioso. Sua missão exigia dele uma postura religiosa imparcial; por isso é compreensível que tenha relutado tanto em assumir uma clara posição religiosa.

Orava muito, e jejuava também. Citava Cristo com frequência e atribuía aos ensinos do Novo Testamento a sua filosofia da não violência. Essa prática simples e poderosa de uma partícula dos ensinamentos de Jesus influenciou outro personagem tão famoso como Gandhi: Martin Luther King.

Mas qual era o Deus a quem Gandhi clamava? Só podemos fazer conjecturas, mas é notável que Gandhi lembrou-se dele à beira da eternidade.

217.

JESUS CRISTO

"E eu, quando for levantado da terra, atrairei todos a mim mesmo." (João 12:32)

O seguinte testemunho é composto de passagens selecionadas dos evangelhos de Mateus e de João, no Novo Testamento. A história começa no fim dos 3 anos de ministério de Jesus, quando ele tinha aproximadamente 33 anos.

"Estavam de caminho, subindo para Jerusalém, e Jesus ia adiante dos seus discípulos. Estes se admiravam e o seguiam tomados de apreensões. E Jesus, tornando a levar à parte os doze, passou a revelar-lhes as coisas que lhe deviam sobrevir, dizendo: Eis que subimos para Jerusalém, e o Filho do Homem será entregue aos principais sacerdotes e aos escribas; condená-lo-ão à morte e o entregarão aos gentios; hão de escarnecê-lo, cuspir nele, açoitá-lo e matá-lo; mas, depois de três dias, ressuscitará."

"...sabendo Jesus que era chegada a sua hora de passar deste mundo para o Pai..." Portanto, depois de chegar a Jerusalém e enquanto comia a *Ceia da Páscoa* com os discípulos, ele "tomou um cálice e, tendo dado graças, o deu aos discípulos dizendo: Bebei dele todos; porque isto é o meu sangue, o sangue da [nova] aliança, derramado em favor de muitos, para remissão dos pecados."

O coração dos discípulos ficou aflito. Jesus sabia disso e disse-lhes: "Pois vou preparar-vos lugar. E, quando eu for e vos preparar lugar, voltarei e vos receberei para mim mesmo, para que, onde eu estou, estejais vós também [...] Deixo-vos a paz, a *minha* paz vos dou [...] Não se turbe o vosso coração, nem se atemorize".

"Tendo Jesus falado essas coisas, levantou os olhos ao céu e disse: Pai, é chegada a hora; glorifica a teu Filho, para que o Filho te glorifique a ti... Eu te glorifiquei na terra, consumando a obra que me confiaste para fazer; e, agora, glorifica-me, ó Pai, contigo mesmo, com a glória que eu tive junto de ti, antes que houvesse mundo. [...] Pai justo, o mundo não te conheceu; eu, porém, te conheci, e também estes [os discípulos] compreenderam que tu me enviaste. Eu lhes fiz conhecer o teu nome e ainda o farei conhecer, a fim de que o amor com que me amaste esteja neles...".

Quando Ele foi traído e os soldados o levaram, um dos discípulos puxou da espada e começou a defendê-lo. Jesus prontamente o repreendeu. "Embainha a tua espada; pois todos os que lançam mão da espada à espada perecerão. Acaso, pensas que não posso rogar a meu Pai, e ele me mandaria neste momento mais de doze legiões de anjos? Como, pois, se cumpririam as Escrituras [isto é, profecias do Antigo Testamento] segundo as quais assim deve suceder?"

Ele foi levado diante de Pôncio Pilatos, o governador romano. Pilatos lhe perguntou: "És tu o rei dos judeus? [...] Respondeu Jesus: O meu reino não é deste mundo. Se o meu reino fosse deste mundo, os meus ministros se empenhariam por mim, para que não fosse eu entregue aos judeus; mas agora o meu reino não é daqui. Então, lhe disse Pilatos: Logo, tu és rei? Respondeu Jesus: Tu dizes que sou rei. Eu para isso nasci e para isso vim ao mundo, a fim de dar testemunho da verdade. Todo aquele que é da verdade ouve a minha voz."

Pilatos então tentou retirar as acusações contra Jesus, dizendo: "...não acho nele crime algum". Os judeus, no entanto, insistiram: "Temos uma lei, e, de conformidade com a lei, ele deve morrer, porque a si mesmo se fez Filho de Deus!".

Quando o governador ouviu essa acusação, ele ficou perturbado e, imediatamente, entrando outra vez na audiência, perguntou a Jesus: "Donde és tu? Mas Jesus não lhe deu resposta. Então, Pilatos o advertiu: Não me respondes? Não sabes que tenho autoridade para te soltar e autoridade para te crucificar? Respondeu Jesus: Nenhuma autoridade terias sobre mim, se de cima não te fosse dada".

Depois disso, Pilatos decidiu soltá-lo, mas os judeus fizeram pressão política, e finalmente ele foi forçado a ordenar a execução.

Enquanto estava pendurado na cruz, Jesus pouca coisa falou, além de entregar sua mãe aos cuidados de um discípulo e perdoar a um dos ladrões que foi crucificado com Ele. Entretanto, após várias horas, de repente ele gritou em alta voz: "Deus meu, Deus meu, por que me desamparaste?".

Então, "vendo Jesus que tudo já estava consumado […] disse […] Está consumado". E com um incrível grito de vitória, "inclinando a cabeça, rendeu o espírito".[10]

---

[10] A declaração de que Jesus "rendeu o espírito" estabelece a diferença entre a Sua morte e a de outro homem qualquer: Ele morreu por vontade própria, sofreu e Se fez sacrifício por nossos pecados, isto é, em nosso lugar. A isso que se referia quando disse: "Está consumado". Isso estava de acordo com o que Ele havia dito meses antes da crucificação: "...porque eu dou a minha vida para a reassumir. Ninguém a tira de mim; pelo contrário, eu espontaneamente a dou. Tenho autoridade para a entregar e também para reavê-la" (João 10:17,18).

Eu não duvido...

Imortalidade

Para todas as coisas criadas, Deus deu uma língua que proclama uma ressurreição. Se o Pai se digna a tocar com poder divino o coração frio e sem batimentos de uma noz e faz com que arrebente as paredes que a aprisionam, deixará Ele na Terra, negligenciada, a alma do homem, criada à imagem do seu Criador?

Se Ele se abaixa para dar à roseira, cujas flores ressecadas flutuam na brisa do outono, a doce certeza de que haverá outra primavera, recusará a palavra de esperança aos filhos dos homens quando a geada de mais um inverno vier?

Se a matéria, muda e inanimada, embora transformada pelas forças da natureza numa multidão de formas, nunca morre, sofrerá a alma do homem aniquilação quando terminar sua breve estada, como um convidado real, na moradia de barro? Não, eu estou tão certo de que há outra vida tanto quanto sei que vivo hoje.

No Cairo, eu consegui alguns grãos de trigo que haviam adormecido por mais de três mil anos numa tumba egípcia. Olhando para eles, ocorreu-me este pensamento: se um desses grãos tivesse sido plantado nas margens do Nilo um ano depois de crescido, e todos os seus descendentes lineares plantados e replantados daqueles tempos até agora, sua progênie seria hoje suficiente para alimentar os milhões de habitantes do mundo.

Um grão de trigo tem o poder de "descartar seu corpo" e, da terra e do ar, moldar um novo corpo tão parecido com o primeiro que é difícil diferenciá-los. Se o invisível germe da vida no grão de trigo pode permanecer inalterado por três mil ressurreições, eu não duvido de que minha alma tenha o poder de revestir-se de um novo corpo, adequado à sua nova existência, quando este corpo terreno tiver sido transformado em pó.

William Jennings Bryan
(1860–1925)
Orador, editor e famoso
estadista americano.